U0835820

私人财富保护与传承的法律智慧

思维、方法与案例

主编：李小非
撰稿人：李小非　黄晓颖　卢俊峰

Legal Wisdom of Private Wealth Protection and Inheritance

Cogitation, Methods and Cases

中国法制出版社
CHINA LEGAL PUBLISHING HOUSE

序　言

PREFACE

中国民营经济的繁荣以及公民个人和家庭财富的快速增长，将私人财富保护与传承的课题以超乎想象的速度带到了我们面前。

执业近二十年，作为一名婚姻家事法的专业律师，在处理客户的家事纠纷的同时，会近距离地接触客户的家庭成员、详细地了解客户的家庭财富状况，也就有机会注意到客户特别是企业家群体在财富保护方面存在大量的错漏，以及财富传承意识的缺失。当这种错漏和缺失反映在律师团队代理的案件当中，给案件的处理带来意想不到的负面影响的时候，会越加激发我去探寻当前社会环境下私人财富保护与传承的脉络与智慧。

我相信，正在阅读这本书的朋友当中，很多人和我一样，一开始都会对什么是私人财富保护与传承有着不同的理解。因此，在这本书的体例安排上，我们把“私人财富保护与传承的理念及影响因素”作为第一篇的内容。在作者眼中，私人财富保护与传承绝不仅仅是亿万富豪之家才应该关心的事情，树立财富保护与传承的意识并设定方案，应当是当下社会每一个小康家庭的标准配置。从另一个维度来看，当今社会相比起“创造财富”，“守住财富”似乎显得更加重要，亿万财富的积累也许仅仅在于睿智地抓住了某一次绝佳的商业机会、踏准了时代发展的脉搏；但是，要稳稳地守住这些财富、从容地把它交到下一代乃至于再下一代的手上，让子孙能够长期地从这些财富中受益，的确是需要大智慧的。

现实生活当中，确实有一些人显示出了这样的智慧。但遗憾的是，大量客户的真实案例几乎是血淋淋地摆在我们面前，这些案例无时无刻不在提醒着我们：无筹划，不人生。至今犹记得几年前的一个案子，一个三岁小女孩的母亲竟然因为自己的父亲在没有做任何规划的情况下留给自己的一套房子，而在与丈夫离婚谈判的过程中，被迫将女儿的抚养权让给了男方。案件虽小，但这位母亲最终决定让出抚养权时那痛苦焦灼、失魂落魄的样子，至今仍深深地烙印在我的脑海中，挥之不去。令我更无法想象的是，假如这位女士的老父亲在天有灵，又该作何感受？！办理完毕这个案子，我便开始带领律师团队，投入大量的时间精力，深入私人财富保护与传承的研究领域当中。

我们的研究分为两个脉络逐渐展开：一方面，以一个自然人的人生不同阶段为线索，按照同居、婚内、离婚、子女婚嫁以及子女继承的顺序，分别描述该阶段当中财富保护与传承面临的主要问题及解决思路。另一方面，以企业的发展为脉络，分为事业初创期、上升期、转型期以及交班期几个阶段，分别描述该阶段当中财富保护与传承面临的主要问题及解决思路。这样的体例设计，目的在于启发大家的思维、培养和引导社会群体当中更多的个人及企业习惯于用财富保护与传承的意识和方法去思考和解决问题。

比如很多人认为，某明星没有能够保护好自己婚姻中的财富，对此您怎么看？您认为怎样能够避免？比如您的同乡王总因为企业收了几十万来路不明的增值税发票而被刑事拘留，但财务人员并没有就此专门请示过他，您觉得王总冤枉吗？他应该为企业的行为负责任吗？再比如，为了所谓的避税避债，我应该大量购买保险吗？为了照顾子女生活而设立的家族信托，子女作为受益人取得信托利益的时候，是否还需要纳税？如何才能最大限度发挥信托架构的优势？……这些内容和思考，我们将在本书第二篇“私人财富保护与传承的关键阶段”当中，逐一细致呈现。

本书的第三篇是“私人财富保护与传承的法律工具及实战应用”。在这一篇当中，我们着重介绍了协议、遗嘱、保险和信托四种工具。通常来讲，当私人财富的体量不是很大，或者构成形式较为单一的时候，单独运用协议和遗嘱也许就能很好地解决问题，比如上文当中我们提到的房屋继承与抚养权丧失的案例。但现实当中我们遇到更多的情况是私人财富（家庭财富）呈现出越来越复杂的样态和结构。例如，家庭财产的投资形式越来越多样化、组织机构的构成形式越来越复杂、家庭结构发生变动的可能性越来越大，这一切都决定了我们需要投入越来越多的智慧、综合运用各种法律工具的优势，才能比较妥善地预防和解决财富保护和传承过程当中遇到的问题。日常工作当中，我和律所的律师们每天都在思考和运用这些工具，反复打磨出最优的方案，以期更好地为我们的客户守护和传承财富。

我常和律所的年轻律师们打趣说，作为专业的家事律师，我们经历过的人间故事，大约是一般人几个甚至数十个轮回才能经历完的，从这一点来说，我们真的是赚翻了。同时，作为专业的私人财富保护与传承律师，帮助客户未雨绸缪、预防和解决财富保护与传承过程当中可能遇到的问题，让财富流动，让爱传承，从这一点来说，我们又何尝不是赚翻了！

李小非

目 录
CONTENTS

第二篇
私人财富保护与传承的关键阶段

第三篇
私人财富保护与传承的法律工具及实战应用

第一篇　私人财富保护与传承的理念及影响因素

第一章
私人财富保护与传承的内核与外延

第一节　当我们讲私人财富保护与传承的时候，我们想保护什么，传承什么

一、概念的厘清：什么是保护，什么是传承

保护，在汉语字典当中的解释为“爱护使免受可能遇到的伤害、破坏或有害的影响”，保护的对象既可以是具体的，比如某个特定的人、物体，像《三国志·蜀志·赵云传》中赵云保护甘夫人和幼主[①]；也可以是抽象的标的，如保护公民的生存权、健康权等。本书当中我们所讲的私人财富的保护，既包括对财富的外在形态的保护，使之不失去、不贬损，也应当包括对财富内在价值的保护，即能保值、能增值。

传承，传，传递，这里是传授的意思；承，托着，接着，这里是继承的意思。传承，泛指对某学问、技艺、教义等，在师徒间的传授和继承的过程。这一解释，我们很容易可以将“传承”与“继承”区别开来，传承是一个施与受相结合的过程，是上一代主动地，有计划、有策略地将财富给予下一代，同时，下一代也有意愿、有能力接得住。而继承，则是略显被动的，尤其是法定继承。上一代在去世之前，对财富毫无安排，以至于很多案例当中下一代对财产的范围不得而知，对财产外流毫无办法，更不要说为了办理继承手续而不得不面对“如何证明我妈是我妈”的尴尬难题。

---

① 陈寿：《三国志·蜀志·赵云传》“及先主为曹公所追於当阳长阪，弃妻子南走，云身抱弱子，即后主也，保护甘夫人，即后主母也，皆得免难”，《三国志》卷二十七《蜀书第六》。

二、范围的厘清：保护什么，传承什么

笔者曾经在授课过程中对企业家朋友们做过调查，当时设计的问题是：

假设你有 1 个亿的身家，你可以将这些物质财富全额留给子女，也可以花一笔钱来购买一根魔法棒，用它可以将你的人生阅历、经验教训、价值观等精神财富统统传递给你的子女。那么，你愿意花多少钱来购买这根魔法棒呢？

A. 3000 万元以下

B. 5000 万元

C. 1 个亿

D. 我完全不需要

调查的结果如下：

现场共计 110 人，其中选 A 的 59 人，选 B 的 27 人，选 C 的 3 人，选 D 的 20 人，1 人弃选。

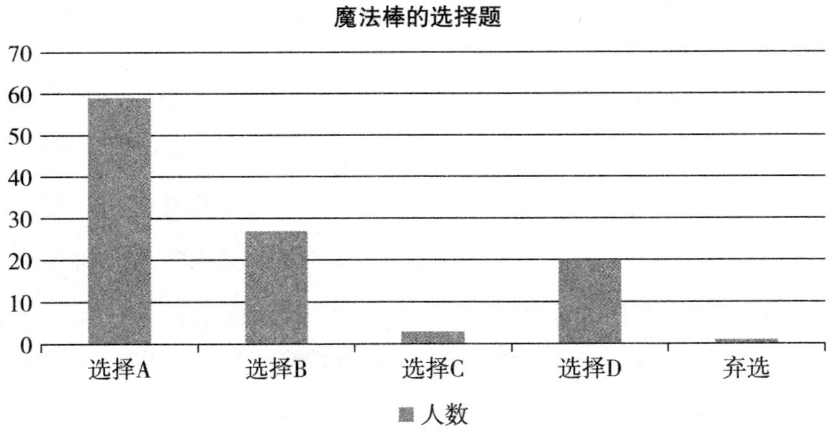

看到这个结果，笔者的第一个感受是欣慰，毕竟超过 80% 的企业家都不同程度地认可了传递精神财富的重要性；其次如果我们单纯地以受访者愿意付出的金钱成本来衡量企业家们对这一因素的重视程度的话，绝对重视的（愿意用全部的物质财富来换取精神财富的传承）占有较少的比例，约为 2.7%；相当重视的（愿意用一半左右的物质财富来换取精神财富的传承）占

有约 24.5% 的比例，已经相当可观；较为重视的（愿意用三分之一左右的物质财富来换取精神财富的传承）的占有约 53.6% 的比例。

这个结果可以反映出现代的企业家群体已经相当重视精神层面的构建和传递。而这一认识，却并非现代企业家的专利，在我国古代早已有之。下面，带大家一起来看一个经典案例吧：

案例 1

《康熙遗诏》[①]

“从来帝王之治天下，未尝不以敬天法祖为首务。敬天法祖之实在柔远能迩、休养苍生，共四海之利为利、一天下之心为心，保邦于未危、致治于未乱，夙夜孜孜，寤寐不遑，为久远之国计，庶乎近之。今朕年届七旬，在位六十一年，实赖天地宗社之默佑，非朕凉德之所至也。历观史册，自黄帝甲子迄今四千三百五十余年共三百一帝，如朕在位之久者甚少。朕临御至二十年时，不敢逆料至三十年，三十年时不敢逆料至四十年，今已六十一年矣。《尚书 * 洪范》所载：一曰寿、二曰富、三曰康宁、四曰攸好德、五曰考终命，五福以考终命列于第五者，诚以其难得故也。今朕年已登耆，富有四海，子孙百五十余人，天下安乐，朕之福亦云厚矣，即或有不虞心亦泰然。念自御极以来，虽不敢自谓能移风易俗、家给人足，上拟三代明圣之主，而欲致海宇升平，人民乐业，孜孜汲汲、小心谨慎，夙夜不遑，未尝少懈。数十年来殚心竭力，有如一日，此岂‘劳苦’二字所能概括耶？前代帝王或享年不永，史论概以为酒色所致也，皆书生好为讥评，虽纯全净美之君，亦必抉摘瑕疵。朕今为前代帝王剖白言之，盖由天下事繁，不胜劳惫之所致也。诸葛亮云：‘鞠躬尽瘁，死而后已’，为人臣者惟诸葛亮能如此耳。若帝王仔肩甚重，无可旁诿，岂臣下所可以比拟？臣下可仕则仕，可止则止，年老致政而归，抱子弄孙，犹得优游自适。为君者勤劬一生了无休息之日，如舜虽称无为而治，然身殁于苍梧，禹乘四载，胼手胝足，终于会稽，此皆勤

① 网址：https://baike.baidu.com/item/ 康熙遗诏 /4585603，最后访问时间：2019 年 1 月 28 日。

劳政事、巡行周历，不遑宁处，岂可谓之崇尚无为、清静自持乎。《易》遁卦六爻，未尝言及人主之事，可见人主原无宴息之地可以退藏，鞠躬尽瘁，诚谓此也。

自古得天下之正莫如我朝。太祖、太宗初无取天下之心，尝兵及京城，诸大臣咸云当取，太宗皇帝曰：明与我朝素非和好，今欲取之甚易，但念系中国之主，不忍取也。后流贼李自成攻破京城，崇祯自缢，臣民相率来迎，乃剪灭闯寇入承大统，稽查典礼，安葬崇祯。昔汉高祖系泗水亭长，明太祖一皇觉寺僧，项羽起兵攻秦而天下卒归于汉；元末陈友谅等蜂起，而天下卒归于明。我朝承袭先烈，应天顺人，抚有区宇，以此见乱臣贼子无非为真主驱除也。凡帝王自有天命，应享寿考者不能使之不享寿考，应享太平者不能使之不享太平，朕自幼读书于古今，道理粗能通晓，又年力盛时，能弯十五力弓，发十三握箭，用兵临戎之事，皆所优为。然平生未尝妄杀一人，平定三藩，扫清汉北，皆出一心运筹。户部帑金，非用师、赈饥未敢妄费，谓皆小民膏脂故也，所有巡狩行宫不施采缋，每处所费不过一二万金，较之河工岁费三百余万尚及百分之一。昔梁武帝亦创业英雄，后至耄年，为侯景所逼，遂有台城之祸；隋文帝亦开创之主，不能预知其子炀帝之恶，卒致不克令终，皆由辨之不早也。朕之子孙百有余人，朕年已七十，诸王大臣官员军民与蒙古人等无不爱惜。朕年迈之人，今虽以寿终，朕亦愉悦至。

太祖皇帝之子礼亲王之子孙，现今俱各安全，朕身后尔等若能惕心保全，朕亦欣然安逝。雍亲王皇四子胤禛，人品贵重，深肖朕躬，必能克承大统。著继朕登基，即皇帝位，即遵舆制，持服二十七日，释服布告中外，咸使闻知。"

康熙六十一年十一月十三日　卯

古代的帝王，可谓是普天下最大的家族企业的掌舵人了。"普天之下莫非王土，率土之滨莫非王臣"固然荣耀显赫，但是历代的君王为了守卫自己的家族企业，确实称得上是"鞠躬尽瘁，死而后已"。在上面这份《康熙遗诏》中，这位企业家先用了大段的文字描述了为君之不易，"为君者勤劬一生了无休息之日，如舜虽称无为而治，然身殁于苍梧，禹乘四载，胼手胝足，终于会稽，此皆勤劳政事、巡行周历，不遑宁处，岂可谓之崇尚无为、清静自持乎。《易》遁卦六爻，未尝言及人主之事，可见人主原无宴息之地可以退藏，鞠躬尽瘁，诚谓此也”。康熙皇帝为什么要在遗诏中写这些呢？首先，笔者认为他其实是在讲述做皇帝（也可以说是经营企业）的道理；那么他是在跟谁讲道理呢？自然是他的接班人，下一任的新皇帝啊。

其次，康熙皇帝又用了大段的文字描述了其政权来源的正当性，以及自己一生的功绩。在笔者看来，这一段的作用主要是给后来者树立一个榜样，告诉下一代，怎样才能做一个好皇帝。

最后，在整篇遗诏最不显眼的地方，这位企业家仅仅用了一句话，说明了要将皇位传给四儿子的决定。

在笔者看来，这份康熙遗诏为我们讲述私人财富保护与传承提供了一个极好的范例：前辈的创业精神、秉承的理念、行事的原则，是最值得保护和传承的。关于这一点，值得掰开了、揉碎了反复强调。自己言传身教也好、让接班人自己历练也好、交给第三方机构也好，总之要想尽一切办法让他可以传递下去。至于物质的财富，睿智的企业家会像康熙老爷子一样，一方面不动声色地进行安排，另一方面当然也要安排好所谓顾命大臣、军机要员，以确保权力的安全、顺利交接。相比起物质财富，精神财富的力量更像是一个放大镜，或者说一个杠杆，在适当运用的前提下，它可以为物质财富的创造形成强大的助力。相反，没有精神财富的润泽，由物质财富堆砌的高楼大厦一旦遭遇风险，便容易坍塌。

第二节 没有钱是个伪命题：这个话题与每个家庭都息息相关

一、大跌眼镜：缺乏财富保护与传承的理念和安排，生活处处都是坑

笔者所在的律师事务所是专门从事婚姻家事纠纷处理以及私人财富保

护与传承的法律工作。随着处理的案件越来越多，笔者对因缺乏家庭财富保护与传承意识而引致家庭矛盾、财产损失的事件也就越感到遗憾，甚至到了不吐不快的程度。

下面这些场景，你可曾觉得熟悉？

场景一：独生子女小明到底能够继承到父母遗产的几分之一？

小明是张先生和张太太的独生子。张先生去世的时候留下一套房屋和存款 150 万元。张太太想着孩子还小，这些财产等小明稍微大一点再处理也不迟。谁知道一年后，张先生的母亲也因病去世了。张太太这才想起来，老太太去世，会不会影响张先生留下的遗产处理？于是张太太便找到律师咨询。

尽管有这样的心理准备，张太太还是被律师给她画的下面两幅图吓到了（见图 1、图 2）：

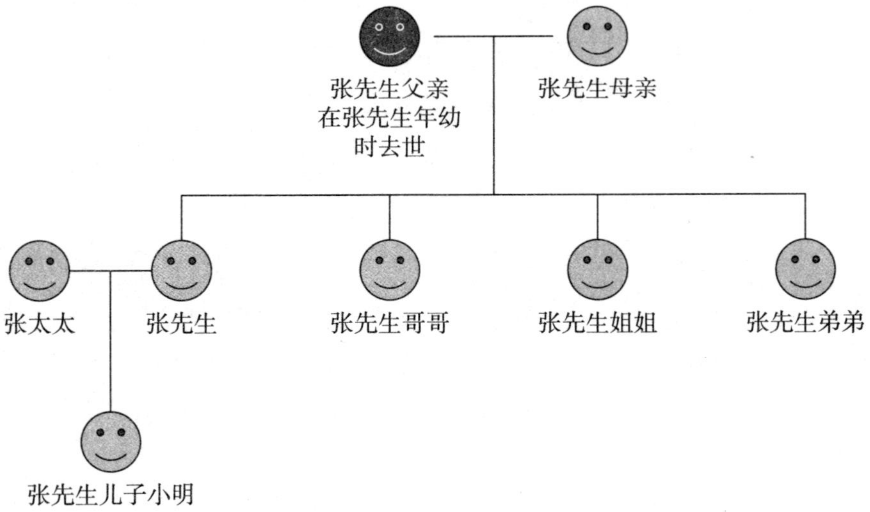

图 1　张先生的家庭关系图

注：如图所示，张太太、小明以及张先生的三个兄弟姐妹均是张先生遗产的合法继承人。

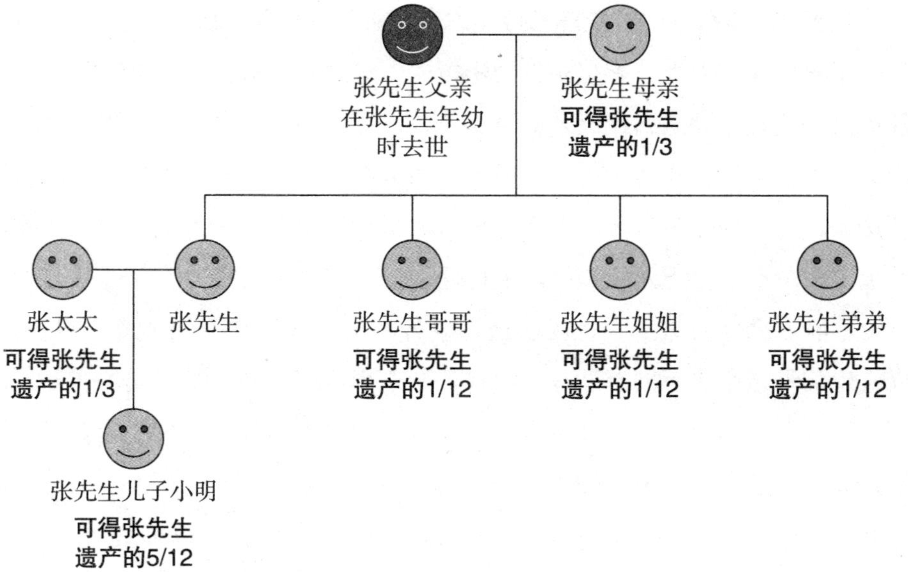

图 2　张先生的遗产份额分配图

注：由于张先生先于张先生母亲去世，因此张先生母亲应从张先生处继承的遗产由张先生母亲的合法继承人继承，即张先生母亲继承的【张先生遗产的 1/3】由张先生母亲的四个子女合法继承，每人可得【张先生遗产的 1/12】。同时，由于张先生已经去世，此时发生转继承，张先生应从其母亲处继承的遗产由张先生的儿子小明继承，即小明从张先生处继承【张先生遗产的 1/3】，从张先生母亲处继承【张先生遗产的 1/12】，合计可得张先生遗产的 5/12。

场景二：日子过不下去了要离婚，竟然不知道家里有多少财产。

王先生做企业，生意经营得有声有色，但是工作也特别忙；王太太是全职家庭主妇，负责照顾王先生和两个孩子的日常生活。家庭生活富足，王太太也很享受现在的日子。突然有一天，平静的生活被打破，王太太发现王先生有了外遇，两人的关系急转直下：王太太提出要离婚。

在律师帮助王太太梳理夫妻共同财产的过程当中，王太太才发现，除了现在所住的房子和自己名下少量的存款之外，其对家庭的其他财产情况一无所知，特别是王先生企业经营所涉及的股权、投资、收益等情况。王太太很不甘心：自己辛苦了十几年，生养了两个孩子并且把他们照顾得妥妥帖帖；照顾老公的生活起居，支持他的事业；为此，自己从很年轻的时候就放弃了工作和晋升的机会，难道到头来要落得人财两空的局面？！

场景三：关系好的时候是代持，关系破裂了以后就变成赠与？

周先生和周太太一家是做批发生意的，经过多年的打拼，生意经营得红红火火。前些年两人已经买了两套房子，一套自住，一套拿来收租。这两年周先生夫妇打算再买房来投资，但因为两人都已经没有购房资格，所以便把新房登记在了周先生母亲的名下。房子后来用来出租，两人平时太忙，收租的事情也全都交给周先生的母亲来打理。

一转眼两年过去了，周先生遭遇意外离世，在处理周先生遗产的时候，周先生的母亲坚决不同意处理自己代持的这套房产。原因是周先生在老家还有一个弟弟，弟弟一家的日子不怎么好过，周先生的母亲打算把这套房子留给周先生的弟弟。对此，周太太非常不能接受：明明是自己和先生辛苦打拼赚钱买的房子，只是让婆婆代持，怎么如今就要不回来了呢？！

场景四：继承手续，继承手续，继承手续！

小明是家中的独子。小明的父亲早已去世了，留下一套房子一直由小明和母亲居住。小明大学还没毕业，母亲也去世了。小明专程从学校请假赶回来，处理母亲的后事，想顺便把房屋的继承手续也一起办了。

小明在大学里也是学法律的，关于遗产继承的知识小明认为自己还是挺清楚的，父亲虽然去世得早，但是爷爷奶奶更早就不在人世了。因此，父母留下的这套房子的份额应该跟其他人都没有关系，应由自己百分之百地继承。

谁知，房屋交易中心给他开出的办理流程和需要提供的材料清单，着实还是把小明吓了一跳：除了房屋的权属证明之外，交易中心要求小明提供房屋所有权人（也就是小明父亲）的所有法定第一顺位继承人的身份材料。已经死亡的，包括爷爷、奶奶、母亲，都要提供死亡证明。母亲的还好说，爷爷奶奶去世的时候，小明都还没出生，况且爷爷奶奶是在几千公里之外的老家去世的，当地流行土葬，哪里来的什么死亡证明呢？

没错，笔者在上面列举的，仅仅是我们生活中涉及私人财富保护和传承的几个常见情景而已，大家是不是觉得很熟悉？其实，这些都是包括笔者在内的家事律师每天都在处理的真实案例的缩影。也正是因为办理了大量这样的案件，更加深了笔者的信念：这些纠纷，如果能够从源头做好规划，是不需要走向法庭的。

二、财富无论多少，都一样要做好保护和传承

做了多年的婚姻家事业务的律师，一定都对下面的场景非常熟悉：当我们向身边的人介绍说，我是从事婚姻家事业务的专业律师，朋友们一定会说：好啊！那等我离婚的时候一定找你。这当然是对婚姻家事业务的一种误解，且不说婚姻家事业务包含的领域远不仅仅是离婚这么简单，即使就拿离婚纠纷来举例，王宝强先生也是在要离婚的时候找了律师，但最终发现到了那个时候，律师真的只能“救火”了。

私人财富保护与传承的领域情况大体类似，当听到这个名词的时候，很多人的第一反应都是：财富的保护与传承，那是李嘉诚这样的豪门才需要考虑的事情；我的家里只有几套房子，将来都给我的儿子就行了，我不用考虑那么多。真的不用吗？得出这个结论的朋友，一定没了解过下面的案例：

案例 2

用抚养权换回的遗产

这是一个令人心酸的故事。周小姐是家中的独女，父母对她宠爱有加，一心希望她能嫁个如意郎君，生活幸福美满。2012 年周小姐通过朋友介绍认识了董先生，很快周小姐便怀孕了，两人也顺利地领取了结婚证。婚后几个月，女儿妞妞降生了。周小姐的父母和董先生的父母都是头一回抱孙女，两边的老人都格外地疼爱妞妞，一直轮流帮助小两口照顾孩子。

但随着孩子一天天长大，两家人的矛盾凸显：周小姐的母亲是一位老中医，主张孩子生病了比如发烧、拉肚子什么的，不必着急，采取物理降温等方式等几天，慢慢就会好起来。但董先生的父母对此坚决反对，他们哪里受得了眼睁睁地看着小家伙一直高烧、难受的样子，于是极力要求带着孩子去医院打针退烧。如此这般，几年下来，不但两边的老人势同水火，周小姐和董先生的关系也每况愈下，最终走到了破裂的边缘。

在协商离婚的过程中，两人对夫妻共同财产分割的争议并不大：婚前董先生按揭购买了一套商品房，也就是两人婚后居住的婚房，婚后也一直由董

先生支付银行贷款。经协商，房屋仍归董先生所有，由董先生一次性补偿在婚姻关系存续期间已缴的按揭款以及对应房屋增值部分的一半合计约12万元给周小姐。但一谈到孩子的抚养权问题，两人及两边的父母就不淡定了：两边都坚决要孩子，无论如何都不肯放弃，于是两家人终于对簿公堂。

法庭上，两边的代理律师都使尽浑身解数，争得难分难解。眼看陷入僵局，董先生这边终于使出了撒手锏：董先生向法院提出要追加分割一项夫妻共同财产，价值人民币600万元。

原来，早在两年前，两人还没有吵闹要离婚的时候，周小姐的父亲罹患了癌症，没过几个月便过世了。周小姐父亲名下有一套位于市区核心地段的学区房，当年为了外孙女过两年读书方便，家人一合计，便把房屋直接转到了周小姐的名下，只等妞妞到了就学年龄便可以入读当地数一数二的公立小学了。对于这套房屋的来龙去脉，董先生是非常清楚的。但是，周小姐一家万万没想到，董先生会在离婚的时候对这套房屋提出诉求。

可现实是残酷的。因为周小姐的父亲在去世前并未留下遗嘱，周小姐的母亲在将自己享有的份额赠与给女儿的时候也未作任何明确的意思表示，按照法律规定，周小姐在婚姻关系存续期间所取得的这套房屋，应该属于夫妻共同财产。这也就意味着周小姐如果要保住父亲留下的这套房产，至少要支付房屋折价补偿款人民币300万元给董先生。这笔钱，对于月收入仅仅5000多元的周小姐来说，简直是个天文数字。眼见周小姐这边陷入困境，董先生一方择机向法院提出了他们的调解方案：他们可以放弃分割这笔夫妻共同财产，但前提条件是周小姐放弃女儿的抚养权。为此，他们甚至可以连抚养费都不用周小姐负担。

面对董先生一方如此巨大的"让步"，案件的主审法官仿佛看到了调解的契机，也不断地劝说周小姐接受对方的调解方案，言明如果不接受调解方案的话，周小姐有可能面临既失去抚养权、又要支付巨额补偿款给对方的困难局面。

经过再三痛苦地考量，周小姐最终接受了董先生提出的调解方案，放弃了女儿的抚养权，保住了父母留给自己的房产。

周小姐的原生家庭，是一个典型的小康水平的三口之家。父母名下有两套房子，按照老人家的想法，他们辛苦一生，最大的愿望莫过于能将积攒下来的家业全部留给心爱的女儿，从而让她的生活富足无忧；让家庭的第三代依然能够从这些财产中受益。然而，最终的结果却是事与愿违，留给女儿的财产不仅没有换来她更加幸福的生活，反而让周小姐痛苦地失去了女儿的抚养权。

财富的多少，对于每个家庭来讲，都不是一个绝对值。如果横向与他人比较，认为不是大富之家便没有必要对财富的保护与传承进行筹划，实在是要不得的。

第二章
私人财富保护与传承的影响因素

第一节　婚姻关系变动对私人财富保护与传承的影响

一、比分走一半身家更可怕的，是夺走你的事业

成就一段婚姻不容易，要妥善地分开就更难。除了面临情感上的决裂之外，子女抚养权归属的确定，夫妻共同财产的分割，无一不是牵一发而动全身的选择难题。

依照我国《婚姻法》的规定，我国实行的夫妻财产制度是以共同财产制为原则，约定财产制为辅助的。一般情况下，要离婚的夫妻双方各自分得夫妻共同财产的一半是正常的。

案例 3

赵某哥哥赵甲天价离婚案

2017 年 10 月 10 日晚间，上市公司唐德影视连发五份公告，其中一份公告显示，唐德影视董事赵甲先生与陈某女士婚姻关系解除，双方根据达成的关于离婚事宜的有关财产分割约定而对财产进行分割。本次权益变动后，赵甲先生持有的公司股份数为 1280 万股，占公司总股本的 3.20%，陈某女士持有的公司股份数为 1921 万股，占公司总股本的 4.81%。

作为一名专业的婚姻家事法律师，笔者经常会遇到有以下这种想法的当事人：家里的钱都是我赚的，对方只是负责洗衣服做饭带孩子，对家庭的贡献没有我大，所以夫妻共同财产我应当要多分。这种观点笔者并不认同，同

时也是没有法律依据的。笔者赞同夫妻双方对家庭的贡献只有种类和形式的不同，没有高低贵贱之分。

但同时，我们也应当清晰地认识到，因为夫妻双方的家庭分工不同，不同种类的家庭财富对各自的意义和影响是不一样的。因此，实践中很多婚姻纠纷的案例都会出现绝大部分经营企业的一方，在夫妻共同财产分割的问题上，相比起其他形式的夫妻共同财产，会更重视企业股权的占有和分配。大部分情况下，企业经营者会宁愿以出让其他夫妻共同财产为代价，而保留自己对企业的控制权。在类似的案件中，有企业家愿意出资买断配偶的股权份额的情况并不少见。之所以这样做，除了从经济利益考量之外，企业家们已经倾注在企业身上的热诚和感情，以及企业未来的发展与自身命运之间休戚与共的高度关联性，也是让他们难以割舍的重要原因。

如此，我们就不难理解下面的这个案例当中离婚对当事人所带来的影响了：

案例 4

互联网企业家离婚案当中“最成功的失败案例”：王某与杨某离婚案及土豆条款

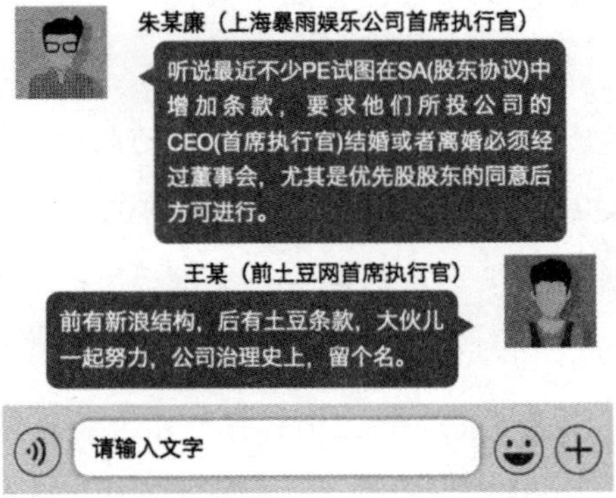

土豆网于 2005 年 4 月 15 日正式上线，是中国最早和最具影响力的视频分享网站及中国网络视频行业的领军品牌，也是全球最早上线的视频分享网站之一。

“土豆”于 2011 年 8 月 17 日正式登陆美国纳斯达克，成为继酷 6、优酷之后第三家在美国上市的中国视频网站。实际上，“土豆”的上市之路是悲情且曲折的，缘由就是其创始人兼CEO王某的婚变。

王某与其前妻、上海电视台的女主播杨某于2007年8月19日登记结婚，二人的结合曾备受外界关注。但二人的婚姻关系持续时间并不长，婚后10个月他们便开始分居。

2008年8月，王某第一次提出离婚，法院没有支持其离婚请求；2009年9月，王某再次向法院起诉离婚，直至2010年3月，法院才判决双方离婚。但此时，双方已经到了视彼此为仇敌的地步。

尽管婚姻生活并未如想像中美满，但王某在事业上却一路高歌猛进。土豆网自2005年上线至2010年王某离婚时，短短5年间已经获得了5次注资，募资额为1.35亿美元（超过9亿元人民币），企业上市的计划也蓄势待发。

双方离婚后半年多，2010年11月初，“土豆”先于优酷向美国证监会提交了IPO申请。就在外界猜测谁将能首先登陆纳斯达克时，意外发生了。王某的前妻杨某在土豆网提交上市申请的第二天，向上海市徐汇区人民法院起诉，要求分割婚姻关系存续期间的夫妻共同财产。

原来，王某与其前妻杨某婚姻关系存续期间，土豆网成立了上海全土豆网络科技有限公司。该公司是土豆网的主要利润中心，并持有视频网站必不可少的《增值电信业务经营许可证》和《网络传播视听节目许可证》，王某在该公司占股95%。王某持有的这部分股权中，其中76%涉及夫妻共有财产问题。杨某提起诉讼主张其中的一半即38%的股权。

上海市徐汇区人民法院随后冻结了王某名下三家公司的股权，其中，包括上海全土豆网络科技有限公司的股份。至此，“土豆”的上市计划瞬间泡汤，“土豆”的第一次上市“试水”就此卡壳。

后经多方斡旋，王某与杨某于2011年6月达成庭外和解，王某总共支付前妻杨蕾700万美元的经济补偿，先行支付300万美元，待“土豆”上市后另行支付余额。

随着这场离婚拉锯战的结束，“土豆”的上市障碍才最终被清除。

尽管市场环境恶劣，“土豆”还是迎难而上，于2011年4月再次提交上市申请。同年8月17日，“土豆”终于在美国纳斯达克上市了。“屋漏偏逢连夜雨”，离婚大战终于结束了，但离婚带来的阴影却依然萦绕着“土豆”。“土豆”不但路演第一天就遭遇美国股市暴跌的惨况，“土豆”踏上美利坚合众国的第一天，美国政府债券就被标准普尔降低了信用等级。同时，“土豆”撞到的还有一个举世关注的事件，就是中国概念股在美国遭遇了信任危机。

之后的故事大家都耳熟能详了：2012 年 3 月 12 日，优酷和土豆以 100% 换股的方式合并，新公司名为优酷土豆股份有限公司，土豆网最终退市。

回到我们的标题上，为什么把这个案例称作“最成功的失败案例”呢？因为这起离婚案例的失败之处在于，王某作为网络视频网站先行者“土豆”网的掌门人，完美诠释了“起了大早却赶了晚集”的惨痛故事，“土豆”也因为离婚而丧失了上市的最佳时机。由此看来，王某确实是失败了。那么，“最成功”又从何说起呢？原因在于：在笔者看来，这一起失败的离婚案最终催生了著名的“土豆条款”，可以让后来的创业者们引以为戒，同时引发社会公众的思考，从这一点上来说，王先生也可以算作成功了吧。

二、运筹帷幄，严防死守：防不住离婚，却守得住财富

婚姻关系当中，情感问题最难把握。古往今来，发生过多少“我本将心向明月，奈何明月照沟渠”[1]的失意故事。然而，这并不意味着私人财富保护与传承的法律筹划在婚姻关系中是失效的。恰恰相反，当我们对婚姻关系当中感情变动问题无能为力的时候，运用法律工具守护好我们的婚姻财富，就成了这场婚姻财富保卫战中的“关键战役”了。

案例 5

“宇宙最强”女人邓文迪与默多克离婚案

邓文迪是美国新闻集团掌门人默多克的第三任妻子，邓文迪之所以会被冠

---

① 元·高明《琵琶记》第三十一出。

上“宇宙最强”女人的绰号，大概是因为她在私人感情方面的彪悍经历：从一名默默无闻的女大学生，到撬掉一位美国老师的太太，取而代之成为老师的妻子，成功赴美留学并获得美国绿卡；最后搭上默多克老爷子、顺利嫁入豪门，成为默多克的第三任妻子。在邓文迪与默多克的婚姻关系维持了14年之后，默多克宣布与邓文迪离婚，原因是她与自己的好友有染。

不管消息是真是假，说邓文迪是一位在情感方面异常彪悍的女子，确属不虚。甚至在邓文迪与默多克的婚姻关系存续期间，邓文迪还利用人工授精的方法，为当时已经70多岁高龄的默多克生育了两个女儿。

然而，让人大跌眼镜的是，据媒体报道，相比起默多克的第二任妻子安娜离婚时所获得的17亿美元的补偿，邓文迪在离婚时所获得的经济补偿可谓是少之又少。除了为数不多的现金资产之外，邓文迪仅仅获得了位于纽约中心区的一套高级公寓和北京故宫旁边的一套四合院[①]。这些相比起默多克掌控的整个新闻集团几百亿美元的巨额财富而言，也只能算是九牛一毛了。

据称，在办理离婚手续当天，两人仅在法院逗留了十多分钟，就敲定了离婚协议的所有细节。怎么做到的？秘诀就在于默多克老先生在两人婚前早就设立了默多克家族信托，并将新闻集团的股份都放置在信托之下，从而将企业资产与家庭财产进行了有效的隔离。同时，在两人婚前，默多克老先生还要求对方签署了一系列的婚前财产协议，虽然协议的具体内容我们不得而知，但大体可以想象协议的基本内容一定包括为防范默多克因再次离婚而导致财产被另一方分走的风险而要求对方做出的一系列承诺。比如：有媒体报道，协议当中有约定两人的婚姻关系每多存续一年，邓文迪在离婚的时候就可以多分得一笔费用。当然，协议的内容随着双方婚姻关系存续时间的延长，在邓文迪的努力争取之下，特别是两个女儿出生之后，默多克也对协议做出过一定的修改。但是，从两人离婚时财产分割的情况来看，协议修改所带来的效果仍然有限。

---

① 资料来源：http: //business.sohu.com/20131122/n390588187.shtml。

案例 6

龙湖地产掌舵人吴某军与蔡某离婚案

据福布斯公布的2012年全球女富豪排行榜显示，吴某军及其家族以47亿美元的资产成为当年度的中国女首富，同时吴某军也是胡润榜上“白手起家中国女首富”。不过随着吴某军离婚，中国女首富的位置也随之易主，碧桂园副主席杨惠妍以47亿美元身家晋升为中国女首富①。

2012年年底，资本市场上涉及金额最高的一宗离婚案当属龙湖地产吴某军和丈夫蔡某的离婚案。按照当时龙湖地产的市值，案件涉及的夫妻共同财产价值五百多亿元人民币。尽管离婚诉讼涉及这么庞大的财产分割问题，但整个过程吴某军却处理得波澜不惊，如果不是经媒体披露，消息几乎不为世人所知，究竟是如何做到的？

原来，自龙湖地产上市时起，吴某军和蔡某各自所持有的公司股权即一直分属各自名下的两个信托持有，且蔡某从未在公司担任职务，故两人离婚并不涉及股权变动，亦对公司运营没有造成实质性影响。而吴某军和蔡某作为大股东，早已就未来继续保持一致行动维护公司权益达成共识。

综合以上两个案例，我们发现它们共同的规律包括：

第一，案件涉及财产价值巨大。

第二，事先经过周密部署（法律框架的搭建）。

第三，离婚及财产分割过程短平快，不留后患。

实践中，也有越来越多的家庭开始认识到婚姻关系变动将会给财富的保护和传承带来巨大的影响，并已开始采取措施为财富设立防火墙。特别是当“创富一代”们的出生于80年代后期甚至是90年代的子女们开始进入婚姻，父辈们的忧虑也伴随着年轻人对待婚姻的更加开放和随性的态度而愈发加深。

---

① 资料来源：http://house.ifeng.com/detail/20130607/362115410.shtml。

很多父母干脆采取尽可能地将所有的财产长时间地保留在自己名下、不转移给子女的方式来规避子女婚姻关系出现变动时可能给家庭财富带来的风险。这样的做法，短期内固然有效，但长远看来弊端明显：

首先，父母的这种做法没有考虑到子女本人及其配偶的心理感受，尤其会加深子女的配偶一方被整个家庭排斥、没有被当作自己人看待的不融合感，从而不利于夫妻关系乃至整个大家庭关系的和谐相处。

其次，这样的处理方式没有将父母的人身意外、财富传承的成本等因素考虑进去，一旦意外发生，原本的防御机制将全部失效，甚至给家庭财富造成毁灭性的打击和影响。

总结一下，我们自身、包括下一代婚姻关系的变动本身无法完全预防，但经过提前筹划和安排，可以尽量减少婚姻关系变动给家庭财富带来的负面影响，尤其是当企业的股权作为夫妻共同财产的主要形态时，受益于这种提前安排的，就不仅仅是创业者本人，更加是企业本身，以及企业背后几十几百，甚至成千上万的员工和他们的家庭。

第二节　人身意外对私人财富保护与传承的影响

一、全天下最爱我的那个人，带给我天大的麻烦

人身意外对私人财富保护与传承的影响，往往是决定性的。这一点道理尽管人尽皆知，遗憾的是，绝大部分人都毫无缘由地认为人身意外不会发生在自己身上。当意外真正来临的时候，它消灭的不是我们财富数字末尾的一个或者几个 0，而是 N 个 0 前面的那个 1。

案例 7

抚养权换回的遗产

这个案例我们已经不止一次地提到过。因为父母生前缺乏安排，周小姐

在婚内继承父亲的房产一事被丈夫在离婚时当作争夺女儿抚养权的筹码，周小姐因为无力承担近300万元的房屋补偿款，无奈之下放弃女儿抚养权。

周小姐的父亲去世时才刚刚从单位退休，含饴弄孙之乐尚未能享受几天。也许在他故去的时候，是带着美好的愿望离开的：希望能够把他对子孙的爱和祝福留下来，其中就包括了市中心黄金地段的这套学区房。然而事与愿违，财产非但没有帮助周老先生完成心愿，反倒成了女儿巨大的负累。

我们再次提及这个真实的案例，绝非想苛责周老先生。而是因为这个案例太具有普遍性，它随时可能在你和我的身边发生，笔者有责任、有义务反复提醒大家：万万不可让这样的悲剧再重演！

案例 8

全天下最爱我的人，带给我天大的麻烦

来向律师团队求助的，是这个案例主人公小龚的女朋友小安。

两人于英国留学期间在一个派对上认识，因为家庭背景相似，也能玩在一起，很快就确立了恋爱关系并且发展到了谈婚论嫁的程度。小龚的父母在他刚上小学的时候就离了婚，父亲在中国经营着一家很大的家族企业，自幼小龚就在优渥的环境中长大，高中没毕业就被父亲送到了英国留学。因为家族企业经营的是传统制造业，小龚对此并无任何兴趣，因此每次假期回国，父亲提出要他到企业去见习，也总是被他以各种理由拒绝了。

一对小恋人的甜蜜生活被某个深夜来自国内的一通电话彻底打破了：小龚的父亲在国外出差时遭遇袭击身亡，当地警方已介入调查事件的起因。

晴天霹雳！小龚匆匆向学校提出了休学申请，返回国内处理家事。小安也很体贴地向所在的学校告了假，陪伴男朋友回到国内。后来发生的事情证明，小安的决定是明智的，因为小龚一出现在公司里，便被全国各地赶来的供应商围住了。

原来，由于事发蹊跷，小龚父亲出事的消息很快便在圈子里传开了。还没有收到货款的供应商仿佛是一夜之间都聚拢在公司里，想赶紧把自己的货

款要回来。由于事发突然，公司里群龙无首，好不容易老板的独子从国外回来了，大家又怎么能让他走呢？就这样，小龚几乎是被“软禁”在了公司的会议室里。

从小安的口中我们得知，小龚目前面临的还远不止这些：父母虽然早年就离婚了，但两边的亲属有好几位从父母一开始创业的时候就在公司帮忙，现都在公司里担任重要的职位。父亲在世的时候，是企业的顶梁柱，两边的亲属都服他。但是现在父亲去世了，两边的亲属们都开始蠢蠢欲动，尤其是负责财务的小姨和负责市场的二叔，为了是否应该将财务账册公开以及公章应该由谁保管的事情而吵得不可开交。

“李律师，小龚很可怜的，被一群人围在会议室，上个厕所他们都要跟着。”

小安在我的面前掩面哭泣起来。

“他在英国学的是艺术，哪里懂企业经营啊？要给钱吧，管财务的亲属不同意，说要先把往来账查清楚；不给钱吧，那些供应商又不肯放他出来。”

小龚的处境确实让人疼惜。涉世未深的他在突然遭遇丧父之痛的同时，还要面对父亲遗产及身后事的处理、企业控制权的争夺以及企业后续经营的安排、债权人的追索等各种复杂的难题，别说是他，就是后续律师团队介入之后，也整整花了几个月的时间才理出头绪。

父母离异之后，小龚一直跟随父亲生活。父亲很疼爱这个唯一的儿子，即使他并没有依照父亲的安排学习工商管理专业，也并没有打算将来有一天接管父亲的企业。最终，父亲还是选择了尊重儿子的想法，支持他追求艺术的梦想。

然而，突如其来的意外同时击碎了父子两人的美好设想，也把难题摆在了小龚面前：自己是父亲的唯一继承人，眼前的企业是父亲毕生的心血，可对自己来说它更像是一个负累。

“我到底应该何去何从呢？”

二、更多的财富，更高的注意义务：所有的“真没想到”，都是耍流氓

依照权利与义务相一致的原则，拥有越多财富的人群，对社会、对他人

也应当肩负越多的责任。这种责任，对国家而言，是指企业的经营以及个人的行为要合法依规，要足额缴税，要承担起企业的社会责任；对社会一般民众而言，是指他们应当肩负的一种示范效应，一种引领的作用。因为他们的言谈举止、生活方式，甚至一举一动都会获得极高的社会关注，人们会在有意无意之中受到他们的影响。因此，拥有越多财富的人应当承担比一般社会民众更高的注意义务，这其中就包括了对自身所拥有的财富及早进行保护与传承的筹划，以防范和抵御风险。

下面这两个案例，都发生在富可敌国的富豪家族身上，令人唏嘘之外，亦当引发我们关于财富人群应当承担更高的注意义务的思考：

案例 9

被“诅咒”的红酒庄园与意外去世的中国富豪[1]

几乎在明星赵薇出手购买法国波尔多红酒庄园的同一时段，云南柏联集团的实际控制人郝某与刘某云夫妇也在 2012 年看中了波尔多另外一家红酒庄园。

当时，法国利布尔纳市市长布松率领的政府代表团下榻柏联精品酒店后便邀请集团总裁郝某、董事长刘某云夫妇到利布尔纳市投资，并表达了计划在酒庄区域内建设柏联精品酒店，发展高端定制旅游服务，形成完善的休闲度假产业的愿望。

很快，两个月后的 12 月 20 日，郝某一家三口即在波尔多附近的大河酒庄签订了收购协议。据说，收购协议的标的额估计高达 3000 万欧元，是截至当时中国企业家收购波尔多酒庄交易的最高金额。

不过他们或许不知道，这个红酒庄园即将成为一个“被诅咒的庄园”。有消息称，2002 年，这个庄园的前任庄主杰恩·勒普伦斯，即在完成酒庄转

① 资料来源：https：//mp.weixin.qq.com/s ？ src=3&timestamp=1504489026&ver=1&signature=an5vgtCXa6VqIVUDtddybCtb3ZIu3eg2ARhKBJgEq*fRDNs5dlPQq9dir4kVO*R8e6kpyl9fMH*QrYfd73vyPQc-LlgZNEz2HykWJxZOc1bH6Nj3fb5fw9oNeKcYpmGnCjskcV2Kt2oFfoJXOv8zl1Ux8flM448knDG8qvg22Z4=。

让后在城堡附近因飞机失事而去世的。郝某一家不会想到，这一次看似完满的收购合作，竟然会让他们和第二任庄园主一起，续写了这一事故，将这座庄园真正推向“诅咒”。

坠机前数小时，郝某夫妇代表柏联集团完成了收购法国知名葡萄酒庄“大河城堡”的交易，高兴地召开记者会，并和酒庄原主人格雷瓜尔夫妇在酒庄合影庆祝交易成功。

晚餐过后，格雷瓜尔邀请郝某搭乘直升机视察酒庄，于是，郝某和12岁的儿子、原酒庄主人、一名翻译乘直升机视察占地65公顷的葡萄园。临登机前，刘某云表示“害怕直升机”，而没有随行。紧接着就发生了飞机失事的事故。机上人员全部罹难，而郝某的尸体更是在一年后才被找到。

在郝某被证实死亡之后的几年内，他的遗孀刘某云和他的父亲围绕着死亡证明的交付、不动产的继承、家族企业股东资格的确认、遗产范围和份额等问题展开了一系列的诉讼，至今纠纷仍在进行当中。对簿公堂的双方，一边是一起辛苦打下江山的发妻，一边是已过鲐背之年的老父亲，未来无论案件的结果如何，都难以改变这过程当中干戈相向的遗憾了。

案例 10

让古希腊哲学家大跌眼镜——亚洲女首富龚某心与遗嘱的恩怨情仇

古希腊哲学家赫拉克利特曾说过：人不能两次踏进同一条河流。然而，下面这个案例当中的主人公——曾经的香港女首富龚某心在她的后半生中，竟然两次险些在自书遗嘱效力的问题上折戟。这两份遗嘱背后，牵动的是数百亿港元的资产，是企业家倾尽毕生心血创造的全部财富！

镜头前总是以“小甜甜”的可爱形象示人的香港女富豪龚某心，是1990年遭绑架而失踪的香港地产商王某辉之妻。1997年7月，王某辉之父王某歆要求法院确认王某辉在1968年3月所立自书遗嘱有效，该遗嘱指明其父为遗产唯一继承人。但龚某心同时也向法院提交了一份王某辉的自书遗嘱，遗嘱显示，王某辉将所有财产留给龚某心。王某歆和龚某心因这两份自书遗嘱打了一场历时8年的官司。

案件焦点最终集中在对遗嘱签名的笔迹鉴定上。王某歆特地从美国请来3位笔迹专家，认定龚某心提交的遗嘱中王某辉的签名有重大伪造嫌疑。龚某心则聘请内地专家鉴证，认为遗嘱签名真实可信。高等法院最终确认龚某心所持1990年遗嘱为王某辉最终遗嘱。龚某心成功继承王某辉400亿港元遗产。

两年后，当龚某心去世时，她的继承人也如同其生前一样，因为两份自书遗嘱而打起争产官司。除了华懋慈善基金所持的龚某心2002年订立的遗嘱以外，在龚某心去世后的第四天，自称是龚某心地下恋人的风水师陈某聪突然跳出台前，声称持有龚某心2006年订立的一份遗嘱，并声称自己才是遗产的唯一继承人。陈某聪披露的遗嘱内容为："我（龚某心）将本人的遗产余款，遗赠陈某聪先生，该等遗产余款，包括任何地方、任何种类及叙述的动产与不动产及其委任权，而且不论现时拥有抑或日后获得。"

龚某心遗产争夺案经香港特区高等法院审理后，判决华懋慈善基金所持的龚某心2002年遗嘱有效，陈某聪所持的龚某心2006年遗嘱是伪造。后陈某聪不服而提起上诉，该案一直到2011年10月底被终审法院驳回，代表案件画上句号。

上述两案例的情节有颇多相似之处：都是巨富之家，都是家族的男主人公不幸遭遇意外。随后，围绕着巨额的家族资产，翁媳之间展开旷日持久的拉锯战。这些故事和细节，成为人们茶余饭后津津乐道的八卦好题材。当然，与案例九当中的主人公郝某对财富传承之事完全没有安排不同，案例十当中龚某心丈夫王某辉以及龚某心本人在生前都曾立下过遗嘱，特别是王某辉先生，根据媒体对案件情节的披露，其生前至少曾经立下过三份内容不同的遗嘱，也正是因为遗嘱的内容互相冲突，才引发了后来旷日持久的"世纪争产大战"。由此可见，有安排一定好过没安排；而安排得是否妥当，将最终关系到财产能否得到有效的保全。

第三节　传承成本对私人财富保护与传承的影响

一、渐行渐近的遗产税

遗产税是一个古老的税种。一般认为，遗产税最早产生于4000多年前的古埃及，埃及长老胡夫为了筹措军费，开创了征收遗产税的先河。到了1598年，近代意义上的遗产税在荷兰开征。随后，西方发达国家相继开征遗产税，主要目的都是筹措战争经费，战后即停征。比如在美国，美国联邦政府的遗产税于1797年首次开征，而现代意义上的遗产税是于1916年立法开征的，其目的是应对世界大战而筹资。

进入20世纪以后，随着社会财富的积累以及贫富分化的加重，遗产税逐步成为一个固定的税种，主要目的在于调节社会成员之间的贫富差距，而政府获取财富的作用被大大削弱了。目前，全球共有一百多个国家和地区开征了或开征过遗产税，我们民国时期也有开征遗产税的历史，中华人民共和国成立以后，遗产税也一直是拟征税种之一，只是基于特殊的历史环境和居民财富的具体情况，一直没有开征。但改革开放已经40年了，我国居民的财富规模、财富形态、财富分布，都已经发生了翻天覆地的变化，遗产税的开征，已经迫在眉睫。

全国人民代表大会于2001年3月15日批准发布的《中华人民共和国国民经济和社会发展第十个五年计划纲要》第六节“深化财税体制改革”中提出：健全税收制度，改革生产型增值税税制，完善消费税和营业税，逐步统一内外资企业所得税，建立综合与分类相结合的个人所得税制度，适时开征社会保障税和遗产税，完善地方税税制。

2013年2月3日国务院转发国家发展改革委、财政部、人力资源社会保障部联合发布的《关于深化收入分配制度改革若干意见》第15条：改革完善房地产税等。完善房产保有、交易等环节税收制度，逐步扩大个人住房房产税改革试点范围，细化住房交易差别化税收政策，加强存量房交易税收征管。扩大资源税征收范围，提高资源税税负水平。合理调整部分消费税的税目和税率，将部分高档娱乐消费和高档奢侈消费品纳入征收范围。研究在适当时期开征遗产税问题。

2017 年 5 月，中央全面深化改革领导小组第三十五次会议召开，审议通过了《个人收入和财产信息系统建设总体方案》（下称《方案》)。《方案》的出台，意味着个人所得税改革又向前迈出了一大步，遗产税的推出渐行渐近。

二、已经纳入立法规划的房产税

房产税，是指以房屋为征税对象，按房屋的计税余值或租金收入为计税依据，向产权所有人征收的一种财产税。

（一）目前房产税的法律依据

截至目前，房产税在我国尚无统一的立法。1986 年 9 月 15 日国务院发布了《中华人民共和国房产税暂行条例》（下称《暂行条例》)，后于 2011 年进行了修订。《暂行条例》的内容简单，仅有 11 条。内容分别涉及房产税的纳税主体、计税依据、税率、免税范围、征收管理等。《暂行条例》修订之后，2011 年 1 月 28 日，上海、重庆两地开始试点房产税，上海市为此专门制定了《上海市开展对部分个人住房征收房产税试点的暂行办法》，针对本市居民家庭在本市新购且属于该居民家庭第二套及以上的住房（包括新购的二手存量住房和新建商品住房）和非本市居民家庭在本市新购的住房试点征收房产税。重庆市人民政府也出台了《重庆市人民政府关于进行对部分个人住房征收房产税改革试点的暂行办法》，规定了首批纳入房产税征税对象的三种情况分别为：

1. 个人拥有的独栋商品住宅。

2. 个人新购的高档住房。高档住房是指建筑面积交易单价达到上两年主城九区新建商品住房成交建筑面积均价 2 倍（含 2 倍）以上的住房。

3. 在重庆市同时无户籍、无企业、无工作的个人新购的第二套（含第二套）以上的普通住房。

在两地试点两年后，2013 年 5 月 24 日，房产税试点扩容的消息得到证实，将增加房产税改革试点城市，但究竟是哪些城市，目前尚无统一的定论。

（二）房产税立法进程

自房产税试点实施以来，也一直饱受社会各界的质疑。其中，法学界人士就指出上海、重庆等地推出房产税试点，法律依据不足，难以服众；开征该税名不正言不顺，政府无权开征新税。观点认为：2000 年出台的《立法法》已明文规定国家开征税收只能依据法律。房产税的制定和推出不能由国务院决定，必须由全国人大立法，这是基本法治原则。

另一个方面看，开征房产税不仅事关政府财政收入，更关乎国民的切身利益。在此种语境下，开征房产税绝不是仅凭政府部门就可以决定的，而应在形式、程序以及实质性内容等方面，最大限度地搜集、倾听与反映社会各界的意见和建议，给民意的表达开启一扇窗。

可喜的是，党的十八届三中全会《中共中央关于全面深化改革若干重大问题的决定》在“推动人民代表大会制度与时俱进”一条中已经正式写入“落实税收法定原则”，并且在“推进法治中国建设”部分中着重强调了对法规、规章、规范性文件的审查以及对行政执法的监督。

如今，公众关心的房地产税已由全国人大预工委牵头抓紧起草，财政部配合立法，这意味着税收法定原则正在落实。当然所谓落实，不仅仅要在观念上加以确立、在纸面上加以宣示之外，更要在改革中将税收法定付诸实践，尽快把各个税种的规定上升为法律。另外，在立法和改革过程中，需处理好房地产税对楼市短期冲击与地方经济发展的关系、处理好房地产税与土地增值税等其他税费的关系等。①

三、CRS 的实施情况，以及对财富保护与传承的影响

（一）CRS 的含义和由来

CRS 是 Common Reporting Standard 的英文缩写，中文翻译为“统一报告标准”（下称标准），它是 2014 年 7 月 OECD 发布的 Standard for Automatic

---

① 鹰远：《房产税立法引领税收体系法治化》，载《人民法院报》2015 年 8 月 9 日，第 2 版。

Exchange of Financial Information in Tax Matters（AEOI 标准，金融账户涉税信息自动交换标准）的一个构成部分，是由经济合作与发展组织（OECD）推出的，用于指导参与司法管辖区定期对税收居民金融账户信息进行交换的准则，旨在通过加强全球税收合作提高税收透明度，打击利用跨境金融账户逃避税行为。

金融账户信息交换的历史可追溯到美国的 FATCA 法案（Foreign Account Tax Compliance Act 海外账户税收合规法案）。之前受经济全球化影响，跨国集团活动频繁，各国投资者和经营者所得的形式日益复杂，政府税收监管难度日益增大。在经历了 2008 年经济危机后，美国政府收入大幅缩水，财政赤字严重。为增加税收收入，打击美国纳税人利用海外账户偷逃税行为，从 2010 年开始，美国陆续颁布 FATCA 法案及实施细则，要求美国以外的金融机构向美国政府提供其纳税人在境外开立账户的信息，否则外国机构接收来源于美国的付款时将被扣缴 30% 的惩罚性预提税。

举个例子，美国一开始找到瑞士，瑞士就要把所有在瑞士的美国人的存款信息披露给美国，否则瑞士的金融机构在接收来源于美国的资产时将被扣缴 30% 的惩罚性预提税。当时受 FATCA 法案的影响，素有银行保密传统的避税天堂瑞士都难逃此网，瑞士很多依赖帮客户逃税洗钱的投资机构接连倒闭。FATCA 法案帮助美国征得了大量的税款，于是美国就要求所有市面上的国家都跟它签订信息交换规则。

美国此举有所成就，OECD（Organization for Economic Co-operation and Development 经济合作与发展组织）成员国也开始效仿。2014 年，OECD 发布了 AEOI 标准（金融账户涉税信息自动交换标准），共同申报准则（CRS）便是其中的核心内容。

"帮助成员国政府制定和协调有关政策"是 OECD 主要宗旨之一，OECD 制定的 AEOI 标准对各国并没有法律约束力，需要按照各国意愿。目前共有 101 个国家（地区）承诺参与 CRS，其中第一批以英国、德国、法国、意大利等欧盟国家为代表，承诺于 2017 年 9 月开展第一次账户信息交换，第二批包括中国、香港地区、澳门地区等（具体国家列表见下表）。

承诺 2017 年 9 月首次交换信息	承诺 2018 年 9 月首次交换信息
安圭拉，阿根廷，巴巴多斯，比利时，百慕大，英属维尔京群岛，保加利亚，开曼群岛，哥伦比亚，克罗地亚，库拉索岛，塞浦路斯，捷克共和国，丹麦，多米尼加，爱沙尼亚，法罗群岛，芬兰，法国，德国，直布罗陀，希腊，格陵兰，格恩西岛，匈牙利，冰岛，印度，爱尔兰，马恩岛，意大利，泽西，韩国，拉脱维亚，列支敦士登，立陶宛，卢森堡，马耳他，墨西哥，蒙塞拉特岛，荷兰，纽埃，挪威，波兰，葡萄牙，罗马尼亚，圣马力诺，塞舌尔，斯洛伐克共和国，斯洛文尼亚，南非，西班牙，瑞典，特立尼达和多巴哥，特克斯和凯科斯群岛，英国	阿尔巴尼亚，安道尔，安提瓜和巴布达，阿鲁巴，澳大利亚，奥地利，巴哈马群岛，伯利兹，巴西，文莱，加拿大，智利，中国，库克群岛，哥斯达黎加，加纳，格林纳达，中国香港，印度尼西亚，以色列，日本，科威特，中国澳门，马来西亚，马绍尔群岛，毛里求斯，摩纳哥，瑙鲁，新西兰，卡塔尔，俄罗斯，圣基茨和尼维斯，萨摩亚，圣卢西亚，圣文森特和格林纳丁斯，沙特阿拉伯，新加坡，圣马丁岛，瑞士，土耳其，阿拉伯联合酋长国，乌拉圭，瓦努阿图

（二）CRS 在中国的实施时间要求

经国务院批准，2014 年 9 月，我国在 G20 财政部部长和央行行长会议上承诺将实施该标准，首次对外交换信息的时间为 2018 年 9 月。为顺利实施上述交换，金融机构需要对个人账户及机构账户开展尽职调查，具体调查时间如下：

1. 个人账户

新开账户：金融机构应该自《非居民金融账户涉税信息尽职调查管理办法》正式实施时，对新开账户（2017 年 1 月 1 日以后在金融机构开立）实施尽职调查。

高净值账户：金融机构应当在 2017 年 12 月 31 日前，完成个人高净值账户（指截至 2016 年 12 月 31 日账户加总余额超过 600 万元的账户）尽职调查。

低净值账户和存量机构账户：2018 年 12 月 31 日，完成对个人低净值账户（指截至 2016 年 12 月 31 日账户加总余额不超过 600 万元的账户）和存量机构账户的尽职调查。对于存量个人低净值账户，之后任一公历年度末账户加总余额超过 600 万元时，金融机构应当在次年 12 月 31 日前，按照本规定程序完成对账户的尽职调查。

2. 机构账户

新开账户：金融机构应该自《非居民金融账户涉税信息尽职调查管理办法》正式实施时，对新开账户（2017 年 1 月 1 日以后在金融机构开立）实施尽职调查。

存量机构账户：2016 年 12 月 31 日账户加总余额超过 150 万元的存量机构账户，金融机构应当在 2018 年 12 月 31 日前完成尽职调查程序；2016 年 12 月 31 日账户加总余额不超过 150 万元的存量机构账户，金融机构无须开展尽职调查。但当之后任一公历年度末账户加总余额超过 150 万元时，金融机构应当在次年 12 月 31 日前，按照规定完成对账户的尽职调查。

（三）CRS 对人们财富生活的影响

1. 对哪些人有影响

总的来说，CRS 对每个人都有影响。但受影响最大的，当属在海外拥有较多金融资产的朋友了。CRS 成员国政府将根据安排，对非本国税务居民在该国拥有的金融资产账户进行“总清算”，只不过根据居民资产的大小来决定调查的顺序，然后定期交换给税收国政府的税收主管机关。由此，区分是否属于本国的税务居民就显得尤为重要。

税法意义上的居民并非依据国籍标准，其身份判定是按照各国国内法，依据住所、居所、成立地、实际管理机构所在地或者其他类似的标准而进行的税法层面的税收身份界定。具体到我国而言，涉及税收居民身份认定的法律规定包括：

在中国境内有住所，或者无住所而在境内居住满一年的个人应认定为中国税收居民[①]。在中国境内有住所是指因户籍、家庭、经济利益关系而在中国

①《中华人民共和国个人所得税法》第 1 条：“在中国境内有住所，或者无住所而一个纳税年度内在中国境内居住累计满一百八十三天的个人，为居民个人。居民个人从中国境内和境外取得的所得，依照本法规定缴纳个人所得税。在中国境内无住所又不居住，或者无住所而一个纳税年度内在中国境内居住累计不满一百八十三天的个人，为非居民个人。非居民个人从中国境内取得的所得，依照本法规定缴纳个人所得税。”

境内习惯性居住[①]。所谓习惯性居住，是判定纳税义务人是居民或非居民的一个法律意义上的标准，不是指实际居住或在某一个特定时期内的居住地。如因学习、工作、探亲、旅游等而在中国境外居住的，在其原因消除之后，必须回到中国境内居住的个人，则中国即该纳税人习惯性居住地。居住满一年是指在一个纳税年度居住 365 日，一次不超过 30 日或多次累计不超过 90 日的临时离境，不扣减天数[②]。

2. CRS 将对财富产生什么影响

总的来说，CRS 将影响全球私人财富结构的所有配置。首先，中国税收居民设立的海外公司的银行户口将受到影响。其次，海外保单、海外家族信托也属于信息交换的范围，即使资产被信托持有，也仍然属于申报的内容之一。

过去的高净值客户往往会选择离岸地来设立信托、私人基金会，因离岸金融拥有在岸金融无法比拟的优点，如税收低或者零税收等。但在 CRS 的新形势下，如果离岸地属于加入 CRS 的司法属地之一，那么离岸金融工具也将作为信息而被申报。一些客户想通过离岸金融来达到隐匿资产、逃税、避税，将逐渐变得不可能。

CRS 生效之后，对于客户而言，如果客户信息不正确披露或没有披露，客户将面临税务机关的罚款、诉讼，涉及欺诈、造假、逃税的，客户资产可能被冻结。同时，对于专业的财富管理机构而言，若忽视 CRS 而径直为客户提供海外财富产品导致相关后果的，可能要承担相应的民事责任，如赔偿等，另外还有可能面临商业信誉下降的风险，被吊销执照，最严重的后果还

---

①《中华人民共和国个人所得税法实施条例》第 2 条："个人所得税法所称在中国境内有住所，是指因户籍、家庭、经济利益关系而在中国境内习惯性居住；所称从中国境内和境外取得的所得，分别是指来源于中国境内的所得和来源于中国境外的所得。"

②《中华人民共和国个人所得税法实施条例》第 3 条："除国务院财政、税务主管部门另有规定外，下列所得，不论支付地点是否在中国境内，均为来源于中国境内的所得：（一）因任职、受雇、履约等在中国境内提供劳务取得的所得；（二）将财产出租给承租人在中国境内使用而取得的所得；（三）许可各种特许权在中国境内使用而取得的所得；（四）转让中国境内的不动产等财产或者在中国境内转让其他财产取得的所得；（五）从中国境内企业、事业单位、其他组织以及居民个人取得的利息、股息、红利所得。"

可能要负一定的刑事责任。[①]

面对CRS现在以及未来所带来的影响，提早准备、合理筹划才是正解。总体而言，并没有一个适用所有人的所谓应对CRS的统一策略，在做资产配置筹划时，需要考虑的因素很多，包括但不限于现有资产状况和配置；未来资产的盈利模式；个人及家人的工作、学习、生活地域选择；经营企业的所在国以及法律法规监管要求、家族财富传承等。这是一个非常复杂的系统工程，需要对个案进行设计、筹划。

第四节　法律政策变动对私人财富保护与传承的影响

关注私人财富的保护与传承，一定离不开对国家法律政策制定、变动和走向的关注与了解，因为它们与每个人的经济生活都息息相关。举个最简单的例子，近几年全国各地的离婚率相比以前都有大幅度的攀升，究其原因，我们发现，近几年因为各地纷纷出台限购、限贷的房屋购买政策，为了买房而“假离婚”的情况直线上升，这些人为全国各地离婚率的攀升做出了不小的贡献；同时，也酿成了不少“弄假成真”导致权益受损的乌龙事件。由此可见，社会生活中单一个体即使能力再强、财富的量级再大，在国家意志面前，也只能像孙悟空、怎么也逃不出如来佛的掌心。作为个体，我们每个人能够做的，是了解规律、顺应规律，同时追求个人的发展。

下面我们就从涉及居民身份管理、资产类型和财富管理工具这几个方面的法律政策变动的角度来帮助大家逐一进行梳理。

一、与居民身份管理相关的法律政策变动

（一）《居民身份证法》的制定与变迁

2003年6月28日，全国人大常委会颁布了《居民身份证法》，并于2004

① 网址：http://www.zx590.com/u/128748/，最后访问时间：2018年10月8日。

年1月1日开始正式实施。其中明确规定了身份证对于居民身份管理的普遍适用性："居住在中华人民共和国境内的年满十六周岁的中国公民，应当依照本法的规定申请领取居民身份证。"[①] 同时，在操作方法上，建立起身份证号码与公民身份的唯一对应关系，"公民身份号码是每个公民唯一的、终身不变的身份代码，由公安机关按照公民身份号码国家标准编制。"[②]

2011年10月29日，第十一届全国人民代表大会常务委员会第23次会议通过了《全国人民代表大会常务委员会关于修改〈中华人民共和国居民身份证法〉的决定》，自2012年1月1日起施行。新《居民身份证法》规定，居民申请领取、换领、补领居民身份证，应当登记指纹信息。为配合这一新的管理举措，公安部于2017年1月29日颁布了《关于决定在入境检查时留存外国人指纹等人体生物识别信息有关事项的公告》，规定2017年开始中国边检机关将分期、分批在全国对外开放口岸对入境我国的外国人留存指纹，外交人员、集中入境的外国官员及其代表团、十枚指纹均无法留存的人员以及根据双边协议或互惠安排可以免留指纹的人员除外。虽然此项规定并未直接将矛头指向"双重国籍"人士，但实际上，户籍登记信息绑定居民身份证登记，而居民身份证登记项目包含了指纹信息，使得公安部门可以通过技术手段对指纹进行比对从而核查持有外国护照的入境人士是否保有中国户籍登记信息。因此，结合目前重新办理或新办身份证需要采集指纹信息的现实情况，事实上"双重国籍"人士通过技术核对被发现的可能性已经大幅提高。[③]

（二）越来越近的纳税识别号制度

纳税人识别号，是税务部门按照国家标准为企业、公民等纳税人编制的

---

①《中华人民共和国居民身份证法》第2条："居住在中华人民共和国境内的年满十六周岁的中国公民，应当依照本法的规定申请领取居民身份证；未满十六周岁的中国公民，可以依照本法的规定申请领取居民身份证。"

②《中华人民共和国居民身份证法》第3条第2款："公民身份号码是每个公民唯一的、终身不变的身份代码，由公安机关按照公民身份号码国家标准编制。"

③ 陈汉、薛冰等：《政策改革变动视角下的个人规划问题》，网址：http: //www.sohu.com/a/156868635 617138，最后访问时间：2019年8月16日。

唯一且终身不变的确认其身份的数字代码标识。税务部门通过纳税人识别号进行税务管理，实现社会全覆盖。

在 2013 年 2 月 3 日国务院发布的《国务院批转发展改革委等部门关于深化收入分配制度改革若干意见的通知》[国发（2013）6 号] 第 14 条“加强个人所得税调节”的内容当中，已经明确“加快建立综合与分类相结合的个人所得税制度。完善高收入者个人所得税的征收、管理和处罚措施，将各项收入全部纳入征收范围，建立健全个人收入双向申报制度和全国统一的纳税人识别号制度，依法做到应收尽收。取消对外籍个人从外商投资企业取得的股息、红利所得免征个人所得税等税收优惠”。同时，在第 15 条当中也明确提出“完善房产保有、交易等环节税收制度，逐步扩大个人住房房产税改革试点范围”和“研究在适当时期开征遗产税问题”的内容。

2015 年年初公布的《中华人民共和国税收征收管理法修订草案（征求意见稿）》第 8 条当中明确规定了“国家施行统一的纳税人识别号制度”。该规定明确了纳税人识别号制度的法律地位。同时规定，纳税人自行计税申报，并对其纳税申报的真实性和合法性承担责任。

2015 年 12 月 24 日，中共中央办公厅和国务院办公厅联合发布了《深化国税、地税征管体制改革方案》[中办发（2015）56 号]，在方案第 14 条“加快税收信息系统建设”的内容当中规定“2016 年全面完成金税三期工程建设任务，形成覆盖所有税种及税收工作各环节、运行安全稳定、国内领先的信息系统。2018 年实现征管数据向税务总局集中，建成自然人征管系统，并实现与个人收入和财产信息系统互联互通。到 2020 年使我国税收征管信息系统居于国际先进行列”。

2010 年 10 月 10 日，国务院发布的《关于激发重点群体活力带动城乡居民增收的实施意见》[国发（2016）56 号] 当中，再次提出“建立个人收入和财产信息系统”“在确保信息安全和规范利用的前提下，多渠道、多层级归集居民和非居民个人的收入、财产等相关信息，运用大数据、云计算等技术，创新收入监测方式方法，提升居民收入信息监测水平”。

综上可见，无论是使用居民身份证进行管理，还是正在建设当中的自然人的纳税人识别号制度，都是国家法律体系当中必不可少的对个人收入和财产信息进行检测和管理的法律工具。可以想见，在不久的将来，无论是个人身份上的“双重国籍”，还是个人或者家庭的任何形式的财产形态，都将无一例外身处于国家监控的巨网当中。

二、涉及不同资产类型的法律政策变迁脉络

（一）金融资产

1. 存款实名制

在存款实名制的政策出台之前，银行账户的开立存在较大的随意性，这在很大程度上导致了个人财富，尤其是不法来源的资金长期以来具有较强隐蔽性，游离于国家的金融管制体系之外。

为改变这一现状，2000 年 3 月 20 日，国务院颁布了《个人存款账户实名制规定》(国务院令第 285 号)，并从 2000 年 4 月 1 日开始实施。该规定明确了居民身份证是居住在境内的中国公民的法定实名证件①，“不出示本人身份证件或者不使用本人身份证上的姓名的，金融机构不得为其开立个人存款账户②”。

2. 股票实名制

由于我国长期以来没有强化实名制的股票账户管理，留给证券市场许多漏洞，部分投资者为了获取暴利，利用账户管理中的不足大肆进行违规交易，操纵证券交易价格。2002 年 4 月发布，并于同年 6 月 1 日起正式实施的《中国证券登记结算有限责任公司证券账户管理规则》被市场普遍视为中国股票实名制正式启动的信号。③ 该规则指出，自 2002 年 6 月 1 日起，自然人和机构开立证券账户，必须提供有效证件和证明；对于同一类别和用途的证券账户，一个自然人或法人只能开立一个；自然人委托他人代办开户的，要提供

①《个人存款账户实名制规定》第 5 条：“本规定所称实名，是指符合法律、行政法规和国家有关规定的身份证件上使用的姓名。下列身份证件为实名证件：（一）居住在境内的中国公民，为居民身份证或者临时居民身份证……”

②《个人存款账户实名制规定》第 7 条第 2 款：“不出示本人身份证件或者不使用本人身份证件上的姓名的，金融机构不得为其开立个人存款账户。”

③ 宋凤琴：《股票实名制的序曲正在奏响》，载《财税与会计》2002 年第 9 期。

经公证的委托代办书、代办人的有效身份证及复印件。[①] 其后，中国证券登记结算有限责任公司于 2014 年 8 月 25 日发布了新修订的《中国证券登记结算有限责任公司证券账户管理规则》，新的规定在一定程度上放开了一个自然人或法人只能开立一个证券账户的限制，但丝毫没有放松对开设证券账户实名制的要求。

3. CRS

CRS(“统一报告标准”)已于 2017 年 1 月 1 日开始在中国大陆地区实施。关于其具体内容，已在上一节当中详细讲述，在此不再赘述。

此处再次提及 CRS，意在指出国家对于公民个人所拥有的金融资产的管控，既包括针对公民所有的境内资产，同时也在逐步地将境外资产的登记和管理纳入系统。相应地，每一个财富主体在审视自己的资产管理规划的时候，均应当具有全球视野，过去那种匿名开户、以他人名义代持，或者简单粗暴地将资产转移至境外的做法，都不再可取。

（二）不动产

1. 不动产统一登记制度的实施和完善

2014 年 11 月 24 日，国务院颁布第 656 号国务院令，正式公布《不动产登记暂行条例》(以下简称《条例》)，自 2015 年 3 月 1 日起施行。《条例》强调，国家实行不动产统一登记制度。国务院国土资源主管部门应当会同有关部门建立统一的不动产登记信息管理基础平台。各级不动产登记机构登记的信息应当纳入统一的不动产登记信息管理基础平台，确保国家、省、市、县四级登记信息的实时共享。此外，权利人、利害关系人可以依法查询、复制不动产登记资料，不动产登记机构应当提供。有关国家机关可以依照法律、行政法规的规定查询、复制与调查处理有关的不动产登记资料。

随后，针对《条例》实施过程中存在的一些不足之处，国土资源部于 2016 年 1 月 1 日发布了《不动产登记暂行条例实施细则》(以下简称《实施细则》)，并于当日开始实施。《实施细则》对不动产登记中涉及的一些重要

---

① 何燕婷:《试析股票实名制的实施》，载《黄渤海经济瞭望》2002 年第 12 期。

内容作出了进一步明确。

2. 各地的住房限购政策

2016年开始，全国各地许多大中城市陆续实施了宽严不等的房地产限购政策。虽然只是政策层面的规定，并非国家的立法，但是因为关系到每个家庭“安身立命”的大事，房地产限购政策还是实实在在地对我们的生活产生了非常重要的影响。

三、涉及私人财富管理的法律工具的立法及修法路径

（一）保险法的立法演进

保险制度由来已久，可以说是人类最伟大的发明之一。一开始，保险的主要作用在于集合更多人的力量对抗自然风险，因此多用于航海、抗灾等领域。而人身保险则起源于17世纪中叶的意大利，一开始的创意是一群人联合养老，经过漫长的发展，才逐渐演变成如今的现代人身保险制度体系。

然而，保险在中国被视作财富管理的工具，而不再是只有分散风险功能的投资产品，是近些年的事情。

1995年6月30日，第八届全国人民代表大会常务委员会第十四次会议通过了《保险法》，后又于2002年和2009年分别作出两次修正。现行适用的保险法是2009年修订后的版本。其主要内容分为：总则、保险合同、保险公司、保险经营规则、保险代理人和保险经纪人、保险业监督管理和法律责任几大部分。除了保险法自身的修改和调整之外，最高人民法院结合法律在实施过程当中出现的具体问题，分别于2009年9月、2013年5月、2015年11月和2018年7月分别出台了四部关于适用《保险法》若干问题的解释。这些法律法规构成了我国保险法律制度的基本框架和体系。

（二）信托法的立法和司法实践

信托作为一项重要的民事制度，也是由来已久的。然而与保险不同的是，民事信托进入中国社会公众的视野，却是近几年的事情。

《信托法》于2001年4月28日经第九届全国人大常委会第二十一次会议通过，于2001年10月1日起施行。这部法律设有七个章节，分别是总则，信托的设立，信托财产，信托当事人、委托人、受托人、受益人、信托的变更与终止，公益信托和附则。信托法初步搭建起了我国民事信托的基本架构，给这项制度在我国的落地实施创造了法律条件。然而，由于与之相配套的财产登记制度及税务制度迟迟未能出台，在相当程度上阻碍了我国民事信托的业务发展。这期间，市场上充斥着大量的以信托为名义的金融理财产品，也在一定程度上造成了社会公众对于信托概念的误解，认为信托等同于银行理财产品，而忽视了信托作为财富管理与传承工具的特点和功能。

近几年，随着财富管理与传承的概念日益普及，信托的作用也越来越受到社会公众尤其是高净值人群的关注和青睐。作为一名家事法律师，对这一点的感受尤为深刻。越来越多的客户前来咨询设立信托的条件、探讨在目前的法律框架内落地的可能性。目前，国内已经有很多的高净值人群（尤其是企业家群体）设立了家族信托，作为财富传承以及风险隔离的工具。同时，受限于国内设立家族信托的配套制度尚不完善等因素，也有许多的企业家选择在境外设立家族信托。可以预见的是，随着市场对民事信托，尤其是家族信托的需求度持续升温，相关的配套制度会逐步地建立和完善起来；同时，随着信托概念和制度的不断普及，民事信托的种类和应用场景也会更加多元化。

（三）慈善法的立法进程和实践

慈善，不仅有着悠久的历史，也日渐成为全国乃至全世界财富人群的生活方式之一。

2016年3月16日，第十二届全国人大第四次会议通过了《慈善法》，自2016年9月1日起施行。这部法律共分12个章节，具体内容包括慈善组织、慈善募捐和捐赠、慈善信托、慈善财产、监督管理等内容。这是我国第一次以立法的形式对慈善活动进行规范。这部法律不仅明确了慈善组织的设立形式和条件，也对慈善活动的组织和开展，以及行业监管等问题作出了明确的法律规定。不仅如此，在这部法律当中，更加强调了慈善是一种文化，是一种生活方式，比如《慈善法》规定："国家采取措施弘扬慈善文化，培育公民慈善意识。学校等教育机构应当将慈善文化纳入教育教学内容。"[①] 相信在不久的将来，随着国人慈善意识的普遍提高，慈善将不仅仅是高收入人群关注的话题，也会成为日常百姓生活的一部分。

第五节　继承人继承意愿 / 能力对私人财富保护与传承的影响

一、这是一个变化的时代：见过不要命的，没见过不要钱的

2015 年发布的《中国家族企业传承报告》显示，明确表示愿意接班的二代仅占调查样本的 40%，15% 的二代明确表示不愿意接班，另有 45% 的二代对于接班的态度尚不明确。由此可见，中国很多家族企业在传承过程中，面临着老一辈愿意交班而子女不愿意接班的困境。

案例 11

富二代把父母告上法庭，拒当企业老板一心只想实现音乐梦

常州大学生程军一心想要追求音乐梦，为了不被父亲的企业事务困住，一直拒绝继承家业，不料父母却趁他在外就学时，伪造他的签名，私自将企业资产和企业名称转让给他。当时还是大二学生的他，放暑假回到家才发现自己成了名副其实的老板，一怒之下竟以伪造文件的罪名将父母告上法庭。

程军的父亲是常州的知名企业家，经过 20 多年的打拼，产品供应给石油、铁路、航运等行业，拥有数间经营状况不错的工厂，年过半百的他期望儿子能接手他辛苦打拼出来的企业，经过多次劝说，一心想追求音乐梦的程

① 《中华人民共和国慈善法》第 88 条："国家采取措施弘扬慈善文化，培育公民慈善意识。学校等教育机构应当将慈善文化纳入教育教学内容。国家鼓励高等学校培养慈善专业人才，支持高等学校和科研机构开展慈善理论研究。广播、电视、报刊、互联网等媒体应当积极开展慈善公益宣传活动，普及慈善知识，传播慈善文化。"

军仍完全不为所动。

沟通无果后，程父趁儿子远在南京上学之际，于2016年5月到当地的工商部门办理企业名称变更手续，擅自将企业资产和名称转让给程军。根据协议书记载，程军一次性支付转让款人民币1200万元，协议书落款处有“程军”的签名，指定由程父“代为办理”。

放暑假回到家后，程军才得知自己成为家族企业的合法拥有人，气得要求父母撤销转让，和父母商议多次均无果后，在12月底以“父母冒用自己的签名”为由控告父母，要求判决签订的企业转让书无效。法官审理后查明，程军作为未毕业的学生，没有能力支付1200万元的转让款，且企业在变更登记后仍然是程父在经营，因此判定转让协议书无效。

程军和父亲在重新讨论后已取得共识，双方各退一步，程父表示不再强迫儿子接班，尊重儿子的意愿，让儿子先到外头独自闯荡一番；程军也理解音乐不太可能成为他一辈子的职业，愿意逐步接手父亲的事业，并出国学习商业知识，累积相关经验，以专业的姿态承担起应尽的责任。

二、兴趣＋责任，才是顺利交接班的正解

案例12

李嘉诚对儿子李泽楷的传承安排

2012年5月，李嘉诚宣布分家，由长子李泽钜继承李氏商业帝国，次子李泽楷获得现金自行创业。分家后两个月，李嘉诚将本来由李泽楷持有的1/3家族信托权益（即Li Ka-Shing Unity Holdings Limited，长和系资产的终极持有公司，分家前由李嘉诚父子三人各持有三分之一）全部转让给李泽钜，李泽钜持股比例升至2/3。

据港交所披露，李嘉诚宣布分家时，Li Ka-Shing Unity Holdings Limited共持有22家上市公司，除长和、长实、长江基建、电能实业四大旗舰外，还包括TOM集团、汇贤产业等，控股总市值近5000亿港元。2018年8月，长和和长实同时披露李嘉诚将其持有合计约133亿港元的股份转入其家族信

托。132.7 亿港元转移完毕后，李氏家族信托几乎可以说是承载了整个李氏帝国的资产。预计为保证李氏家族对长和系的控制权，李嘉诚百年之后很有可能仍由长子李泽钜继承他手中那 1/3 的权益。虽然长和系现由李泽钜掌舵，但并非所有收益都属于李泽钜。Li Ka-Shing Unity Holdings Limited 作为长和系终极持有公司，由信托的受托人代表信托持有长和系帝国的资产。李氏家族信托包括四个全权信托 DT1、DT2、DT3、DT4，以及两个单位信托 UT1、UT2，李嘉诚是全权信托的委托人，而信托的可能受益人包括李泽钜及其妻子和子女，以及李泽楷。

李嘉诚的继任计划实际是将继任和分产分开，由长子继承家业，又利用家族信托让全家人以信托受益人的形式享有家族财富。这样既可以确保控制权不会因分家而旁落，从而保证李氏帝国再存续百年的基础，又可以保障其他家人的权益。“让商业帝国正常运转，让两个儿子可以有兄弟做”是李嘉诚大智慧的体现。

案例 13

“新希望”饲料集团的交接班：独生女儿从小培养且大比例持股，某大学教授担任联席董事长——“扶上马，送一程”

2016 年 5 月 27 日，新希望六和（000876）宣布新一届董事会换届，上届董事会联席董事长兼 CEO 陈春花离任，刘永好之女刘畅正式独立出任新希望六和新一届董事会董事长。

此前，新希望六和有两个董事长，分别为董事长刘畅、联席董事长陈春花。在 2013 年 5 月，新希望集团董事长刘永好辞去上市公司董事长一职，并交由女儿刘畅担任。当时，为保证顺利交接班，刘永好力邀企业文化与战略专家陈春花出任新希望六和联席董事长兼总裁，以辅佐年轻的刘畅。陈春花同意以三年为期，出任新希望六和联席董事长兼 CEO。如今，三年之约已满，陈春花离任回归教育本职工作，刘畅独立接棒。

上面的两个案例可谓是中国家族企业二代接班的成功范例。相比起从外部寻找职业经理人，中国的企业家们显然更希望自己的子女能够接班。无数个成功和失败的案例告诉我们，对父辈们所从事的事业是否感兴趣以及对是否具备家族企业、家族精神传承的责任感，是能否实现顺利交接班的关键因素。我们从李嘉诚先生对次子李泽楷的传承安排的案例中不难看出，越是尊重子女的兴趣所在，越能发挥他们自身所长，实现个人与企业价值提升的双赢局面。相比起李嘉诚先生的传承安排，新希望集团的刘永好先生因为只有一个女儿，似乎选择的余地不大。但是我们仍然欣喜地看到新希望在刘永好先生的妥帖安排之下，实现了顺利地交接班。这在很大程度上得益于一代企业家们的言传身教，从一点一滴处培养下一代对于家族企业的认同感和责任感。这是一项浩大的工程，其中要付出的耐心和努力，可能丝毫不亚于一代企业家们创业的艰辛，然而，这样的付出和努力又是值得的，因为只有发自内心深处的认同感和责任感，才能令家族企业二代们责无旁贷地从父辈手中接过这份沉甸甸的责任，并怀着坚定的信念，把它传承下去。

第六节 刑事法律风险

相比起前面章节所讲到的人身意外、婚姻变故、国家法律政策的变动等风险而言，刑事法律风险可谓是最来势汹汹、也是最致命的。无论是谁，一旦涉险，轻则损失钱财、破财免灾；重则身陷囹圄、失去人身自由甚至丢了性命，若此，身后有多么巨大的商业帝国、多么惊世骇俗的财富，都显得无足轻重了。

接下来，我们就和大家逐一梳理企业家和高净值人群容易涉及的刑事法律风险。

一、涉税刑事法律风险

相信大家一定对 2018 年国庆前后著名影星范某冰的涉税事件仍记忆犹新吧？ 2018 年 6 月初，范某冰因“阴阳合同”涉税问题遭举报后，国家税务总局责成江苏等地税务机关依法开展调查核实。2018 年 10 月 3 日，新华社发布通稿《税务部门依法查处范某冰“阴阳合同”等偷逃税问题》，向社会披露了相关情况。案件的最终结果是范小姐豪掷8亿元税金罚款等涉险过关，而其经纪人则因涉嫌指使公司员工隐匿、故意销毁涉案公司会计凭证、会计账簿，阻挠税务机关依法调查等行为被依法采取强制措施。

整个事件的酝酿和爆发，历时半年左右，也因这其中涉及的多位社会知名人物而引起全社会的广泛关注。其中引起最广泛讨论的话题，除了名人明星的八卦之外，便是贯穿整个事件当中的涉税刑事法律风险问题。

（一）逃税罪

1. 逃税罪的定义

范某冰涉税事件主要涉及的刑事罪名是逃税罪。根据《刑法》第201条的规定，逃税罪是指纳税人采取欺骗、隐瞒手段进行虚假纳税申报或者不申报，逃避缴纳税款数额较大并且占应纳税额百分之十以上的行为。

2. 逃税罪的特征

首先，逃税罪的犯罪主体必须是纳税人。这里规定的“纳税人”，是指根据法律和行政法规的规定负有纳税义务的单位和个人。

其次，行为人实施了逃税行为，主要通过虚假纳税申报，或者不申报手段进行。其中，“虚假纳税申报”，是指纳税人在进行纳税申报过程中，制造虚假情况，如不如实填写或者不按规定提供纳税申报表、财务会计报表及其他的纳税资料等。实践中，虚假纳税申报主要有以下手段：

（1）伪造、变造、隐匿和擅自销毁账簿、记账凭证，如设立虚假的账簿、记账凭证；对账簿、记账凭证进行挖补、涂改等；未经税务主管机关批准而擅自将正在使用中或尚未过期的账簿、记账凭证销毁处理等行为。

（2）在账簿上多列支出或者不列、少列收入，如在账簿上大量填写超出实际支出的数额以冲抵或减少实际收入的数额。

“不申报”，是指应依法办理纳税申报的纳税人，不按照法律、行政法规的规定办理纳税申报的行为。

最后，逃避缴纳税额达到一定数额并达到本款规定的所占应纳税额的比例。

结合范某冰涉税案件，根据税务部门调查后发布的情况通报认定，范某冰及其担任法定代表人的企业少缴税（费）款共计 2.55 亿元。其中，定性偷税的税款合计为 1.41 亿元，具体的偷税手段包括：范某冰采取拆分合同手段隐瞒真实收入偷逃税款 0.6 亿元；范某冰工作室隐匿个人报酬的真实性质偷逃税款 0.797 亿元；范某冰担任法定代表人的企业少计收入偷逃税款 0.009 亿元。税务部门作出上述认定后，相应地，对范某冰及其担任法定代表人的企业追缴税（费）款 2.55 亿元，加收滞纳金 0.33 亿元；对范某冰采取拆分合同手段隐瞒真实收入偷逃税款处 4 倍罚款计 2.4 亿元；对范某冰利用工作室账户隐匿个人报酬的真实性质偷逃税款处 3 倍罚款计 2.39 亿元；对范某冰担任法定代表人的企业少计收入偷逃税款处 1 倍罚款计 94.6 万元；对范某冰担任法定代表人的两户企业未代扣代缴个人所得税和非法提供便利协助少缴税款各处 0.5 倍罚款，分别计 0.51 亿元、0.65 亿元。[①] 被定性为偷税，补缴税款、滞纳金外加罚款总计 8.84 亿元。至此，这场引发举国瞩目的涉税案算是暂告一段落，但其所带来的影响却远未平息。

（二）逃税的罪与罚：范某冰 VS 刘某庆，为何同人不同命

对范某冰涉税案件的处罚结果一出炉，便在民众当中引起了轩然大波。更有不少民众提出质疑：为什么范某冰逃税几个亿可以免于刑罚，给钱了事？而当年的影后刘某庆逃税几百万元，却身陷囹圄，在监狱中度过了几百天的光阴？难道真的是同人不同命？

其实非也。并非两位影后的命运不同，实则是在此期间我国《刑法》关于逃税罪的规定做出了修改。2009 年 2 月 28 日，全国人大常委会第七次会议通过的《刑法修正案（七）》当中，关于逃税罪增加了一款新的内容，“有第一款行为，经税务机关依法下达追缴通知后，补缴应纳税款，缴纳滞纳金，已受行政处罚的，不予追究刑事责任；但是，五年内因逃避缴纳税款受过刑

---

① 段文涛：《范某冰涉税案件的七个关键问题》，载搜狐网财经频道，网址：http：//business.sohu.com/a/257608503467122?spm=smpc.ch15.fd.8.1538604718627SIqneaP，最后访问时间：2018 年 10 月 4 日。

事处罚或者被税务机关给予二次以上行政处罚的除外。”①。也就是说，无论逃税的金额多少，首次交钱即可免刑。当然，法律的容忍是有限度的。如果已经因为逃税被处罚过两次（无论金额大小），下次再有此情形、符合逃税罪条件的，就要接受刑法的制裁了。所以，并非两位影后同人不同命，实则是所处的时代发生了变化。

之所以这样规定，主要是考虑到打击逃税犯罪的目的是加强税收征管，保证国家税款收入，对行为人经税务机关催缴后主动补交税款和滞纳金、接受处罚的，如果能够不追究刑事责任，事实上更有利于巩固税源和扩大税基，有利于提高公民、企业自觉纳税意识和加强税收征管力度。从国外的经验看，也多采用这种处理方式。

（三）涉税问题，高净值人士头上的紧箍

除了上面谈到的偷税罪之外，涉及税务的常见罪名还包括虚开增值税专用发票罪、虚开发票罪、骗取出口退税罪等，在这里我们就不一一展开了。这里需要提到的是，因为税收乃是国之本也，特别是针对高净值人士的税收问题，呈现出管控越来越严格、网络越来越密集的态势，国家的信息渠道已经延伸至每个人的每一笔银行账户的资金流动，在这种形势下，偷逃税几乎成为不可能的事情。问题仅仅在于相关主管部门可能并没有精力去管控所有人银行账户的资金流动，因此，高净值人士便首先成为主要的被管控对象。那么，管控的标准怎么确定呢？ 2017 年 7 月 1 日起施行的《金融机构大额交易和可疑交易报告管理办法》对“大额交易”做出了如下界定：

1. 当日单笔或者累计交易人民币 5 万元以上（含 5 万元）、外币等值 1 万美元以上（含 1 万美元）的现金缴存、现金支取、现金结售汇、现钞兑换、现金汇款、现金票据解付及其他形式的现金收支。

2. 非自然人客户银行账户与其他的银行账户发生当日单笔或者累计交易

---

①《中华人民共和国刑法》第 201 条第 4 款：“有第一款行为，经税务机关依法下达追缴通知后，补缴应纳税款，缴纳滞纳金，已受行政处罚的，不予追究刑事责任；但是，五年内因逃避缴纳税款受过刑事处罚或者被税务机关给予二次以上行政处罚的除外。”

人民币200万元以上(含200万元)、外币等值20万美元以上(含20万美元)的款项划转。

3. 自然人客户银行账户与其他的银行账户发生当日单笔或者累计交易人民币50万元以上(含50万元)、外币等值10万美元以上(含10万美元)的境内款项划转。

4. 自然人客户银行账户与其他的银行账户发生当日单笔或者累计交易人民币20万元以上(含20万元)、外币等值1万美元以上(含1万美元)的跨境款项划转。

符合上述标准的交易，都是主管部门重点监控的对象。因此，涉税问题绝对是高净值人士头上的一道紧箍,2018年年中的这次咒语念给了影视行业，使整个影视圈为之震动，全国人民为之侧目。下一次咒语响起的时候，是针对哪些人、哪些行业，谁知道?

二、挪用资金罪

在对企业家刑事法律风险的统计当中，挪用资金罪从未缺席、且排名一向靠前。例如，根据北京师范大学发布的《2013中国企业家犯罪报告》中，涉及的民营企业家共483人。高频率罪名依次为：非法吸收公众存款罪64人次、诈骗罪54人次、挪用资金罪39人次。而2012年报告中，民营企业家的高频率罪名依次为：非法吸收公众存款罪、职务侵占罪、诈骗罪、合同诈骗罪、集资诈骗罪、行贿罪、挪用资金罪、虚开增值税专用发票罪、非国家工作人员受贿罪和组织领导参加黑社会性质组织罪。[①]

(一)挪用资金罪的含义和法律构成

1. 挪用资金罪的含义

根据《刑法》第272条的规定，挪用资金罪是指公司、企业或者其他单位的工作人员，利用职务上的便利，挪用本单位资金归个人使用或者借贷给他人，数额较大、超过三个月未还的，或者虽未超过三个月，但数额较大、

---

① 严学锋:《挪用资金罪：企业家绕不开的坎?》，载《董事会》2014年第3期。

进行营利活动的，或者进行非法活动的行为。

2. 挪用资金罪的认定

（1）挪用资金罪的主体是特殊主体，即公司、企业或其他单位中从事一定管理性职务的人员。单纯劳务人员，不能成为本罪的主体。

（2）客观方面应符合数额较大，超过 3 个月未还的情况。关于数额较大的认定，根据 2010 年最高人民检察院、公安部《关于公安机关管辖的刑事案件立案追诉标准的规定（二）》第 85 条的规定，以 1 万元至 3 万元以上为数额较大。“未还”，是指超过 3 个月，在案发前，即被司法机关、主管部门或者有关单位发现前，尚未归还。如果挪用期限未超过 3 个月，或者虽然超过 3 个月，但在案发前已自动归还的，不构成本罪，应作为违反财经纪律处理。[①]

（3）挪用单位资金进行非法活动的，不问挪用数额与时间，均认定为挪用资金罪。

（4）挪用单位资金进行营利活动的，只要求数额较大，不要求超过 3 个月。

以真功夫公司创始人、董事长蔡某标的案件为例。“真功夫”迄今为止，都可以算作中国餐饮行业当中最具影响力的品牌之一，从 1994 年 4 月，在东莞长安镇开设第一间 168 蒸品快餐店开始，到将“真功夫”打造成全球知名的华人餐饮连锁机构，蔡某标先生和他的前妻潘某峰以及妻弟潘某海也从并肩创业的伙伴变成了势同水火的敌人。

其间，伴随着创始人之间关于公司控制权的激烈争斗，以及蔡某标与潘某峰夫妻关系的江河日下，一场惨烈的家族内斗终于爆发。

斗争的结果世人皆知：广东省广州市天河区人民法院于 2013 年 12 月 12 日作出（2012）穗天法刑初字第 1306 号刑事判决，以被告人蔡某标犯职务侵占罪、挪用资金罪数罪并罚，决定执行有期徒刑十四年，并处没收财产人民币 100 万元。宣判后，被告人蔡某标不服，提出上诉。广东省广州市中级人民法院经过二审审理，于 2014 年 6 月 4 日作出（2014）穗中法刑二终

① 高铭暄、马克昌：《刑法学》，北京大学出版社 2016 年版，第 519 页。

字第 68 号刑事判决，对其维持原判。判决生效后，交付执行。刑期执行至 2025 年 4 月 21 日。

其中，关于蔡某标挪用资金罪的事实，法院认定如下：相关证据证实，涉案的 1000 万元（两笔 500 万元）系蔡某标指使洪某刚等人通过虚构逸晋公司承包真功夫公司的南山前海店、彩田万家店、白云机场二店、白云机场三店、大良乐购店、南海鸿大店、中兴吉之岛店、华强广场店、龙岗新一家店装修装饰工程的方式，以及不经真功夫公司董事会同意，违反《真功夫公司工程承包框架合同》约定，以非正常业务流程预付天马服装城店、珠海紫荆店、天河城办公室装修工程款的方式挪用公司款项，而并非履行《真功夫公司工程承包框架合同》约定的付款义务。该 1000 万元转至逸晋公司之后，李某义负责将上述资金提现，其中大部分交由蔡某标使用或偿还蔡某标债务，至 2010 年 11 月、12 月间，才以逸晋公司另外承包装修的真功夫公司繁华路店、丽景店、深圳上河坊店应结算工程款 7334971.41 元部分冲抵该 1000 万元，其余款项至案发仍未归还。蔡某标作为真功夫公司董事长、总裁，挪用公司资金归个人使用，数额巨大且远超过 3 个月才归还其中部分资金，其行为已构成挪用资金罪。

（二）挪用资金罪缘何成为高发罪名

挪用资金罪之所以成为高发罪名，一个非常重要的原因是中国的企业家创业不易，特别是对于许多白手起家的民营企业而言，企业家在创业初期往往倾注全部的心血，甚至将个人以及家庭的全副身家投入进去，把企业当儿子养；等企业发展壮大了，心态上难以避免地认为“企业是我的”“公司的钱就是我的钱”；或者从对等、公平的角度出发，认为在企业陷入经营困难、资金短缺的时候，自己可以毫无保留用自己的钱为企业“输血”，为什么反过来当自己有需要的时候，从企业里拿钱就不行呢？虽然因为挪用资金罪而身陷囹圄的企业家前赴后继，但根据笔者的观察，直至今天，仍然有不少的民营企业家秉持着这样的观念。

特别是对于一些正在发展中的中小型民营企业，“家企不分”的情况更为凸显。一方面，出于税收的考虑，企业会将实际控制人或者是关联人员（例如，企业财会人员）的个人账户供企业使用，用于企业的日常经营。另一方面，当企业家个人有资金使用需求的时候，又会将企业的账户当作自家的“提款机”，甚至出现不按照财务规则、想什么时候用就什么时候用、想用多少就用多少的情况。

笔者的律师团队代理多起民营企业家的婚姻纠纷，在对企业家的个人银行账户进行梳理的过程当中发现，将企业家的私人账户用于企业经营的情况比比皆是。这当中存在的问题和风险不言而喻：首先，涉税的法律风险就像一颗定时炸弹埋在那里，随时都有可能爆发。其次，放在个人账户里的钱，面临着被当作个人资产追索的可能性。比如在夫妻离婚的情况下，配偶另一方势必会将涉案银行账户里的存款余额当作夫妻共同财产要求分配，同时对于银行流水显示的大额支出，也会以转移夫妻共同财产的名义提出追索要求，更糟糕的是，转移夫妻共同财产的行为一旦被法院认定，涉及的这些钱还有可能依据我国《婚姻法》关于擅自转移、隐匿夫妻共同财产的规定，被认定全部或大部分归配偶另外一方所有。最后，无故“躺枪”的情况也时有发生。笔者就曾经处理过这样一起案件，周小姐在一间民营企业担任出纳，按照企业负责人的要求，也为了工作方便，周小姐在某银行开立了一个账户专门用于公司往来款的收支；账户里的钱累积到一定量的时候，周小姐也用它来做银行理财，顺便赚点外快。谁料想，结婚几年后，周小姐的先生起诉到法院，要求与周小姐离婚，在列举夫妻共同财产的时候，先生提出该银行账户里的钱也属于夫妻共同财产，要求进行分割；同时，由于通过银行流水查到周小姐该银行账户经常有大额资金支出，对方还进一步主张这些大额支出应当认定为周小姐在转移夫妻共同财产，要求法院按照《婚姻法》的规定将“被转移的夫妻共同财产”全部都判给自己。在庭审中，周小姐也向法庭解释，这个账户虽然是在自己名下，但实际上是公司在使用。为此，周小姐不得不要求公司协助查询账户里的每一笔入账款所涉及的交易单据，也找来公司的同事作为证人，希望能够还原事实。但是因为有些账目涉及的交易时间比较久远、原始资料和凭证都已经遗失，或者在交易的时候流程并不正规、没有签署合同等情况比比皆是，庭审的过程一度非常被动。

类似周小姐的案例在现实中大量存在，不难看出，这种极不规范的操作不仅会给涉案的相关当事人带来法律上的巨大风险，同时也会令企业的相关经营信息面临随时暴露于外的风险。与此同时，企业的实际控制人及其管理人员也极易遭受到挪用资金的法律追索。

三、职务侵占

王某强是广受我国影迷朋友们喜爱的喜剧演员。从业多年，他为广大影迷朋友们奉献了大量优秀的影视作品。2016 年 8 月 14 日，王某强突然在微博上发表离婚声明：表示其妻子马某与其经纪人宋某有婚外不正当两性关系，严重伤害了婚姻、破坏了家庭，并郑重声明解除与马某的婚姻关系，同时解除宋某的经纪人职务。这一声明，标志着王某强与马某离婚大战的序幕拉开。

第二天，王某强工作室再发声明，称王某强借款缴纳诉讼费、与马某的离婚决心已定。王某强的这些表态一石激起千层浪，瞬间舆论就炸开了锅。一时间网上曝光出与案件有关的各种信息：王某强捉奸马某和宋某视频、马某和宋某聊天记录、马某私刻公章、马某转移财产、王某强孩子并非亲生等。

紧接着，2016 年 8 月 16 日，也就是王某强宣布离婚案件立案的第二天，马某起诉王某强名誉权纠纷，表示王某强离婚声明当中所描述的并非事实，要求王某强删除微博并道歉。

2017 年 9 月 23 日，王某强的经纪人宋某因涉嫌职务侵占罪被依法批捕。

2018 年 2 月 11 日，王某强与马某离婚案及名誉权案一审宣判。法院判决双方解除婚姻关系，并判决婚生子由王某强抚养，婚生女由马某抚养。名誉权案法院认定王某强不构成名誉侵权，一审判决驳回马某的诉讼请求。一审宣判后，马某提出上诉。2018 年 6 月 15 日，二审宣判：马某的上诉请求均被驳回，维持原判。

2018 年 10 月 18 日，北京市朝阳区法院一审宣判：宋某职务侵占罪成立，被判处有期徒刑六年。

至此，王某强与马某离婚大战可谓暂告一段落。作为旁观者，我们无心评价两位当事人谁对谁错，但从上述整个事件的发展过程来看，不难得出这样的结论：王某强从一开始的身处被动，到上演精彩的绝地反击，其中对宋某职务侵占罪的认定和追究发挥了关键的作用。

（一）职务侵占罪的含义

职务侵占，根据《刑法》第 271 条的规定，是指公司、企业或者其他单位的人员，利用职务上的便利，将本单位财物非法占为已有的行为。侵占财物数额较大的，处五年以下有期徒刑或者拘役；数额巨大的，处五年以上有期徒刑，可以并处没收财产。

（二）职务侵占罪的认定

1. 本罪的客体。本罪的客体，是公司、企业或其他单位的财产所有权。此处的公司、企业或其他单位，是指非公有性质的公司、企业或其他单位。如果行为人利用职务上的便利，侵吞、窃取公共财物，应当以贪污罪而非本罪论处。本罪的犯罪对象是公司、企业或其他单位的财物，既包括这些单位享有所有权的财物，也包括由这些单位管理、使用或者运输的私人财产。

2. 本罪的客观方面。本罪的客观方面表现为利用职务上的便利，将处于自己看管或经手的数额较大的财物，非法据为已有的行为。对本罪客观方面须从以下两个方面进行理解：

（1）必须“利用职务上的便利”。行为人利用职务上的便利而侵吞、窃取、骗取本单位财物，是职务侵占罪的本质特征之一，也是职务侵占罪区别于盗窃罪的主要特征。一般而言，“利用职务上的便利”，是指直接利用本人职务上的权力，包括两种情况：一是利用本人主管、经管财物的职务便利；二是担任其他职务的公司、企业或其他单位工作人员，因执行公务而临时经手、管理本单位财物的便利。如果只是利用在本单位工作，熟悉作案环境等条件，不能视为利用职务上的便利，不构成本罪。

（2）行为人必须非法占有数额较大的财物。行为人非法占有的财物没有达到法定的数额标准的，不成立犯罪。据最高人民法院、最高人民检察院 2016 年 4 月 18 日联合发布的《关于办理贪污贿赂刑事案件适用法律若干问题的解释》（法释〔2016〕9 号）第 11 条第 1 款之规定，职务侵占罪的“数额较大”具体为 6 万元以上不满 100 万元的。

3. 本罪的主体。本罪的主体是特殊主体，即只有公司、企业或其他单位的工作人员，才具有成为本罪主体的资格。

4. 本罪的主观方面。本罪的主观方面是故意，并且具有非法占有目的，即行为人明知是公司、企业或其他单位的财产，而决意将其非法占有。①

（三）职务侵占罪与挪用资金罪的区别

在我们上文提到的“真功夫蔡某标的案例”中，蔡某标被法院认定的两个罪名分别是职务侵占罪和挪用资金罪，而两个罪名在行为上都以本单位的财物为对象，都是利用本人职务上的便利，主观上都具有故意，犯罪的主体都是公司、企业或其他单位的人员，因而具有许多相似之处。那么，实践中应当如何区分两种罪名呢?

1. 犯罪对象不同。职务侵占罪的犯罪对象既包括资金又包括财物；而挪用资金罪仅指资金。

2. 客观表现形式不同。职务侵占罪表现为利用职务上的便利，采用侵吞、盗窃、骗取等手段非法占有本单位数额较大财物的行为；而挪用资金罪则表现为利用职务上的便利，挪用本单位资金归个人使用或借贷给他人，数额较大、超过3个月未还的，或者虽未超过3个月，但数额较大、进行营利活动的，或者进行非法活动的行为。

3. 犯罪目的不同。前者是出于非法占有的目的，而后者仅出于挪用的目的。

在蔡某标一案中，新华网披露的资料是，2009年9月至2010年11月间，蔡某标利用职务之便多次侵占公司资产，涉案金额高达1200余万元，涉案人员除了蔡某标本人，还包括洪某刚、丁某琴和李某义。其中，2009年9月至12月间，蔡某标指示洪某刚、丁某琴通过虚构合同，转走真功夫500万元，再由李某义（蔡某标大妹夫）套现后转入蔡某标个人银行账号使用，或用于偿还李某义的银行贷款利息等。2010年2月至11月间，蔡某标采取同样手法，涉嫌侵占深圳真功夫公司人民币720万元，其中350万元由李某义套现后用

---

① 周强:《中华人民共和国刑法案典（中）》，人民法院出版社2016年版，第1469页。

于归还私人借款。蔡某标等人转走上述钱款的目的是用于个人消费、还贷和使用，且并未打算归还。

针对蔡某标一案，新华网评论称，“不分企业属性，把家族企业当作家族所有人的私产，混淆模糊公私界限，正是当前家族企业的通病”。“蔡某标案也给民营企业尤其是家族企业提了一个醒，即便是全权控股的家族企业，股权所有人都不能将企业当作私产而随意侵占。”[①]

四、虚假诉讼

去年春节前的一天，笔者在某市的看守所里会见了当事人企业家周先生。他因为涉嫌虚假诉讼的罪名，正面临检察机关的起诉。而锲而不舍、坚持要把他送进牢房的不是别人，正是他的妻子宋某。

原来，周先生和宋某两人算是青梅竹马，一起白手起家创办企业。经过多年打拼，企业经营得有声有色。就在前两年，妻子宋某发现丈夫有婚外情，一番斗智斗勇，也没能把“小三”赶走，对方反而气势日渐嚣张，甚至公开和宋某叫板。眼见家庭不保，却不能在财产方面吃亏，因此两人围绕着多年打拼攒下的家业和企业的控制权，展开了一场旷日持久的离婚大战。

先是宋某向法院起诉，主张周先生有婚外情，要求离婚，并主张大部分的夫妻共同财产归自己所有；同时，起诉周先生的几位亲属，要求法院确认登记在他们名下的数套房产实际上是自己和周先生在婚姻关系存续期间购置，因为没有购房资格，所以才登记在他人名下。

没过多久，宋女士也陆续收到几张法院的传票，其中有的原告主张周先生在婚姻关系存续期间有对外负债的行为，也有的主张借钱的是周先生经营的企业，但周先生作为企业的负责人对债务做了担保，所有的债权人均主张这些债务构成周先生与宋女士婚姻关系存续期间的夫妻共同债务，要求两人承担连带清偿责任。

诉讼连着诉讼，两方的争斗，硝烟味越来越浓了。

---

① 黄烨：《庭审见真功夫：原董事长蔡某标一审被判有期徒刑14年》，载《国际金融报》2013年12月17日，第05版。

在其中一笔案外债权人起诉周先生和宋女士的民间借贷纠纷案件的审理过程中，债权人提供的一份证据引起了法院和宋女士的注意：这是一份《还款确认书》，文书末尾标注的签署时间较为久远，但证据本身看起来似乎是崭新的。宋女士一方因此提出鉴定的申请，得到了法院的许可。经鉴定，《还款确认书》上面所标注的时间确实存在倒签的情形，法院据此认定债权人所主张的借贷关系并不存在，驳回了债权人的诉求。

这个结果，当时看来，也许只不过是双方整个离婚大战中的一役罢了，但随后发生的事情令人大跌眼镜。法院对于民间借贷纠纷的判决生效后不久，周先生便被公安机关传唤后羁押，涉嫌的罪名正是"虚假诉讼"。原来，在拿到法院的胜诉判决之后，宋女士认为，这起诉讼是周先生串通债权人通过伪造证据的方法刻意制造出来的，其目的正是在分割夫妻共同财产的时候降低自己的财产份额。据此，宋女士向公安机关提出控告，要求追究周先生的刑事法律责任。在宋女士的强烈主张之下，才发生了案例刚开始的那一幕：周先生在当年的春节来临之前被送进了看守所。

上面案例中周先生的境遇确实令人唏嘘。双方当事人在离婚大战当中"公器私用"、采取刑事手段解决民事问题的策略也是屡见不鲜了。但虚假诉讼行为入刑，却是 2015 年之后的事情。

（一）虚假诉讼的法律规定

2015 年 8 月 29 日，习近平主席发布第 30 号主席令，公布了《刑法修正案（九）》，其中第 35 条明确了增加"虚假诉讼"的罪名，作为《刑法》第 307 条之一，至此，虚假诉讼行为正式开始受到刑法的规制。

2018 年 9 月 26 日，最高人民法院和最高人民检察院联合发布了《关于办理虚假诉讼刑事案件适用法律若干问题的解释》，进一步对虚假诉讼罪名的认定和量刑做出了明确的规定。

（二）虚假诉讼的多发领域

据统计，虚假诉讼的多发领域主要为民间借贷纠纷、离婚析产纠纷、以物抵债纠纷、劳动争议纠纷、公司分立（合并）以及企业破产纠纷等。其中，

民间借贷纠纷以及离婚析产纠纷涉及虚假诉讼的数量最多。（见图[①]）

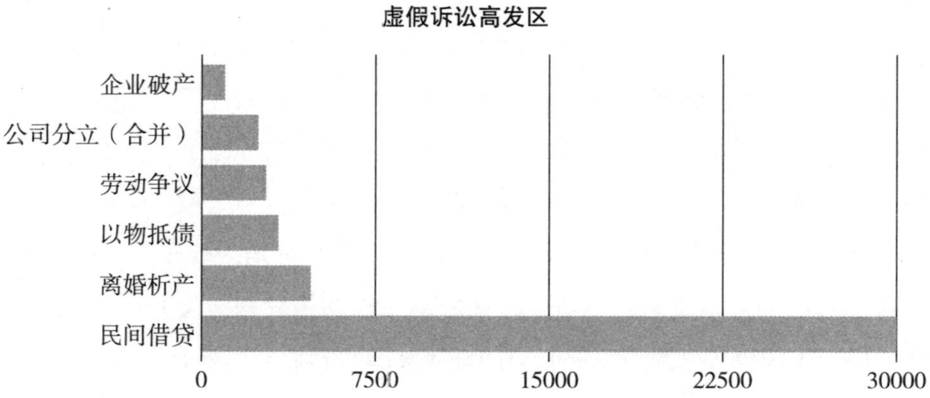

（三）虚假诉讼的认定标准

1. 虚假诉讼的定义

以捏造的事实提起民事诉讼，妨害司法秩序或者严重侵害他人合法权益的，处三年以下有期徒刑、拘役或者管制，并处或者单处罚金；情节严重的，处三年以上七年以下有期徒刑，并处罚金。[②]

2. 虚假诉讼的认定标准

首先，什么是“以捏造的事实提起民事诉讼”？根据司法解释的规定，主要包括以下几种情形：

（1）与夫妻一方恶意串通，捏造夫妻共同债务的；

（2）与他人恶意串通，捏造债权债务关系和以物抵债协议的；

（3）与公司、企业的法定代表人、董事、监事、经理或者其他管理人员恶意串通，捏造公司、企业债务或者担保义务的；

（4）捏造知识产权侵权关系或者不正当竞争关系的；

---

① 微信公众号“法纳刑辩”《如何识破虚假诉讼？》，网址：https：//mp.weixin.qq.com/s？src=11&timestamp=1554194718&ver=1521&signature=LslRUkcDHG9KGG7FRfQmIIr*nSXmTDy3iQtcwMRQG0kEi9qQpy7*CMrSbbkRQBILAV-gmEOm7-cg8RVzixFxx67Qmhk7xAJBMY-GRDdgCtchyzwTMgNk4Tih2UljVSly&new=1。

②《关于办理虚假诉讼刑事案件适用法律若干问题的解释》（法释〔2018〕17号）第1条，自2018年10月1日起施行。

（5）在破产案件审理过程中申报捏造的债权的；

（6）与被执行人恶意串通，捏造债权或者对查封、扣押、冻结财产的优先权、担保物权的；

（7）单方或者与他人恶意串通，捏造身份、合同、侵权、继承等民事法律关系的其他行为。

隐瞒债务已经全部清偿的事实，向人民法院提起民事诉讼，要求他人履行债务的，以"以捏造的事实提起民事诉讼"论。①

其次，何谓"妨害司法秩序或者严重侵害他人合法权益"？具体包括以下情形：

（1）致使人民法院基于捏造的事实采取财产保全或者行为保全措施的；

（2）致使人民法院开庭审理，干扰正常司法活动的；

（3）致使人民法院基于捏造的事实作出裁判文书、制作财产分配方案，或者立案执行基于捏造的事实作出的仲裁裁决、公证债权文书的；

（4）多次以捏造的事实提起民事诉讼的；

（5）曾因以捏造的事实提起民事诉讼被采取民事诉讼强制措施或者受过刑事追究的；

（6）其他妨害司法秩序或者严重侵害他人合法权益的情形。②

最后，怎样才构成"情节严重"？

（1）致使人民法院基于捏造的事实采取财产保全或者行为保全措施的，造成他人经济损失一百万元以上的；

（2）有致使人民法院开庭审理，干扰正常司法活动或致使人民法院基于捏造的事实作出裁判文书、制作财产分配方案，或者立案执行基于捏造的事实作出的仲裁裁决、公证债权文书的，以及多次以捏造的事实提起民事诉讼等情形的，要求严重干扰正常司法活动或者严重损害司法公信力；

（3）致使义务人自动履行生效裁判文书确定的财产给付义务或者人民法

---

①《关于办理虚假诉讼刑事案件适用法律若干问题的解释》（法释〔2018〕17号）第1条，自2018年10月1日起施行。

②《关于办理虚假诉讼刑事案件适用法律若干问题的解释》（法释〔2018〕17号）第2条，自2018年10月1日起施行。

院强制执行财产权益，数额达到一百万元以上的；

（4）致使他人债权无法实现，数额达到一百万元以上的；

（5）非法占有他人财产，数额达到十万元以上的；

（6）致使他人因为不执行人民法院基于捏造的事实作出的判决、裁定，被采取刑事拘留、逮捕措施或者受到刑事追究的；

（7）其他情节严重的情形。[①]

依据这些规定，结合上述周先生和宋女士的案例，可以看出如果周先生真的存在与他人串通伪造证据的情形，很有可能构成虚假诉讼的刑事犯罪，或将面临三年以下，甚至三年至七年有期徒刑的刑事处罚。

---

①《关于办理虚假诉讼刑事案件适用法律若干问题的解释》（法释〔2018〕17号）第3条，自2018年10月1日起施行。

第二篇　私人财富保护与传承的关键阶段

第一章
家庭部分

第一节　非婚同居：你的财富，我能不能做主

近些年，离婚率的连年攀升是一个不争的事实，加之全社会对两性关系的认识进一步加深，越来越多的年轻人选择在结婚之前先同居，把婚前同居算作对婚姻生活的一种模拟或者尝试。同时，也有越来越多的人并不把结婚当作两性长期交往的必然结果，崇尚同居关系当中的身份自由。也因此，在实践中产生了大量因同居而引发的法律纠纷。本节，我们就对同居期间的财产归属、债务承担及子女抚养等问题进行梳理，为大家提示法律风险，并给出解决方案。

一、我国法律对非婚同居期间财产归属的规定和司法认定思路

（一）同居期间双方共同所得的收入和购置的财产，按一般共有财产处理

与婚姻关系实行夫妻财产共有制不同，我国法律明确规定同居期间双方共同所得的收入和购置的财产按一般共有财产处理[①]。缺少了法律的制度性保障，同居关系的当事人如果主张自己对于同居财产享有权利的，就要对同居关系存续期间是否存在共同财产、有哪些共同财产以及自己应当占有的财产

---

①《最高人民法院关于人民法院审理未办结婚登记而以夫妻名义同居生活案件的若干意见》（法（民）发〔1989〕38号）第10条："解除非法同居关系时，同居生活期间双方共同所得的收入和购置的财产，按一般共有财产处理。同居生活前，一方自愿赠送给对方的财物可比照赠与关系处理；一方向另一方索取的财物，可参照最高人民法院（84）法办字第112号《关于贯彻执行民事政策法律若干问题的意见》第（18）条规定的精神处理。"

份额等承担举证责任。

在司法实践中，对于同居财产的权属认定上，一般以产权登记为准；没有明确产权登记的财产，则以实际占有为准。在对财产归属的处分问题上，对已确认系同居双方共有的财产，双方均主张财产归属的，实践中将结合各自对财产的出资比例、占有使用情况以及对该财产的使用依赖程度、支付给对方经济补偿的现实可操作性等因素综合考虑，并非财产登记在哪一方的名下，就一定将财产判归该方所有。如果同居一方对登记在对方名下的财产主张权利的，如无充分证据证实己方对该财产做出过实质性贡献，比如出资、出力等，其要求获得财产的请求通常不会得到法院的支持。

（二）特殊情况下同居期间所得财产，按共同共有处理

这里所说的特殊情形，指的是在婚姻被宣告无效或者被撤销的情况下，根据我国《最高人民法院关于适用〈中华人民共和国婚姻法〉若干问题的解释（一）》（以下简称《婚姻法司法解释（一）》）的规定，被宣告无效或被撤销的婚姻，当事人同居期间所得的财产，按共同共有处理。但有证据证明为当事人一方所有的除外[①]。之所以作为特殊情形，原因是在婚姻关系被认定为无效或者被依法撤销之前，无论是在身份关系上、亲子关系上，还是在财产关系上，当事人双方都是按照婚姻关系的标准去设立和构建的；如果婚姻关系不被认可的同时，在财产关系上也“一夜回到解放前”，则势必不利于保护婚姻关系当中弱势一方的合法权益。因此，对于这种情形，法律上将其作为特殊情况给予了特别的保护。

（三）在分割同居财产时，应照顾妇女、儿童的利益，考虑财产的实际情况和双方的过错程度，妥善分割

上面所讲的规则，是对财产归属认定的法律依据。具体到同居期间财产分割的时候，还必须掌握以下的原则，具体包括：

---

①《婚姻法司法解释（一）》（法〔2001〕30号）第15条：“被宣告无效或被撤销的婚姻，当事人同居期间所得的财产，按共同共有处理。但有证据证明为当事人一方所有的除外。”

1. 照顾妇女、儿童利益的原则

妇女在我国的法律框架下，特别是在婚姻家事法律纠纷中一直被当作“弱势群体”给予特别保护。对此，男性同胞可不要觉得不平衡，这样做并不是认同女性天然是弱者，而是由于长期以来男性和女性在社会生活当中扮演的角色不同。总的来说，女性在进入家庭角色之后承担起大部分生儿育女、照顾家庭的责任，这在相当大程度上将男性解放出来，可以将更多的精力投入工作和事业发展当中。也因此，在分割财产的时候，无论是夫妻离婚，还是同居分手，法律均把照顾妇女的利益作为一个原则。

我国于 1990 年加入联合国《儿童权利公约》(以下简称《公约》)，成为缔约国。《公约》当中明确规定了“儿童利益最大化原则”,《公约》指出：“关于儿童的一切行为，不论是由公私社会福利机构、法院、行政当局或者立法机构执行，均应以儿童的的最大利益为一种首要考虑。”[①] 此外，保护未成年人合法权益也是我国法律体系当中的重要原则之一。

2. 考虑财产实际情况的原则

非婚同居是在未办理结婚登记手续的情况下以夫妻名义或不以夫妻名义共同生活的行为，同居关系不像婚姻关系一样有专门的部门法进行保障，虽根据我国相关司法解释规定，同居生活期间男女共同所得的收入及共同购置的财产可按照共同共有进行处理，但实务中仍应注意财产的实际情况。在婚姻关系中一方的劳动所得、接受赠与所得或是继承所得财产，在无特别约定的情况下，均当然归属于双方，但同居关系中上述财产则应属于一方的个人财产，在终止同居关系时另一方不得主张分割。

另外，在同居期间一方购置的房屋、车辆或是一方名下的存款，虽然系在男女双方同居期间购置或取得，但上述财产如超出共同生活所需的范围，或是非基于共同生活所需购置的，且另一方也无法证明对该财产存在出资、占有份额等情形的，应认定为一方的个人财产，另一方不享有财产利益，也不得主张分割。

---

①《儿童权利公约》第 3 条第 1 款：“关于儿童的一切行为，不论是由公私社会福利机构、法院、行政当局或立法机构执行，均应以儿童的最大利益为一种首要考虑。”

3. 考虑双方过错程度的原则

在同居关系当中，存在一方或双方违反夫妻忠诚义务的情形是常见的、也是我们普遍比较关心的问题，即同居关系的一方有配偶仍与婚外异性同居的情形。这种情况下，同居期间的财产大致可以分为以下两类：一是同居双方在同居关系期间积累的财产；二是有配偶一方将自己名下的财产以赠与形式给到同居的另一方所有。

针对第一种情形，一方有配偶仍与其他异性同居，在同居期间有一定的财产积累，那么在分割时应主要考查双方对该财产的投入比例。如果有配偶一方将自己名下财产以赠与形式给到同居的另一方所有，则属于擅自处分了其与配偶的夫妻共同财产，一般应认定无效。《婚姻法》第 17 条虽明确规定“夫妻对共同所有的财产，有平等的处理权”，但该处理权实则有一定限制，这种处理行为应是为夫妻日常生活需要而进行的，如非因日常生活需要的支出或对财产的处分，则夫妻双方应平等协商，取得一致意见后方可进行，否则另一方有权否认该处分行为的效力。特别是针对夫妻一方将夫妻共同财产赠与婚外异性的情形，另一方可主张无效。

二、我国法律对非婚同居期间所产生的债务的处理原则

同居期间的债务处理问题，暂无明确的法律条文予以规定，可参照的法律依据仍是 1989 年 12 月 21 日最高人民法院公布的《关于人民法院审理未办结婚登记而以夫妻名义同居生活案件的若干意见》第 11 条：“解除非法同居关系时，同居期间为共同生产、生活而形成的债权、债务，可按共同债权、债务处理。”[①] 归纳起来在司法实践中通常有以下的处理方式：

---

①《最高人民法院关于人民法院审理未办结婚登记而以夫妻名义同居生活案件的若干意见》中所称的“非法同居”是指没有配偶的男女，未经婚姻登记即以夫妻名义同居生活的。在 2001 年 4 月 28 日第九届人大常委会第 21 次会议对《婚姻法》修改后，最高院随即出台的《婚姻法司法解释（一）》中就把原来的“非法同居关系”改为了“同居关系”，从此“非法同居关系”由“同居关系”这一法律用语取代，但因 1989 年最高院的意见仍现行有效，因此在司法实践中依然可以适用于处理“同居关系”涉及的财产争议的处理。

（一）在同居期间以自己名义形成的债务属个人债务

同居关系不如婚姻关系紧密，在法律体系中也没有具体明确的法律条文予以规范，同居关系中的双方对彼此承担的责任和义务相较婚姻关系明显减少，因此，同居期间债务问题的处理原则上是各自债务由各自承担。

（二）同居期间因共同生产、生活所形成的债务为共同债务；对可以确定份额的，依照份额享有权利并承担义务

在同居期间，为了同居生活的需要或为了同居双方共同的利益而对外负债，并且实际用于同居生活、生产的，如用于购买共同使用的房屋、车辆或用于共同经营生意周转等，无论是以双方名义还是以一方名义对外举债，均应视为共同债务，由双方共同承担连带偿还责任；如一方已经对外承担了偿还责任的，可以向另一方追偿。

但值得注意的是，同居关系中的男女双方相比于婚姻关系中的夫妻双方显得较为独立，在共同财产的认定上也非当然地将同居期间收入认定为共同财产，因此同居期间一方以个人名义与他人建立的债务关系，要认定为同居期间双方的共同债务更需谨慎，必须有证据证明借款是用于同居双方的生产、生活。根据我国民事诉讼法"谁主张，谁举证"的举证责任原则，该举证责任应由主张是共同债务的一方当事人承担。

（三）抚养共同生育的子女所负债务为共同债务，但因抚养各自子女形成的债务为个人债务

《婚姻法》第 21 条规定："父母对子女有抚养教育义务"；《婚姻法》第 25 条第 1 款规定："非婚生子女享有与婚生子女同等的权利，任何人不得加以危害和歧视"。可见，虽然《婚姻法》没有对同居关系的双方进行调整保护，但对于同居关系中所生育的子女是给予和婚生子女同样保护的；相应地，抚养共同生育的子女是双方的义务，父母任何一方均不可逃避推卸，因抚养共同生育的子女所负的债务当然也应作为共同债务由双方共同承担。

而非共同生育的子女，生育一方对该子女应负抚养教育义务，但另一方

并非子女的亲生父母，对该子女无抚养教育义务；一方因抚养自己子女所负的债务，另一方并无偿还义务，应为一方个人债务并由该方自行承担。

三、非婚同居的继承问题

继承权的产生是基于一定的身份关系为前提的。同时，我国《继承法》规定，夫妻双方互为对方的第一顺序继承人，享有继承对方遗产的权利。但同居关系的双方并不成立亲属关系，因此双方并不互为对方的法定继承人，无相互继承遗产的权利。

此外，在婚姻关系存续期间，如无特别约定，夫妻一方从各自亲属处继承所得的遗产，属于夫妻共同财产；但同居关系则不同，即便是在同居关系期间，各自因继承所得的遗产也不得纳入共同财产范围，仍属于一方个人财产。

需要指出的是，如前所述，同居期间生育的子女与婚生子女享有同样的法定权利，其中包括享有同等的继承权，可继承父母双方的遗产。

第二节　婚姻关系存续期间：你的是我的，我的还是我的

从恋爱走向婚姻，意味着两个人从原本陌生的关系逐渐走向生活、财产等多方面的融合状态。婚姻，是一种特殊的社会契约，将两个原本独立的个体，经过一段时间的融合，在生活、财产、习惯等各方面达成高度一致，从而组合成平等、尊重、共同承担风险的利益共同体。

财产关系，是婚姻关系当中一个非常重要的组成部分。经营得好的婚姻关系都有一个非常重要的特点，那就是双方能够妥善地处理好各自的财产关系。接下来，笔者就带大家对婚姻关系存续期间的财产关系做个梳理吧。

一、我国法律规定的夫妻财产制度

（一）夫妻财产共有制

概括来说，在我国的法律框架当中，婚姻关系存续期间实行的是夫妻财

产共有制。从全世界的范围来看，这种夫妻财产制度相对比较简单，也容易操作。在这种制度下，衡量一项财产到底是否属于夫妻共同财产，最主要的影响因素是财产的取得时间。如果财产是一方在婚前取得的，则可以认定为该方的婚前个人财产；反之，如果财产取得于婚后，原则上会被认为是夫妻共同财产。

当然，现实中的状况千变万化，一定会存在例外的情况。比如，一方的婚前个人财产结婚后取得的自然增值，会被认为是该方的个人财产。举个例子来说，妻子在婚前购有住房一套，结婚后该地区的房地产价格日益上涨，以至于在双方发生争议之时房屋现价比购买价上涨了五倍。此时，如果单看房屋增值的取得时间，那确实是在婚后，但这并不意味着这项财产就属于夫妻共同财产。

我国司法实践中对于夫妻共同财产的判断以“贡献说”为主流观点，也就是判断一项财产是否属于夫妻共同财产时，要看配偶另一方对于该特定财产的形成有无实质性的贡献。就这个例子当中的房屋增值来说，房屋价值是随着房地产价格的上涨自然发生的，与夫妻双方、特别是配偶另一方并无关系，因此，依据“贡献说”，该房屋的婚后增值部分应当属于房屋持有一方的个人财产。

（二）鼓励夫妻双方约定分别财产制

上面提到，夫妻财产共有制是我国婚姻财产制度的基本原则。但是只容许一种制度存在，未免过于单调。我国《婚姻法》除了将夫妻财产共有制作为基本制度之外，还在第 19 条当中对夫妻分别财产制进行了明确规定。下面我们来聊聊夫妻分别财产制的具体内容和要求：

1. 内容上，根据《婚姻法》第 19 条的规定：夫妻可以约定婚姻关系存续期间所得的财产以及婚前财产归各自所有、共同所有或部分各自所有、部分共同所有。对此我们可以从以下几个方面来理解：

（1）分别财产制可以适用于夫妻关系存续期间的全部财产，或者部分财产；也就是说，一对夫妻对于婚姻关系存续期间的财产，可以同时适用夫妻共同财产制以及分别财产制。

（2）分别财产制的约定既适用于一方婚前取得的财产，也适用于一方或双方婚后取得的财产。

综上，如果我们把“财产取得时间”“一方或双方”“全部或部分”分别作为变量的话，分别财产制可以有许多种不同的呈现形式。在笔者的日常工作中，见到过当事人之间签署的形形色色的财产约定，就其内容而言，不管是大富之家内部签署的令人眼花缭乱的法律文件，还是刚刚步入婚姻殿堂、想实行 AA 制的小夫妻俩签订的协议书，都不外乎上述这几个变量的排列组合。

2. 形式上，约定分别财产制必须采取书面形式。之所以这样要求，是考虑到相对于夫妻共同财产制而言，分别财产制是一种例外情况，如不采取书面形式，则在实践操作中极易引起纠纷。因此，如果夫妻双方有采用分别财产制的愿望，则切记一定要妥善订立书面协议加以规制。

3. 法律后果上，《婚姻法》第 19 条还规定：夫妻对婚姻关系存续期间所得的财产约定归各自所有的，夫或妻一方对外所负的债务，第三人知道该约定的，以夫或妻一方所有的财产清偿。[①] 这一规定应当从两个方面去理解，对于主动负债的配偶一方而言，因为夫妻双方已经约定了各自的财产归各自所有，根据权利与义务相一致的原则，各自所负的债务也应由己方自行承担；而对于债权人一方而言，法律则赋予其特别的注意义务，如果债权人知道自己的债务人在婚姻当中与配偶实行的是各自财产归各自所有的分别财产制的前提下，仍愿意出借钱物给债务人时，法律上可以推定债权人实际并没有指望债务人的配偶会承担债务清偿责任。因此，在这种情况下，该债务将被认为是主动负债配偶一方的个人债务。

4. “分别财产制的夫妻约定”与“夫妻间财产赠与”之间的战争。

案例 14

夫妻一方给予另一方的财产，到底是财产约定、还是婚内赠与？

笔者所在的律师团队曾经处理过这样的一个案例。

熊先生经营着一家化妆品企业，企业规模虽不算太大，但多年打造的品牌已经拥有一定的知名度，在整个行业内算得上是小有名气。在与第一

---

①《中华人民共和国婚姻法》第 19 条第 3 款：“夫妻对婚姻关系存续期间所得的财产约定归各自所有的，夫或妻一方对外所负的债务，第三人知道该约定的，以夫或妻一方所有的财产清偿。”

任太太离婚后的第二年，熊先生在某大学管理学院举办的MBA课程班上结识了风华正茂的某企业高管白小姐，白小姐不但长得漂亮，还知书达理，在班级担任班长，经常组织同学们开展各种各样的交流活动。熊先生被白小姐的气质深深地吸引，经过半年多的热烈追求，两人终于到了要谈婚论嫁的程度。

为了表示自己的诚意，熊先生主动提出将自己名下的一套商品房送给白小姐，双方为此签署了一份协议，约定熊先生自愿将婚前的这套房屋过户给白小姐个人所有，同时，协议还约定了双方婚后各自的收入归各自所有、家庭的开支由熊先生承担等内容。协议签署后不久，双方就办理了结婚登记手续，开始共同生活。

谁知好景不长，才过了不到半年，白小姐就以双方价值观和生活习惯严重相左为由提出离婚，同时也要求熊先生兑现自己的承诺，将房屋过户至自己的名下。熊先生表示不同意，认为双方的矛盾没有白小姐描述的那么严重，还没有到非离不可的程度；另外，双方结婚还不到半年，白小姐就跟自己闹离婚，还想要房子，有骗婚的嫌疑，即便是双方离婚也绝对不会把房子给对方。

眼见双方争执不下，白小姐便向法院起诉，要求与熊先生离婚，同时要求法院确认双方所签署协议的效力，并责令熊先生配合将房屋过户至自己的名下。

针对白小姐的诉求，熊先生答辩称：婚前自己是自愿将房屋赠与给白小姐，但是这种赠与应该是附条件的，那就是双方建立并长期维持婚姻关系。现在结婚还不到半年，女方就提出种种理由和借口要求离婚，这不符合自己赠与财产的目的，因此要求撤销赠与。

这是一个非常典型的案例，也凸显了在这类问题上法律本身存在的冲突。双方各自的诉求，都具有一定的法律依据。支持白小姐观点的，法律依据主要是上文当中我们谈到的我国《婚姻法》第19条关于夫妻间分别财产制的法律规定，按照这一法律规定，白小姐和熊先生在婚前已经就特定财产（即熊先生名下的房屋权属）进行了约定，这个约定属于双方的真实意思表示，亦不违反法律原则，应当认为有效。如果现在双方离婚，对于这套房屋权属的认定也应当尊重双方所签订的协议，即房屋应当认定为归白小姐个人所有。

与之相反的另外一种观点，法律依据来自我国《合同法》，这种观点认可熊先生将房屋给予女方的行为属于赠与。《最高人民法院关于适用〈中华人民共和国婚姻法〉若干问题的解释（三）》（以下简称《婚姻法司法解释（三）》）第 6 条规定："婚前或者婚姻关系存续期间，当事人约定将一方所有的房产赠与另一方，赠与方在赠与房产变更登记之前撤销赠与，另一方请求判令继续履行的，人民法院可以按照合同法第一百八十六条的规定处理。"同时，根据我国《合同法》第 186 条的规定："赠与人在赠与财产权利转移之前可以撤销赠与"。上述案例当中，双方并未办理房屋所有权变更登记，房屋仍然登记在熊先生的名下，依据赠与的观点，熊先生目前完全有理由主张撤销赠与，无须再将房屋交付给白小姐。

实践中，类似于熊先生和白小姐的情形非常多发。从我们收集到的案例来看，对于这种情况，不同的法院也许会有不同的处理方式。倾向于尊重婚姻当中夫妻双方意思自治观点的一方会更愿意接受白小姐的观点，毕竟，《婚姻法》是调整和规范人们婚姻家庭生活关系的根本大法，夫妻双方严格按照《婚姻法》的规定所签署的财产约定，一般而言只对双方当事人有效，并不会对第三人或者是社会的公共利益产生影响。在此基础上，法律应当对双方当事人的真实意思表示持完全支持和赞同的立场。

与此同时，支持熊先生一方立场的也不在少数。他们的主要论点在于，既然当事人之间订立的是民事合同，就当然受我国《合同法》的约束，而《合同法》明确规定了在赠与标的物所有权转移之前，当事人是有权利单方面撤销赠与的。此外，支持这一观点的另外一个论据来自我国《民法总则》当中的公平以及诚实信用原则。以本案为例，熊先生确实是基于与白小姐恋爱、结婚，并且长期共同生活的目的才将自己的房屋赠与给对方的。然而事与愿违，双方结婚不到半年就打起了离婚官司，如果在这种情况下不允许熊先生撤销赠与，似乎确实对其有失公平。

回到熊先生和白小姐的案例，最终一审法院判决支持了白小姐关于离婚的诉求，但对于涉案房屋，法院认为，考虑到双方婚前感情基础一般，且婚姻关系存续时间较短，从公平的角度出发，并未支持白小姐关于房屋确权的诉求，房屋仍属于熊先生所有。但考虑到双方确有约定在先，因此酌情判令熊先生补偿部分房屋折价款给白小姐。

不难看出，本案当中法院倾向于支持按照赠与合同关系进行处理的观点，但同时从公平原则出发，考虑到案件的实际情况，最终采取了由赠与人对受赠人进行适当现金补偿的方式来平衡双方的利益。当然，这仅仅是个案情况，面对现实当中频繁发生的此类争议，还有赖于立法者协调不同部门法之间的冲突，尽早确立统一的裁量标准。

二、婚姻关系存续期间，还存在个人财产吗

在实行夫妻财产共有制的条件下，夫妻双方在婚姻关系存续期间所得的财产基本上都可以认定为夫妻共同财产。但前面我们也提到了，具体到实践中财产的情况往往很复杂，应当要区别来看。比如说，在婚姻关系存续期间，哪些财产属于是个人的？为了说明这个问题，我们先来看看法律是怎么规定的。

（一）婚姻关系存续期间的夫妻共同财产有哪些

根据我国《婚姻法》第 17 条的规定，夫妻在婚姻关系存续期间所得的下列财产，归夫妻共同所有：

1. 工资、奖金；
2. 生产、经营的收益；
3. 知识产权的收益；
4. 继承或赠与所得的财产，但本法第 18 条第（三）项规定的除外；
5. 其他应当归共同所有的财产。

夫妻对共同所有的财产，有平等的处理权。

（二）夫妻一方的个人财产有哪些

根据我国《婚姻法》第 18 条的规定，下列财产属于夫妻一方的个人财产：

1. 一方的婚前财产；
2. 一方因身体受到伤害获得的医疗费、残疾人生活补助费等费用；
3. 遗嘱或赠与合同中确定只归夫或妻一方的财产；

4. 一方专用的生活用品；

5. 其他应当归一方的财产。

（三）司法解释对《婚姻法》如何界定夫妻共同财产和个人财产的补充规定

除了上述《婚姻法》的明确规定之外，最高人民法院陆续出台的几个关于《婚姻法》的司法解释当中也进一步明确了夫妻共有财产和夫妻一方的个人财产的界限。2011 年 8 月，最高人民法院公布了《婚姻法司法解释（三）》，许多条款引起社会的热议，其中就有关于如何界定夫妻共同财产和个人财产的相关内容。

《婚姻法司法解释（三）》第 5 条明确：夫妻一方的个人财产在婚后产生的收益，除孳息和自然增值外，应认定为夫妻共同财产。也就是说，夫妻一方个人财产在婚后产生的收益原则上都是夫妻共同财产。例外的情况是个人财产在婚后产生的孳息和自然增值。常见的例子有，属于夫妻一方的银行存款在婚后所产生的利息，房产在婚后所产生的价格上涨，又或者是一方婚前的收藏品在婚后产生的增值。

《婚姻法司法解释（三）》第 7 条规定：婚后由一方父母出资为子女购买房产，产权登记在出资人子女名下的，视为只对自己子女一方的赠与，该不动产应认定为夫妻一方的个人财产。

《婚姻法司法解释（三）》刚出台的时候，这条规定引起的争议最大，因为中国素有男女结婚、由夫家准备婚房、女方准备其他物资陪嫁的传统。根据这条司法解释的规定，则无论夫家买房是在婚前还是婚后，只要符合已支付全部购房款以及产权登记在男方个人名下这两个条件，则房屋都会被认定为是男方的个人财产。这样的情况显然更复杂，因为它在一定程度上突破了在婚姻关系存续期间取得的财产应当属于夫妻共同所有的原则，立法者主要考虑的是对出资购房一方父母真实意愿和权益的保护。

结合上述的法律规定，我们可以非常清晰地了解到：在婚姻关系存续期间，“夫妻一方的个人财产”是存在的。但是在大多数情况下，它并不是当然存在，而是需要我们预先进行明确的约定或者筹划。举个例子来说，夫妻一方的父亲在双方婚姻关系存续期间去世，如果这位父亲在生前并没有订立遗嘱的话，夫或妻按照法定继承应当获得的遗产就属于夫妻共同财产；反之，如果这位父亲生前立有遗嘱，并且明确遗产是留给夫或妻一方的，那么夫或妻一方在婚姻关系存续期间继承的遗产就属于该方的个人财产。

三、如何做到我的是我的、你的也是我的

在对我国法律规定的夫妻财产制度建立了初步了解的基础上，如何更有效地实现婚姻财产权益保护的目标，值得我们深入思考和探讨。

首先，笔者认为至关重要的一点是要秉持正确的婚姻财产权益观。

先分享一个小例子。

律师曾经接待一对共同前来咨询的母女，女儿怀中还抱着一个非常可爱的小婴儿。这位母亲跟我们讲述了女儿小雅在婚姻当中的遭遇，原来年轻漂亮的小雅一年前在和朋友聚会的场合认识了现在的先生，本地某企业家的儿子小丁。两人交往不久小雅便怀孕了，双方父母经过商量，为他们举办了婚礼，小雅也搬进了小丁家里的豪宅和小丁父母一起生活。

随后，小雅发现婚后的生活和自己想象的完全不同：小丁的生活节奏还和以前一样，彻夜打游戏，然后一觉睡到中午，还得要小丁的母亲叫好多遍才肯起床；小雅希望小丁能够多陪陪自己，也帮忙多带带孩子，小丁则认为小雅矫情：家里有婆婆，还专门雇用保姆阿姨，又不用小雅出去工作，难道连一个小宝宝都带不过来？双方为此没少吵架，最终的结果基本上都是小丁摔门而去，好几天不见踪影。

某天，在双方的激烈争吵过后，小雅感觉自己再也没有办法在这间大房子里生活下去了，便趁着婆婆出门，赶紧带着孩子回了娘家。在律师面前，小雅表示她再也没有办法忍受这样的生活了，希望和小丁离婚，同时也希望咨询关于财产分割的问题。

经了解，原来小丁虽然是“富二代”，但是名下却没有任何资产，不但双方住的房子是小丁父母的，连小丁开的车都是登记在小丁父母公司名下，公司只是每个月象征性地给小丁发放人民币 8000 元的工资作为生活费。

“如此一来，小雅姑娘还真的是分不到对方的什么财产呢。”律师如此分析。

“那我们小雅岂不是白白嫁给他们家了吗？还给他们生了孩子！”坐在一旁的小雅母亲愤愤不平地发表了意见。

小雅的境遇的确值得同情。毕竟在人生如此美好的年龄阶段遇人不淑，没有能够享受到幸福和谐的家庭生活所带来的宁静和快乐。但是，笔者认为在这个案例当中，最让人不安的反倒是当事人，特别是小雅的母亲所抱持的婚姻财产观念。显而易见，小雅母亲的这种观念也深深地影响了女儿小雅，以致这对母女都认为如果就此离婚，自己则吃了大亏，太过于便宜对方。

笔者认为，在讨论谁占便宜、谁吃亏这个问题之前，我们应该先搞清楚一点，那就是我们缔结婚姻的目的是什么？或者说我们希望这段婚姻关系能够给我们带来什么？

在婚姻关系持续的过程中或是婚姻关系破裂时追求财产利益是无可厚非的，但如果对于婚姻关系存在价值的考量因素就只有财产利益的话，最终的结果必定会令人失望。因为婚姻关系实质上是一种平衡关系，如果天平的两端都是财产利益的话，当事人之间就只剩下互相算计。可如果天平的两端并非只有财产利益，还加入了比如情感因素、理想因素、乐趣因素的话，在平衡双方的利益时就需要综合考虑。因为这些因素是无法用固定的财产价值来衡量的，同时，这些因素在悉心灌溉之下可以无限增值，同样可以用来平衡双方对财产利益的追求。古人说，种瓜得瓜，种豆得豆，大概也是这个道理吧。

其次，知法才能用法，这个道理大概谁都懂。

继续以上述小丁和小雅的案例来分析，单从对法律的了解和运用上来讲，小丁父母的做法显然比较好地体现了“知法用法”的原则。他们了解自己的儿子，知道小丁虽然已经成年，但是性格依然顽劣，尚未能肩负起家庭或者企业的责任。因此，虽然身家颇丰，家庭和企业的财富也有传承的需求，但是短期内尚无法实现或者说小丁并非合适的人选。因此在现阶段，父母采取每月给小丁固定的生活费用的方式，既体现了父母对财富传承的考虑，在客观上也防范了因为小丁的婚姻变动导致家庭财富流失的风险。

最后，婚姻财产权益的保护是一个动态的话题，随着婚姻迈入不同的阶段，财产权益保护会有不同的内容和侧重点。

一生很长，每个人都会经历从年少无知到情窦初开，从甜蜜恋情到步入婚姻，从初为人父母到子承父业的不同人生阶段；对创业者而言，企业的从无到有，从小到大，也如同人生的不同阶段。相应地，每个阶段都有各自的主题和侧重点。举例来说，在年轻人准备结婚的阶段，我们会更关注房屋的出资、产权的归属等问题；在小家庭刚刚成立的时候，我们应该更多地讨论家庭的经济分担、家务分担，甚至在必要的时候制定一个“家庭小宪法”；随着家庭的进一步壮大、父母财富的积累，则需要考虑财富的安全和传承了，当子女渐渐长大到谈婚论嫁的年龄，在为他们送上祝福的同时，也把健康的婚姻财产观念传递给他们。如此循环，不仅物质财富生生不息，精神也健康富足。

第三节 当我们谈离婚的时候，我们到底在谈什么

单位：‰

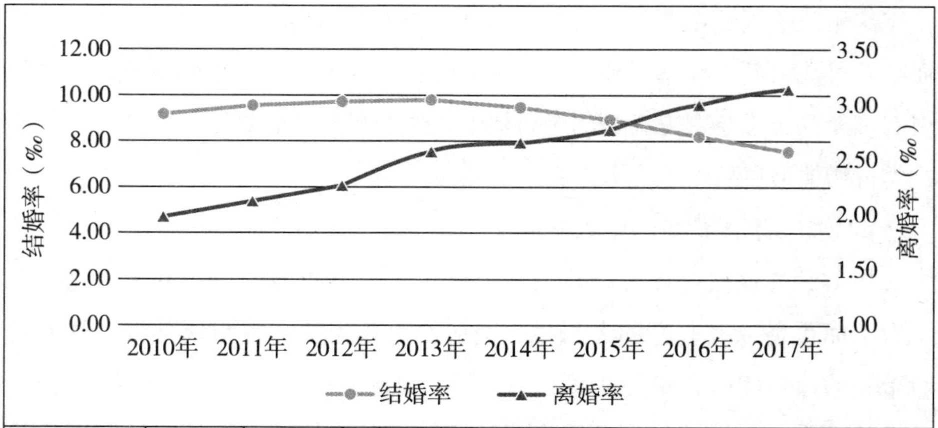

指标	2010年	2011年	2012年	2013年	2014年	2015年	2016年	2017年
结婚率	9.3	9.7	9.8	9.9	9.6	9.0	8.3	7.7
离婚率	2.0	2.1	2.3	2.6	2.7	2.8	3.0	3.2

图1 民政部发布的2017年社会服务发展统计公报中全国结婚率以及离婚率统计

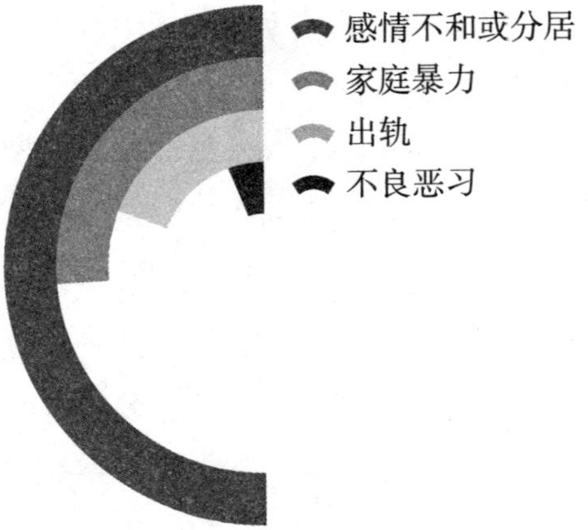

离婚原因

• 45.9%的夫妻因感情不和向法院申请解除婚姻关系。

• 27.8%的夫妻因家庭暴力向法院申请解除婚姻关系。

图 2 最高人民法院发布的司法大数据专题报告之离婚纠纷（2017 年）

一、争议之一：到底谁有错

婚姻关系是人与人之间最错综复杂的关系之一。它既包含了身份关系，也包含了复杂的财产关系。当婚姻关系面临解体边缘的时候，当事人之间首先争议的往往是到底“谁有错”的问题。

（一）目前法律规定的婚姻过错的几种情形

这里我们讨论的过错，并非日常生活当中关于柴米油盐酱醋茶的争议，而是有可能引起夫妻感情破裂，并且即使在一方不同意离婚的情况下、法院也有可能判决准予双方离婚的过错情形。按照我国《婚姻法》的规定，目前这类过错情形包括以下几个方面：

1. 重婚或有配偶者与他人同居

从上面的数据统计可以看出，因出轨而起诉离婚的案件数量占比不在少数，而重婚以及有配偶者与他人同居则是其中的主要组成部分。从笔者所带领的律师团队自身的办案经验来看，也确实如此。只是绝大部分时候，由于举证困难，这类过错情形在司法实践中最终能够获得认定的案件数量受到限制。

除了举证存在困难之外，一般的社会受众对于此处所说的法定过错和我们平时口中说的“婚外情”“出轨”到底有什么区别也存在认识不清的情况。

下面，我们结合法律以及司法解释的规定，帮助大家厘清这几个概念到底有什么不一样：

首先，“婚外情”“出轨”以及口语化的“一夜情”“约炮”等说法均非法律用语，也就是说，法律对这些词汇并没有明确的定义。因此，虽然这些说法会经常性地在人们日常交流的场合出现，但如果是在法院审理离婚纠纷的语境下，特别是在法院的判决当中是不会使用这些说法的。

其次，违反夫妻忠诚义务只有达到构成“重婚或有配偶者与他人同居”的严重程度，才符合我国《婚姻法》对法定婚姻过错的认定要求，构成法院可以判决准予离婚的条件。达不到条件的，只能认为其行为在一定程度上违反了夫妻忠诚义务，应当受到相应的谴责，但并不能够产生因婚姻过错所带来的法律后果。

最后，“重婚或有配偶者与他人同居”当中的“有配偶者与他人同居”的规定比较笼统，有没有具体的认定要求？当然是有的。

根据最高人民法院的司法解释，“有配偶者与他人同居”是指有配偶者与婚外异性，不以夫妻名义，持续、稳定地共同居住。[①] 对于共同居住的时间，也有司法解释对其进行过规定。例如，广东省高级人民法院就曾经明确，《婚姻法》所称的“有配偶者与他人同居”，是指有配偶者与婚外异性共同生活，关系相对稳定，且共同生活的时间达到三个月以上的。[②] 从这些规定可以看出，对于认定婚姻过错，无论是法律的规定，还是司法实践中审判法院所把握的裁判尺度，都是比较严格的。

2. 实施家庭暴力的

近两年，随着我国《反家庭暴力法》的出台，家庭暴力是违法行为的观念逐步深入人心，从上面的统计也可以看出，越来越多的离婚案件是由家暴行为引发或者与家庭暴力行为直接相关。这类案件中，存在的主要难度同样是举

---

①《婚姻法司法解释（一）》第 2 条：“婚姻法第三条、第三十二条、第四十六条规定的‘有配偶者与他人同居’的情形，是指有配偶者与婚外异性，不以夫妻名义，持续、稳定地共同居住。”

②《广东省高级人民法院关于审理婚姻案件若干问题的指导意见》第 17 条：“《婚姻法》所称的‘有配偶者与他人同居’，是指有配偶者与婚外异性共同生活，关系相对稳定，且共同生活的时间达到三个月以上。”

证问题。笔者在《反家庭暴力法》实施一周年的时候，曾经带领律师团队完成过一份针对涉家暴离婚案件的大数据分析报告，我们对近一千份广东省内的涉及家庭暴力行为的离婚案件进行了统计，这里与大家分享报告中的部分内容：

（1）涉家暴离婚案件在离婚案件总数当中所占的比例

广东省内涉家暴离婚案件占全省离婚案件的比例

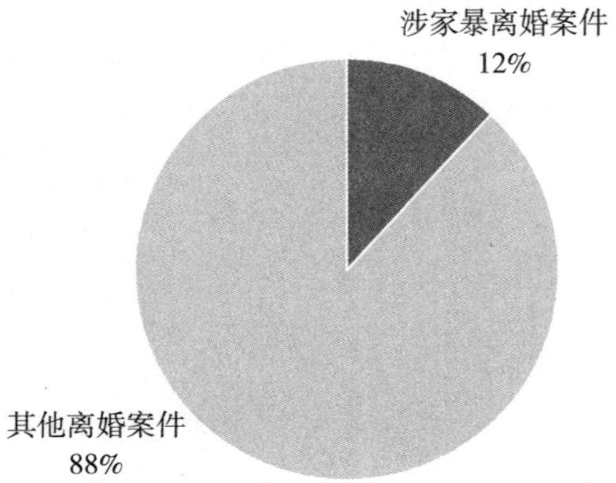

2016 年可查询到的广东省离婚案件共计 8036 件，其中 12% 的案件为涉家暴离婚案件。

（2）法院对当事人的家暴主张是否认定的比例

法院对涉家暴离婚案件的认定情况

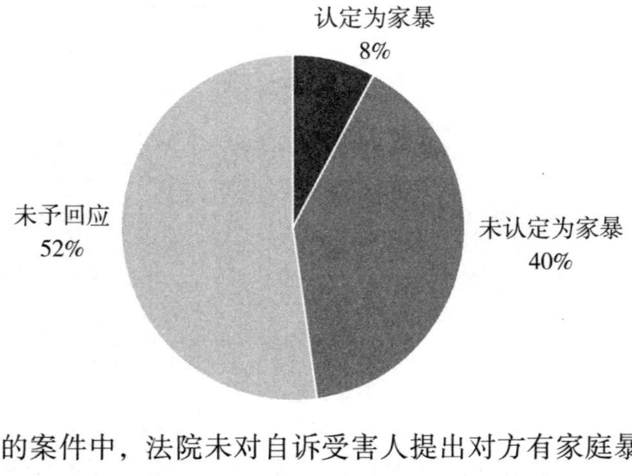

在 52% 的案件中，法院未对自诉受害人提出对方有家庭暴力行为这一主张做出回应；在 40% 的案件中，法院未认定一方存在家庭暴力行为；法院仅在 8% 的案件中认定一方当事人存在家庭暴力行为。

（3）法院对家庭暴力证据的认定情况（可以包括证据的种类及采纳情况）

家暴案件中自诉受害人的举证情况

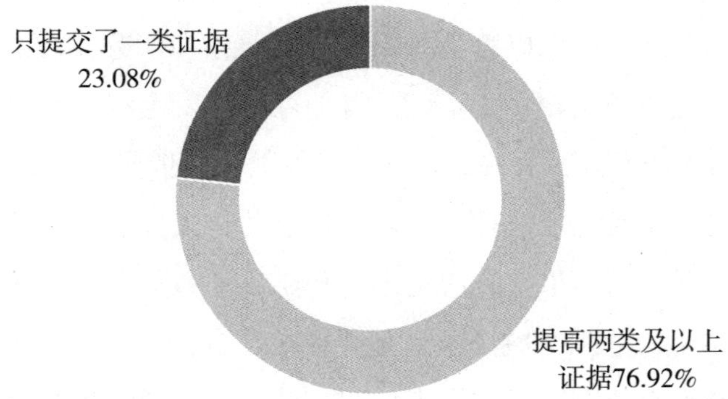

自诉受害人的诉求被法院认定的案件中，共 76.92% 的自诉受害人就对方有家庭暴力行为向法院提交了两类及两类以上的证据。而在 23.08% 的案件中，自诉受害人只就对方有家庭暴力行为向法院提交了一类证据，该部分所占比例相对较小。

自诉受害人已举证时法院对涉家暴案件的认定情况

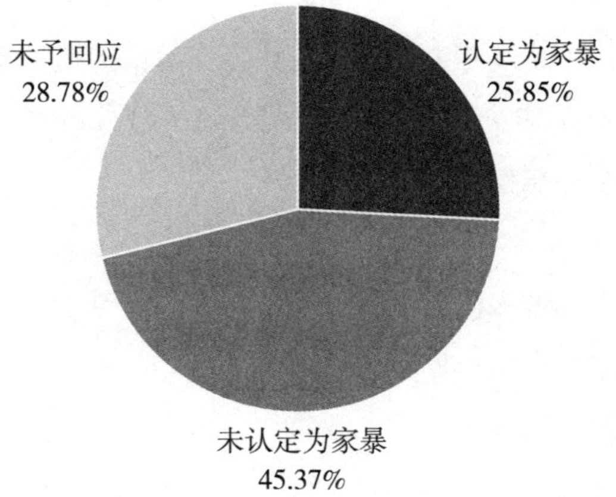

自诉受害人就对方有家庭暴力行为而向法院举证的情况下，法院认定一方有家庭暴力行为的案件占比 25.85%，法院不认定一方有家庭暴力行为的案件占比 45.37%。

3. 其他可认定夫妻感情破裂的情形

除了上述法律明确规定的可以认定夫妻感情破裂的过错情形之外，当事人“有赌博、吸毒等恶习屡教不改”或“因感情不和分居满两年”等也都是我国婚姻法有明确规定的、可以认定夫妻感情破裂的情形。除此之外，2011 年出台的《婚姻法司法解释（三）》第 9 条还增加了一个关于夫妻感情破裂的认定条件，即夫以妻擅自中止妊娠侵犯其生育权为由请求损害赔偿的，人民法院不予支持；夫妻双方因是否生育发生纠纷，致使感情确已破裂，一方请求离婚的，人民法院经调解无效，应依照《婚姻法》第 32 条第 3 款第（五）项的规定处理。说得通俗点儿，夫妻关系中的女方可以决定要不要生孩子，而如果女方决定不生孩子，那么男方可以决定是不是还要这个老婆。当然，具体到个案中，是否存在过错、是否准予解除婚姻关系，则由法院本着审慎的态度、综合考虑双方的情感经历、婚姻状况等因素综合判断。

（二）过错的认定能否和分配夫妻共同财产直接挂钩

婚姻关系的双方之所以会对婚姻过错的认定争议不休，主要原因在于认定了婚姻过错会产生以下几个方面的法律后果：

1. 法院可以认定双方的感情已经破裂，从而判决准予离婚；

2. 在特定情形下，过错方应向无过错方支付精神损害赔偿金。

根据我国《婚姻法》第 46 条的规定，因下列几种情况导致离婚的，无过错方有权请求损害赔偿：

（1）重婚的；

（2）有配偶者与他人同居的；

（3）实施家庭暴力的；

（4）虐待、遗弃家庭成员的。

3. 无过错方在夫妻财产分割时，可获得一定程度的优势和照顾。

之所以说可以获得一定程度的优势和照顾，原因在于我国《婚姻法》对此并无非常明确的法律规定。在我国《婚姻法》第 39 条关于离婚时夫妻共同财产处理的原则规定当中，仅明确了：“离婚时，夫妻的共同财产由双方协议处理；协议不成时，由人民法院根据财产的具体情况，照顾子女和女方权益的原则判决”。其中并未提到在分割夫妻共同财产时，应当照顾无过错方或者无过错方可以多分财产。

但是我们也留意到，在司法实践中也有不少的案例将保护无过错方权益体现在离婚财产分割时无过错方可以适当多分财产。这种做法的主要依据来自最高人民法院的一些司法解释和内部文件。例如，最高人民法院在1993年公布的《关于人民法院审理离婚案件处理财产分割问题的若干具体意见》总则部分便有这样的规定：人民法院审理离婚案件对夫妻共同财产的处理，应当依照《婚姻法》、《妇女权益保障法》及有关法律规定，分清个人财产、夫妻共同财产和家庭共同财产，坚持男女平等，保护妇女、儿童的合法权益，照顾无过错方，尊重当事人意愿，有利生产、方便生活的原则，合情合理地予以解决。

此外，笔者留意到，在2018年8月全国人大常委会发布的《民法典·婚姻家庭编（草案）》当中也对前文提到的现行《婚姻法》第39条等内容进行了修改，增加了保护无过错方权益的内容，修改后的条文为："离婚时，夫妻的共同财产由双方协议处理；协议不成时，由人民法院根据财产的具体情况，照顾子女、女方和无过错方权益的原则判决。"① 如此条文最终获得通过，则今后法院在处理夫妻共同财产分割的问题时，会将照顾无过错方作为一个基本原则，届时，被法院认定存在婚姻过错的一方在离婚财产分割上将面临更加被动的局面。

二、争议之二：孩子应该归谁

夫妻离婚，孩子无疑是令人最纠结和难以割舍的部分。加之我国实行了相当长时间的计划生育政策，一个家庭只生育一个孩子，倒金字塔形的家庭结构令许许多多的独生子女家庭在夫妻离婚的时候为了孩子的抚养权问题产生了巨大的争议。子女，虽由父母孕育、抚养，但其人格从一开始就是独立的，特别是在决定其抚养权归属等重大利益问题的时候，应当充分地考虑和保护未成年子女的利益和权利。

那么，确定孩子抚养权归属的原则究竟是什么？实践当中法院对抚养权

---

①《民法典·婚姻家庭编（草案）》第865条："离婚时，夫妻的共同财产由双方协议处理；协议不成时，由人民法院根据财产的具体情况，照顾子女、女方和无过错方权益的原则判决。"

归属到底怎么认定？在说明这些内容前，笔者先带大家来看一看案例。

案例 15

双胞胎宝宝的抚养权之争

王先生和孙女士相识于一次朋友聚会中，回忆起两人初次见面的场景，孙女士描述说，当时王先生在和身边的一群男士侃侃而谈，聊的居然是小的时候养宠物的经历，孙女士立即被王先生独特的爱心和孩子气所吸引，之后两人自然而然地谈起了恋爱，半年多后，孙女士怀孕了，两人顺理成章地领了结婚证，步入了婚姻的殿堂。

没过多久，一对可爱的龙凤胎宝宝顺利地降生了。在相当长的一段时间里，孙女士的精力几乎完全放在照顾两个小宝宝的饮食起居上，王先生工作很忙，空闲的时候不多，便请自己的母亲从老家过来帮着孙女士照顾两个宝宝。家庭的矛盾也就从此开始了。孙女士对照顾孩子有自己的方法和要求，而家婆是从农村来的，有的是辛辛苦苦、一手拉扯大了五个子女，而且个个都很优秀的成功经验，两个女人在照顾孩子的问题上经常针锋相对、各不相让，家里整天是鸡犬不宁、人仰马翻。王先生夹在中间甚是为难，可无奈两边都劝不动、也惹不起，于是索性更少回家了。

渐渐地，孙女士和王先生之间的共同语言越来越少，终于有那么一天，婆婆回老家了，孙女士也向王先生提出了离婚的要求，并且希望能够获得两个孩子的抚养权。王先生同意离婚，但是提出两个孩子应当一人抚养一个，双胞胎当中的男宝宝归自己抚养，女宝宝则由孙女士抚养。

无奈之下，孙女士向法院起诉，要求与王先生离婚，并且诉请法院将一对婚生子女的抚养权都判给自己。王先生则答辩称，自己同意离婚，但是与两个孩子的感情非常深厚，从孩子的性别上考虑，希望法庭能将儿子判给自己抚养，女儿则可由孙女士携带抚养。双方在子女抚养权问题上的执着态度让主审法官犯了难：两人的工作、收入、教育程度等情况相当，也都有抚养孩子的能力和意愿；同时孩子的年龄尚小，还不具备表达其真实意愿的能力，该怎么处理才能够最大程度上保护孩子们的权益呢？

也许是为了解决法官的难题，审理过程中，孙女士申请了一名特殊身份的证人出庭作证，而这位“特殊证人”的出现，成了案件的关键转折点。证人周先生是该地区知名的心理咨询师和婚姻家庭咨询师，同时也具有执业医师资格。周先生在法庭上，从儿童心理学的角度详细解释了双胞胎子女心理成长的轨迹，说明分开抚养不利于他们的健康成长。最终，周先生的证言被法庭采纳，法院判决一对双胞胎子女均由母亲孙女士直接抚养。

（一）确定孩子抚养权归属的原则

从上面的案例可以看出，司法实践中决定孩子抚养权归属要考虑的因素有很多，但核心原则只有一个，那就是子女利益最大化原则。这也是国际通行的原则，1990 年 11 月 20 日第 44 届联合国大会通过的《儿童权利公约》第 3 条当中明确规定：关于儿童的一切行为，不论是由公私社会福利机构、法院、行政当局或立法机构执行，均应以儿童的最大利益为一种首要考虑。

（二）司法实践中如何认定

孩子抚养权归属的原则确定之后，司法实践当中争议双方只需围绕如何实现孩子利益最大化、谁抚养孩子对孩子最有利进行充分地主张和论证即可。根据笔者所带领的律师团队多年来办理抚养争议案件的经验和心得，我们总结了主张孩子抚养权的父母一方的举证清单，提供给大家作为参考：

序号	证据类型
1	一方的学历证明；
2	一方的工作和收入证明；
3	一方父母或其他亲属可帮助照顾孩子的抚养能力及抚养意愿证明；
4	一方自身患有不孕不育的疾病、已丧失生育能力、已超过适龄生育年龄等；
5	一方已对子女未来的生活和教育做出安排，如已经携子女办理移民手续，自身为子女入学、户口、发展特殊才艺等提供便利条件；
6	一方在争议发生前对子女抚养照顾情况的证据，包括与子女互动的照片，视频辅导子女学习的证明，支付子女学习、生活等费用的凭证，证人证言等。

上面的举证清单一定无法穷尽立法者和法律实践者在对未成年子女利益保护工作上所做的努力和思考，因为这是一个不断完善、精益求精的过程。比如，2018 年 7 月 16 日广东省高级人民法院出台的《广东法院审理离婚案件程序指引》（下称《指引》）当中，对未成年子女的权益保护问题就做出了许多有益的尝试，抚养规划制度便是其中的一个亮点。针对父母双方都主张未成年子女抚养权且双方抚养条件、抚养能力较为接近的情形，《指引》设立了抚养规划制度，明确“人民法院可以要求双方当事人提出明确的未成年子女抚养规划。内容包括：未成年子女生活地点、未成年子女受教育规划、其他未成年子女成长规划和实现规划的经济保障等具体内容”。[①] 人民法院可将抚养规划作为判决未成年子女抚养事项的依据，同时应当封存直接抚养未成年子女方的抚养规划，并归入卷宗正卷。之后，不直接抚养未成年子女一方认为封存的抚养规划未予履行、侵害未成年子女利益的，可以据此提起变更抚养权诉讼。此外，针对抚养条件、抚养能力较为接近的案件，《指引》还规定了亲子关系评估制度[②] 等内容。

---

①《广东法院审理离婚案件程序指引》第 36 条：“双方当事人均主张直接抚养未成年子女，且抚养能力、条件较为接近的，人民法院可以要求双方当事人提出明确的未成年子女抚养规划。内容包括：（一）未成年子女生活地点；（二）未成年子女受教育规划；（三）其他未成年子女成长规划；（四）实现规划的经济保障。抚养规划应当在法庭上出示，并由双方当事人提出意见。人民法院将抚养规划作为判决未成年子女抚养事项依据的，应当封存直接抚养未成年子女方的抚养规划，并归入卷宗正卷。不直接抚养未成年子女方认为封存的抚养规划未予履行、侵害未成年子女利益的，可以据此提起变更抚养权诉讼。”

②《广东法院审理离婚案件程序指引》第 37 条：“有下列情形之一的，经当事人及未成年子女同意，人民法院可以委托专业人员进行亲子关系评估：（一）双方当事人均主张直接抚养未成年子女，且抚养能力、条件较为接近的；（二）一方当事人抚养未成年子女的能力、条件占优，但另一方抚养意愿特别强烈的；（三）当事人可能存在不利于直接抚养未成年子女的人格或者心理因素的；（四）有其他需要进行亲子关系评估情形的。专业人员受托后，应当在 30 日内完成评估工作并出具亲子关系评估报告。工作确有需要的，可以适当延期。需要作为认定事实依据的亲子关系评估报告内容，应当在法庭上出示，并由当事人互相质证。不作为证据使用部分，归入卷宗副卷。当事人对亲子关系评估过程、方式有异议的，人民法院可以要求专业人员以书面形式或者到庭说明情况。”

这些探索和尝试，均围绕着子女利益最大化的原则，从案件实体以及程序严谨的角度不断地丰富和完善，这也是今后我们在离婚纠纷中处理子女抚养权争议的方向和准则。

三、争议之三：夫妻共同财产怎么分

（一）确认夫妻共同财产的范围是关键

这里所说的确认夫妻共同财产的范围有两层含义。其一，是指根据我国法律的规定，确定哪些财产属于夫妻共同财产以及哪些属于夫妻一方的个人财产的问题。关于这个问题，我们在上面的章节当中已经探讨过，此处不再赘述；其二，确认夫妻共同财产的范围还包含了由于夫妻双方在婚姻家庭关系中的分工不同，从而导致各自对夫妻共同财产的了解和控制程度也不尽相同。因此，尽管在案件处理中采取的是同一套规则和标准，但在实质结果上，对夫妻双方难言公平。

举个大家都很熟悉的场景，在离婚案件的处理过程当中，我们可以申请法院调查对方当事人名下的银行资产变动的具体情况，但前提条件是申请的一方当事人必须向法院提供对方的银行账户基本信息。试想，如果连基本信息都不能提供的话，即使心知肚明对方可能对夫妻共同财产有所隐藏，但实践中却无法受到法律的保护。

（二）五五分割是原则，特殊情况下可以适当多分

在明确了夫妻共同财产范围的前提下，依据我国《婚姻法》的规定，对夫妻共同财产分割采取五五分割原则。对此，我们更加关心的是什么情况下夫妻一方可以主张适当多分呢?

1. 关于在夫妻一方构成婚姻过错的情况下，对方能否适当多分财产，我们在本节的第一部分已经讨论过，这里就不再赘述。

2. 在我国《婚姻法》当中，还明确规定了一些可以在财产分割的过程当中对具备特殊条件的一方适当进行照顾的情形，主要包括：

（1）离婚时，如果一方生活困难，另外一方应当从其住房等个人财产中

给予适当帮助。[①] 那么何谓生活困难呢？最高人民法院出具的司法解释当中明确，生活困难是指依靠个人财产和离婚时分得的财产无法维持当地的基本生活水平的情形；另外，对困难一方具体进行帮助的形式，既可以是房屋的居住权也可以是房屋的所有权。[②]

（2）夫妻一方因抚育子女、照料老人、协助另一方工作等付出较多义务的，离婚时有权向另一方请求补偿，另一方应当予以补偿。[③] 这样的规定，本意是为了平衡夫妻双方在家庭生活当中的不同角色，如许多家庭女性在生育子女之后会花费大量的时间在照顾子女上，这会在客观上造成女性的就业、升迁等机会的减少和丧失，若在这种情况下夫妻双方离婚，法律规定由男性以经济补偿的方式适当对女方予以照顾，也是公平原则的具体体现。

但是，此处需要指出的是，现行《婚姻法》在此处设立了一个前置条件，即这种情况仅适用于实行夫妻分别财产制的家庭。这样的设置，严重限制了这个条款作用的发挥，在 2018 年 7 月公布的《民法典・婚姻家庭编（草案）》中，相关的条款已经做出了调整，去掉了这个前置条件，如果草案能获通过，相信这条规定在实践中会发挥巨大的作用。

3. 离婚时，一方隐藏、转移、变卖、毁损夫妻共同财产，或伪造债务企图侵占另一方财产的，分割夫妻共同财产时，对隐藏、转移、变卖、

---

①《中华人民共和国婚姻法》第 42 条："离婚时，如一方生活困难，另一方应从其住房等个人财产中给予适当帮助。具体办法由双方协议；协议不成时，由人民法院判决。"

②《婚姻法司法解释（一）》第 27 条："婚姻法第四十二条所称'一方生活困难'，是指依靠个人财产和离婚时分得的财产无法维持当地基本生活水平。一方离婚后没有住处的，属于生活困难。离婚时，一方以个人财产中的住房对生活困难者进行帮助的形式，可以是房屋的居住权或者房屋的所有权。"

③《中华人民共和国婚姻法》第 40 条："夫妻书面约定婚姻关系存续期间所得的财产归各自所有，一方因抚育子女、照料老人、协助另一方工作等付出较多义务的，离婚时有权向另一方请求补偿，另一方应当予以补偿。"

毁损夫妻共同财产或伪造债务的一方，可以少分或不分。①这一规定在性质上与前述条款不完全相同，但是在客观上也会造成夫妻一方可以适当多分共同财产的效果，因此也在此处予以列出。同时需要指出的是，在实践中因为有离婚的打算，夫妻一方或双方以各种方法隐藏、转移夫妻共同财产的情形比比皆是，因此，这一条款的适用值得我们予以充分的重视。

四、争议之四：夫妻共同债务

对于一段婚姻关系而言，夫妻共同财产是正向的资产，而共同债务则是可以贬损夫妻共同财产的负向资产。因此我们在重视厘清夫妻共同财产的同时，也应当加强对夫妻共同债务的了解和辨析，以避免被动负债、使得财产权益最终受损。

（一）哪些债务是夫妻共同债务

共同债务，顾名思义，应当是夫妻共同生活所负的债务。最常见的例子比如婚后买房，向银行申请按揭贷款，无论是以谁的名义申请，这笔债务都是夫妻共同债务；再比如，夫妻一方刷信用卡购置家庭用品、给孩子报辅导班所形成的债务也是夫妻共同债务。可以看出，认定的关键在于钱的用途，而不论钱是由谁支付出去的。也正因如此，实践中给了别有用心的一方当事人用对外负债的方法损害夫妻另一方财产利益的机会。

案例 16

婚内一方对外负债，配偶需要连带偿还吗？

田女士在国企担任中层，经朋友介绍认识了经商的孔先生。两人有共同

---

①《中华人民共和国婚姻法》第 47 条：“离婚时，一方隐藏、转移、变卖、毁损夫妻共同财产，或伪造债务企图侵占另一方财产的，分割夫妻共同财产时，对隐藏、转移、变卖、毁损夫妻共同财产或伪造债务的一方，可以少分或不分。离婚后，另一方发现有上述行为的，可以向人民法院提起诉讼，请求再次分割夫妻共同财产。”

的兴趣爱好，交往了一年之后，便步入了婚姻殿堂。

婚后第二年，女儿的降临给家庭带来了更多的欢乐，工作上田女士已经没有了再追求进步的动力，她全身心投入对孩子的照顾和陪伴当中，女儿活泼可爱，田女士觉得生活平淡但踏实。然而，幸福的生活没有能够一直维持下去。

女儿刚上幼儿园不久，田女士渐渐感觉到孔先生身上的一些变化：平日下班之后回家越来越晚，借故说有应酬很少在家里吃饭，即便是节假日也经常说要出差，很少有时间陪伴自己和女儿。一次偶然的机会，田女士看到孔先生的手机上与其他女性的聊天记录，终于肯定了自己之前的猜测，自己的婚姻出现危机了。经过协商，田女士与孔先生和平分手了，双方婚后住的房子是田女士在婚前买的，婚后两人在财务上也基本上是独立的，所以在财产分割上并没有太大的争议；双方约定女儿由田女士抚养，孔先生每月支付3000元作为女儿的抚养费。

本以为事情已经告一段落、想一个人带着女儿安稳过日子的田女士却在离婚后的半年之内连续收到了三张法院的传票，案件的原告田女士都不认识，但起诉的理由基本上都是主张孔先生在婚姻关系存续期间向原告借了钱，且没有按期偿还，起诉要求田女士与孔先生一起承担连带还款责任。三起案件加起来的总标的有500多万元，已经远远超出了田女士能够负担的范围；另外，在离婚之前田女士从来没有听对方提到过借钱的事情，况且双方各自有自己的收入，家庭也没有重大的开支，按理是不需要对外借款的。

那么，田女士的意见法院会采纳吗，婚姻关系存续期间一方对外所负的债务，配偶需要承担连带偿还责任吗？

（二）夫妻共同债务的认定和承担

对于夫妻共同债务的认定和承担，我国《婚姻法》规定得比较笼统，只是明确了“离婚时，原为夫妻共同生活所负的债务，应当共同偿还。”①

①《中华人民共和国婚姻法》第41条：“离婚时，原为夫妻共同生活所负的债务，应当共同偿还。共同财产不足清偿的，或财产归各自所有的，由双方协议清偿；协议不成时，由人民法院判决。”

后来，为了进一步明确夫妻共同债务的认定标准，最高人民法院在2003年12月4日通过的《最高人民法院关于适用〈中华人民共和国婚姻法〉若干问题的解释（二）》（以下简称《婚姻法司法解释（二）》）当中明确规定，债权人就婚姻关系存续期间夫妻一方以个人名义所负债务主张权利的，应当按夫妻共同债务处理。[①] 这就是后来备受质疑的"24条"，在当时的背景下，立法者的意图在于保护与夫妻一方进行交易的其他市场主体，更看重的是市场交易安全。当然这在一定程度上是以牺牲不知情的配偶另外一方的利益为代价的。

就上面田女士的案例而言，如发生在"24条"出台之后的时间段内，且田女士无法证明债务本身是虚假的，则田女士被认定需要对债务承担连带偿还责任是大概率事件。

这样的局面在2018年年初得到了彻底扭转，在多方力量的共同努力推动之下，2018年1月16日，最高人民法院公布了《关于审理涉及夫妻债务纠纷案件适用法律有关问题的解释》，其中对夫妻共同债务的认定和承担做出了明确的规定：

1. 有共同的意思表示，才能认定为共同债务。具体的表示形式，可以是共同签字，也可以是事后追认。

2. 债务的用途应限于家庭日常生活。

3. 超出家庭日常生活所需的债务，由债权人举证该债务系用于夫妻共同生活、共同生产经营或者基于夫妻双方共同的意思表示。

结合上面田女士的案例而言，如其是发生在新的解释施行之后，因司法实践中的认定标准已经发生改变，则大概率事件是这些债务会被法院认定是孔先生的个人债务，与田女士无关。

---

①《婚姻法司法解释（二）》第24条："债权人就婚姻关系存续期间夫妻一方以个人名义所负债务主张权利的，应当按夫妻共同债务处理。但夫妻一方能够证明债权人与债务人明确约定为个人债务，或者能够证明属于婚姻法第十九条第三款规定情形的除外。"

第四节　给子女的另一半：是祝福，不是金钱

一、你和子女的另一半，是什么关系

随着子女渐渐长大，他 / 她们会进入恋爱和婚姻关系，我们的家庭生活中会出现一个非常重要的角色，即子女的另一半。特别是当子女步入婚姻殿堂之后，我们和子女的另一半之间的关系，就不仅局限于亲情上，更上升至法律层面了。下面，笔者先带大家认识一下我们和子女的另一半之间到底是什么关系。

亲情上，我们俗语常说：入了一家门，就成了一家人。的确，在子女结婚以后，子女的另一半也会叫我们爸爸妈妈。生活中，有可能他们陪伴我们的时间，比子女陪伴我们的时间更长。当然，我们与他们之间也很有可能发生各种各样的矛盾，婆媳矛盾就是其中最典型、最普遍发生的。

那么回归到法律层面上，我们和子女的另一半究竟是什么关系呢？

（一）姻亲关系

所谓姻亲关系，是和血亲关系相对应的，是由于婚姻关系的建立而发生的。最常见的姻亲关系如公公婆婆与儿媳、岳父岳母和女婿，这种姻亲关系是建立在对方与自己的血亲是配偶关系的基础上。相应地，如果对方与血亲之间的配偶关系不复存在的话，这种姻亲关系也就随之不复存在了。比如，如果儿子和儿媳离了婚，那么公公婆婆与儿媳之间就不再具有亲属关系了。

（二）互相之间并无法定的扶养、赡养义务

这里我们仍然以公公婆婆与儿媳之间的关系来做例子，即便是在儿子和儿媳的婚姻关系存续期间，作为姻亲关系的公公婆婆与儿媳之间也并不存在直接的扶养或者赡养的义务，根据我国《婚姻法》的规定，父母对子女有抚

养教育的义务；子女对父母有赡养扶助的义务。① 由此可见，虽然在子女结婚之后，对公公婆婆或者岳父岳母也尊称为“爸爸妈妈”，但基于双方是姻亲关系，所以彼此之间并没有直接的权利义务关系。

（三）可在特定条件下成为我们的法定继承人

如上所述，姻亲关系的公公婆婆与儿媳之间，或者岳父岳母与女婿之间，尽管彼此并没有直接的权利义务关系，但是中华民族的传统文化提倡尊老爱幼，这其中就包含了尊重和善待与我们仅仅是姻亲关系的长辈。这一点，也得到了法律的肯定，我国《继承法》就明确规定了丧偶儿媳对公、婆，丧偶女婿对岳父、岳母，尽了主要赡养义务的，应作为第一顺序继承人。② 这充分体现了法律对中华民族传统文化的认可和肯定，同时也是对有辛苦付出、照顾老人的一方的褒奖和回报，体现了权利义务相一致的法律原则。

二、你和子女的另一半，常见的问题和争议

前面我们已经讨论过你和子女的另一半，在法律上究竟是什么关系。那么现实当中，双方发生问题争议的场景主要有哪些呢？

（一）子女离婚或恋人分手，令父母财产受损

案例 17

子女离婚，父母面临人财两空？

在如今房价飞涨的年代，王先生一家的遭遇可以算是非常具有代表性了。王先生与太太都是工薪阶层，好不容易盼着儿子小王大学毕业、也在大城市找到了相对稳定的工作，感觉终于能够松一口气了。

---

①《中华人民共和国婚姻法》第 21 条第 1 款：“父母对子女有抚养教育的义务；子女对父母有赡养扶助的义务。”

②《中华人民共和国继承法》第 12 条：“丧偶儿媳对公、婆，丧偶女婿对岳父、岳母，尽了主要赡养义务的，作为第一顺序继承人。”

工作两三年之后，小王和单位的同事彭小姐对外宣布恋情，过年的时候，小王也带彭小姐回家给王先生夫妇拜年。彭小姐是在小王工作的城市长大的女孩，人看起来挺乖巧，家庭条件也不错，王先生夫妇很开心，心想着把儿子的婚姻大事解决后，夫妇两人就可以安心养老了。见父母开心，小王提出女方的爸爸妈妈希望男方家里能够准备一套婚房，解决小两口未来的居住问题。虽然经济上并不宽裕，但是想到自己就这么一个儿子，不能让他被未来的岳父岳母瞧不起，王先生夫妇咬咬牙、拿出了自己大半辈子的积蓄一共人民币150万元，交给小王作为买房的首付款。另外，以小王的名义向银行贷款350万元交清了房款。房子交付以后，王先生又亲自监工、出钱出力地搞装修。四个月之后，一切准备就绪，小两口顺利地领证结婚，也搬入了新居。

婚后，虽说是以小王的名义向银行贷款，但毕竟还款的压力很大，王先生夫妇体恤儿子，隔三岔五地给儿子转账、帮他偿还银行贷款。一年后，媳妇彭小姐怀孕了，临生产之前，王先生夫妇从老家赶来照顾儿媳妇。没过多久，儿媳妇顺利地产下了一个女婴，家庭有了第三代。

这原本和和美美的一家人，自从住在一起之后便矛盾重重：先是彭小姐抱怨王先生夫妇的饮食习惯与自己格格不入，做的饭菜不是太咸就是太油；孩子出生之后更是嫌弃王先生夫妇照顾孩子的方式不对、办法不科学等。一开始考虑孩子年龄小，小王尽量让着彭小姐，也在彭小姐和自己父母之间做和事佬。但时间一长，小王也按捺不住，小家庭里争吵不断，王先生夫妇无奈之下，只得离开回了老家。人虽然回去了，但是心里百般放不下，一方面心疼刚刚几个月大的孙女，另一方面也担心小两口的日子能不能过得下去。

果不其然，回到老家没多久便传来小夫妻俩要闹离婚的消息，王先生忧心忡忡地找到律师咨询。原来，婚前买房的时候，为了让彭小姐高兴，房产证登记的是两个人的名字，但是彭小姐本人和女方家里并没有出过一分钱，现在双方闹离婚，彭小姐提出房子要一人一半，如果男方要房子，就要按照现在的市场价值补偿一半给她。王先生想不通的是：儿媳妇对房子没有任何的经济贡献，应该取得房屋的份额吗？另外，从买房到现在，几年间房子价格上涨了近50%，自己和老伴为孩子买房已经倾尽了所有积蓄，现在房屋价格上涨这么多，如果还要补偿对方一大笔钱的话，老两口也实在没有这个经济能力了。

上面这个案例，在当今“80 后”“90 后”的年轻人群体中发生的概率特别高。由于房屋价格高企，年轻人在面临结婚成家、需要购置房产的时候往往需要依赖父母的经济帮助。而依照中国人的传统，父母对子女也从来都是倾尽所有、不计回报地给予支持；而且，在父母为子女提供购房等经济支持的时候，也往往是小夫妻感情处在蜜月期的时候，大多不会想到要为今后可能发生矛盾而留存证据；或者即使想到了，也会因为担心“这样做会不会伤害双方的感情”而放弃了念头。结果，就会出现上面案例当中王先生夫妇所面临的情况，父母拿出毕生积蓄支持儿子结婚买房，一旦双方发生矛盾离婚时，不但子女的家庭散了，父母的钱也很有可能打了水漂。

（二）子女遭遇意外，家族第三代的监护权之争

众所周知，我国实行了很长时间的计划生育政策，国家倡导一个家庭只生育一个孩子。这导致了当前社会中适婚年龄阶段的人群中（主要包括 70 年代、80 年代和部分 90 年代出生的人），相当一部分都是独生子女家庭。可想而知，一对来自独生子女家庭的夫妻结婚后，如果也只生育了一个孩子，整个家庭就形成了一种非常典型的倒金字塔结构。

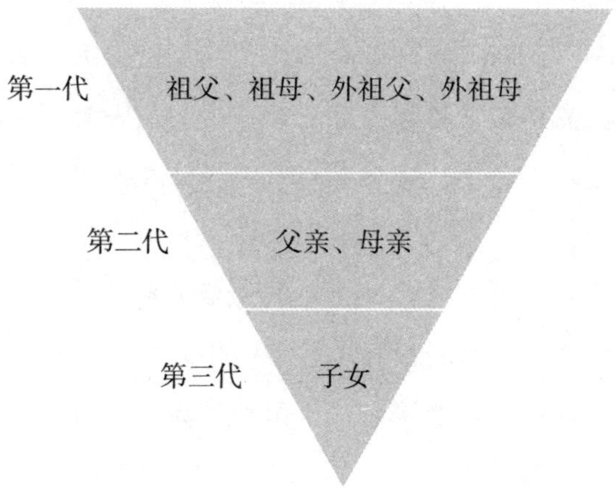

不难看出，整个大家庭的关怀和希望最终都会落脚在家庭的第三代身上。在这种情况下，如果作为第二代的子女一旦出现任何的意外情况，家族的这个唯一的第三代也必将成为各方努力争抢的对象。近年来，实践中不乏这样的案例：

案例 18

爷爷奶奶 VS 妈妈，两边都是爱，我该怎么选？

金老先生夫妇都是大学的教授，儿子小金从小就是个学霸，大学毕业后便顺利地进入当地的科研院所工作。儿媳小米是小金在大学的师妹，在校期间就是校学生会的骨干，毕业之后进入外企工作，由于天资聪颖再加上勤奋努力，不久就被公司擢升为部门负责人。小两口的感情很好，忙碌的工作之余，两人也时常去旅游散心，小金是个摄影爱好者，喜欢和一群志趣相投的朋友相约去到一些人迹罕至的地方，拍摄当地的美景。

两人结婚五年后，家族的第三代小小金出生了。为了方便照顾，金老先生夫妇搬去和小两口住在一起，儿媳小米升职后工作更加忙碌了，金老先生夫妇成了小夫妻俩最坚强的后盾。每天忙着照顾小孙子，虽然很辛苦，但是两位老人家乐在其中。小小金健康活泼，又聪明好动，是整个小区里的小明星。小米对金老先生夫妇非常感恩，逢年过节总是买礼物送给老人家，表达自己的心意。

然而，就在小小金刚上幼儿园的那年，外出摄影采风的小金遭遇了交通事故不幸去世了。突如其来的打击令金老先生夫妇一时无法接受，幸好，身边还有个活泼可爱的小孙子，每每看到他，两位老人才觉得生活还是充满了希望。

小米也花了很长一段时间才接受丈夫意外去世的事实。其间，为了避免睹物思人，小米向公司申请到国外工作了一年时间，这期间，她本想把小小金也带在身边，顺便也让儿子适应一下国外的环境，看看将来是不是要带着儿子到国外生活。但看到两位老人悲伤的样子，又不忍和他们提出，便独自在国外待了一年。

回国之后，小米回到金老先生夫妇家中，欣喜地发现两位老人的精神状态好了许多，小小金也长高了不少，好像也更加懂事了。但同时，小米也留意到，两位老人对待她的态度也有了些微妙的变化，既很亲切但仿佛又有点陌生，觉得好像还是一家人、但隐约又有说不清的距离感。犹豫了好一阵子，小米还是开口向两位老人家提出了自己的想法：希望带小小金和自己一起生活，两位老人家随时都可以来探望孩子。但没想到的是，本以为顺理成章的要求却被两位老人家一口回绝了。虽然言语上很客气，但小米还是听得出他们是担心自己回头另外嫁人，会让小小金受苦。老人家还说孙子自打出生就是由他们照顾的，怕小米会带不好。

两位老人家的说法让小米觉得很委屈：毕竟孩子是自己的，老人家只是帮忙照顾，现在怎么反客为主了呢？另外，将来要不要结婚，那更加是自己的事情；至于再婚了就会对孩子不好，这样的说法更让小米觉得可笑。

后来，小米又找两位老人家多次协商，甚至也请金老先生学校的老同事和朋友出面帮助进行沟通，但两位老人家无论如何都不同意让小米把孙子带走，后来干脆把家中的门锁也换了。

无奈之下，小米只好向法院起诉，要求确认自己对儿子的监护权，并要求金老先生夫妇把儿子交给自己抚养照顾。

前面我们说过，倒金字塔形的家庭结构决定了三代单传、一个大家庭只有一个第三代，全家人都呵护备至。特别是家中的老人，从小帮忙照顾（外）孙子女，倾注了大量的心血；而（外）孙子女也在很大程度上成为他们的精神支柱和快乐源泉，就像案例中的金老先生夫妇，一朝遭遇变故，痛失爱子，势必会将所有的精神寄托都放在孙子的身上，这也就难怪他们会对儿媳妇提出那样的要求，虽然于法无据，却在情理之中。

三、如何正确面对子女的另一半：送上爱与祝福，避免纷争和矛盾

每一对父母在面对自己子女的另一半的时候，都会由衷地送上爱与祝福。但通过前面的案例和分析我们可知，纵然心意是极好的，却丝毫没有抵御风险的能力，到头来难免会落得人财两空的局面。那么，应该怎么做，才

能避免发生纷争和矛盾呢？

（一）为子女结婚成家、创业、买房进行出资在所难免，但要提前用法律的形式明确出资的性质

父母出钱，帮助子女买房、装修、创业等，这种出资行为的法律性质到底是什么？是父母不计回报的赠与行为，还是父母对子女的借款？如果父母出资帮助子女创业，父母的钱能算投资吗？所有的这些，如果在行为发生时没有明确的约定，后期发生纠纷时，再想要补正的，往往非常困难。实践中，家事律师在处理婚姻案件时，经常会碰到父母对子女的出资（尤其是给子女买房的出资）如何主张的问题，绝大部分的情况下，出资的当时并未书写任何的书面凭证，可想而知，如果出资人的子女一方在离婚诉讼当中主张将其作为夫妻共同债务的，夫妻另一方势必不会认可；那么此时，父母挽回经济损失的方式就只能是以自己的名义起诉自己的子女和子女的配偶，要求他们对债务承担连带偿还责任。但即便是另案起诉，为子女出资的性质和出资的具体情况，也仍然是法院审查的重点。很多的案件中，为了进行补正说明，倒签日期、补写借条，找来一大堆的证人说明若干年前的情况等，不一而足，场面被动不说，能否获得法院的认定，从目前的司法实践来看，仍在两可之间。

因此，笔者在此提示各位亲爱的读者，在为子女出资、表达父母的爱与祝福的同时，也要与子女妥善地协商确定出资的性质，并用法律协议的形式将其明确地固定下来。若确定是借款的，由父母和子女共同签署《借款协议》，如借款行为发生时子女已婚的，《借款协议》应由子女及其配偶共同签署；若确定是赠与的，特别是父母的意愿是赠与给自己子女一方的，则应签署《赠与协议》，明确赠与的具体事项以及仅赠与给自己子女一方且与其配偶无关的意思表示。相应地，如果父母的出资意愿是投资，则更应当与子女以及其他的项目投资人共同签署《投资协议》等相关法律文书。

（二）除了提前明确出资的性质之外，保留出资的凭证也非常重要

实践中，笔者处理过的大量案例情况都非常复杂，尤其是涉及父母出资

为子女买房的场合，因为房屋价格高企，即便是父母帮助、也往往是采取分期付款的方式购房，再加上房屋购买过程当中需要支付大量的其他费用，同时如果后期的银行按揭款也是按月支付的，就会令房屋的出资情况异常复杂；相应地，后期证明起来也会面临巨大的困难。另外，父母出资的资金来源也可能非常的多样，除了分期分批取出自己名下的银行存款之外，也有可能以自己的名义对外借款应急，笔者在实务中还碰到过父母请亲戚朋友帮忙以现金或者是银行转账的方式为子女购房支付款项的情形。基于现实中这些复杂的情况，在夫妻双方因离婚发生争议的时候，为了证明父母确有出资以及到底出资了多少钱而寻找证据，可谓一个非常复杂和痛苦的过程。因为时间跨度大、证据保存不易，往往会给案件的处理带来更多的不确定性。

因此，除了提前明确出资的性质之外，有意识地保留出资凭证，也是非常重要的一点。关于保留出资凭证的方法，笔者结合自己的实务经验，提示各位父母在为子女出资的时候，尽量采取银行点对点转账的方式来进行，避免因为一时的操作方便，或者为了节省手续费等原因，采取现金存款，或者现金交付子女的方式，因为这些方式会使得出资的证据在日后难以取得和保存。

（三）即便是白白赠送（赠与）给子女，也要有技巧

父母给子女出资的性质，除了我们前面提到的借款、投资之外，当然有可能是不计回报地白白赠送，即法律意义上的赠与。显而易见的是，父母赠与的对象，即便是在子女的婚姻关系存续期间，也往往是自己的子女一方。但是根据我国《婚姻法》的规定，如果父母在赠与的时候，没有明确表示是赠给自己子女一方的，则法律上把这种赠与推定为是给双方的。①

所以，笔者建议，如果父母的意愿是将财产赠与自己的子女个人，那么在赠与行为发生之前，至少要做到与子女签署一份明确的《赠与协议》，将自己的意愿表达清楚。同时，法律也认可以其他的方式来推定父母对子女的

---

①《中华人民共和国婚姻法》第 17 条第（四）项：“夫妻在婚姻关系存续期间所得的下列财产，归夫妻共同所有：（四）继承或赠与所得的财产，但本法第十八条第三项规定的除外。”

赠与意愿。例如，《婚姻法司法解释（三）》第 7 条规定：婚后由一方父母出资为子女购买的不动产，产权登记在出资人子女名下的，可按照《婚姻法》第 18 条第（三）项的规定，视为只对自己子女一方的赠与，该不动产应认定为夫妻一方的个人财产。但就目前的司法实践来看，有确定保障的也仅限于这种有明确法律规定的情形，若非如此，在发生争议的时候，仍然会存在双方各执一词、争执不下，而父母的赠与意愿旁落的情形。因此，慎重起见，明确赠与意愿、签订《赠与协议》仍然是必不可少的。

（四）希望在自己身后将财产定向传递给子女个人，一定要提前筹划安排

除了上面描述的几种情形之外，我们还需要考虑在自己百年之后传承意愿如何实现的问题。不知大家是否还对本书第一篇当中周小姐“用抚养权换回的遗产”的案例记忆犹新？周小姐是父母的掌上明珠，父亲去世的时候一定是想把最好的留给周小姐，然而遗憾的是，父亲的美好愿望只是停留在了自己的脑海里，没有把它用遗嘱的形式记录下来。这样的一个小疏漏，直接导致了父亲留下的遗产被认定为周小姐和先生的夫妻共同财产，也间接导致了在其后的离婚诉讼以及抚养权争夺中，周小姐为了保住财产而被迫无奈放弃女儿抚养权的尴尬局面。

可见，要实现身故后财产定向传承的目的，提前筹划和安排是必不可少的。其中，设立一份遗嘱可以算是最简便易行的操作了。与此同时，如果在财富传承方面还有其他的想法和诉求，则可以配合本书其他章节介绍的财富传承工具进行综合运用。

（五）希望在自己身后将财产定向传递给第三代，也要有章法

我们在前面介绍过，由于受我国实行多年计划生育政策的影响，家庭结构呈现出非常明显的倒金字塔现象。绝大部分的家庭当中，祖孙两代人之间的感情非常深厚，许多长辈也希望能够在自己身后将财产全部或部分传递给第三代。笔者提示，隔代传承也要有章法。

我们都知道，按照目前我国《继承法》的规定，（外）孙子女并不在祖

父母、外祖父母的法定继承人序列当中。因此，祖辈如果想把资产直接传承给（外）孙子女的话，除了可以考虑在生前将财产赠与给（外）孙子女之外，还可以通过申请设立遗嘱、以遗赠的方式向（外）孙子女定向传承资产。如果采取这种方式，则除了遗嘱的内容和形式需要符合相关的法律规定之外，还应当注意所遗赠财产的保管以及遗嘱的适时披露等问题。因为按照我国《继承法》的要求，（外）孙子女作为受遗赠人，应当在知道受遗赠后两个月内，做出接受和放弃受遗赠的意思表示。到期没有表示的，法律上将视为其放弃受遗赠。①

可见，为人父母不容易，与子女的另一半和平相处、彼此增益也并非易事。俗语说，"一个女婿半个儿"描述的虽然是姻亲关系，但是因为彼此在生活当中非常贴近，所以子女的另一半真的有可能是除了自己子女之外最亲近的人。与子女的另一半还是一家人时如何相亲相爱，即便不是一家人了，如何实现和平相处，而不是刀兵相见，也极大地考验着我们的法律智慧呢。

第五节　孩子，我最想留给你的，是爱

子女是父母心中最强的羁绊，父母对自己子女的情感，可以说是这个世界上最无私的情感。如果可以，父母一定希望将自己最好的东西留给孩子，这也才有了我们整本书研究的主题——财富传承的存在和意义。

一、继承的一般法律规定

人类的财富在代与代之间一般是由上而下传递，在父母与子女之间，首先需要探讨的是子女对父母财产的继承问题。根据我国《继承法》的规定，

---

①《中华人民共和国继承法》第 25 条："继承开始后，继承人放弃继承的，应当在遗产处理前，作出放弃继承的表示。没有表示的，视为接受继承。受遗赠人应当在知道受遗赠后两个月内，作出接受或者放弃受遗赠的表示，到期没有表示的，视为放弃受遗赠。"

子女对父母的财产继承，主要通过以下两种方式实现：

（一）遗嘱继承

明确父母对子女的传承意愿，遗嘱是最简单有效的工具。即便是父母只有一个孩子，也并不存在父母的财产无论在任何情况下都会全部传承给自己子女的情形。因此，为了避免不确定的情况发生，提前设立有效的遗嘱，是非常必要的。总的来说，遗嘱至少可以起到以下几个方面的作用：

1. 遗嘱可以起到财产清单的作用

人的一生很漫长，创造财富也是一个不断累积的过程。无论是谁，都很难一下子非常清晰地将自己一生当中所创造的全部财富明确无误地罗列出来。自己的财富尚且如此，更何况是我们的子女呢？中国家庭的父母还有一个传统，那就是不希望过早地让孩子接触到家庭的财富，担心孩子会注意力偏离，或者觊觎父母的财产而不再努力奋斗了。因此，父母们总是习惯于等孩子足够大了或者等自己的身体出现比较严重的不良状况的时候再向孩子交代财富传承的相关事宜。也正因如此，实践中出现了很多未能如愿的情形。所以我们说，订立遗嘱其中的一个作用是可以通过书面的方式将父母的财产罗列清楚，有哪些财产、价值多少、由谁保管、将来打算传承给谁，清清楚楚明明白白。

实践中的反面例子有很多，相信大家对著名的相声表演艺术家侯耀文先生的遗产继承纠纷还记忆犹新吧。由于侯先生走得突然，生前并未对自己的财产情况进行过明确梳理，导致在其去世之后，家人朋友之间围绕着侯先生的遗产有哪些、债务有哪些，该怎么处理等问题产生了巨大的争议。试想，如果侯先生生前能够对遗产列出明确的清单，或许就能避免这场旷日持久的家族纷争了。

2. 遗嘱可以解决定向传承的问题

相对于法定继承而言，遗嘱继承可以确保被继承人将财产传递给自己属意的继承人。要理解这一点很简单，大家想一想古代封建帝王在自己众多的子嗣当中挑选王位的接班人、传承江山社稷的故事就行了。古代的帝王都有一个大家庭，而最令自己满意的儿子只有一个，怎样才能确保把自己的王位传给这个儿子，就是我们这里所说的定向传承的问题了。老皇帝不仅要事先立下遗嘱，说明要把王位传给哪个儿子，同时为了确保其他的儿子和大臣不来捣乱，还要给事先立下的遗嘱“加保险”，比如挑选能干的大臣组成一个团队，来辅佐自己指定的儿子，确保他能登上皇位、守住江山。

3. 订立遗嘱的过程也是发现财富传承当中存在的问题、及时解决问题排除风险的过程

前面我们说了，订立遗嘱的目的是实现财富的定向传承，为达到这个目的，我们要先梳理财产，并且明确这些财产的传承对象。在这个过程当中，一些我们自身存在的财富管理和安排当中存在的问题就会凸显出来，这些问题不解决，我们的财富传承就存在风险。举个例子，因为现在许多城市都实行房地产限购政策，很多家庭为了投资、用他人的名义购房，这些资产未来都会成为财富传承过程中的障碍，及时发现，就可以尽早地予以排除。

再举个例子，我们在前面的章节中也提到过，根据我国《婚姻法》的规定，夫妻一方在婚姻关系存续期间继承所得的财产，原则上属于夫妻共同财产。要想突破这一法律原则性规定，也需要用遗嘱的形式对财产的传承对象加以明确规定。

（二）法定继承

在没有提前设立遗嘱，或是设立的遗嘱因某种原因无效的情况下，财富的传承将按照法定继承的方式来处理。在法定继承的场合，经常容易发生混淆的是法定继承人的范围问题。根据我国《继承法》的规定，法定继承人包括以下两个顺序的亲属范围：

第一顺序的法定继承人包括：配偶、父母、子女。

第二顺序的法定继承人包括：兄弟姐妹、祖父母、外祖父母。

其中，第一顺序和第二顺序的法定继承人是不能同时继承遗产的，也就是说，只要有任何一个第一顺序的法定继承人在世的，遗产就只能由第一顺序的法定继承人全部继承。只有当第一顺序的法定继承人已经全部去世或全部丧失继承资格的情况下，遗产才由第二顺序的法定继承人来继承。此外，

在继承的份额上，同一顺序的法定继承人之间，继承的份额一般应当均等。[①]

在笔者日常处理的财富传承案件当中，有相当一部分被继承人并没有设立遗嘱的安排，财富传承完全依靠法定继承。有一起案件令笔者印象尤其深刻，被继承人唐先生是一位企业家，在第一次婚姻关系当中生育了两个女儿，后来又和第二任太太收养了一个儿子，没过多久唐先生去世了，他的第二任太太把持遗产，拒绝分配。两个女儿无奈向法庭起诉，被告是唐先生的第二任太太和他们收养的儿子。庭审过程当中，法院了解到唐先生的母亲是在唐先生去世后的第二年才过世的，于是，法院追加了唐先生的四位兄弟姐妹作为案件的共同被告。由于兄弟姐妹们分散在境内外各地，因此案件光是送达就花了好长时间。好不容易案件顺利开庭了，谁知，就在法院判决之前，消息传来，唐先生兄弟姐妹当中的一个妹妹又不幸去世了，因此案件的流程又要重新来过。这样的结果，对案件的各方当事人来讲，恐怕都是不想看到的；但是，又是谁都无法预料的。

二、有爱的传承，需要提前安排

如前所述，父母对子女的财富传递，财富只是载体，父母最想传递给子女的，是他们的爱和对子女未来幸福生活的美好祝福。为了实现这种爱的传承，法律的保障是必不可少的。那么，究竟如何才能为爱的传承提前做好法律安排呢？笔者认为，至少要做好以下几个方面：

（一）爱的有效传承，遗嘱是最低标配

前面我们讲到，设立遗嘱有很多好处：遗嘱可以起到财产清单的作用，可以帮助我们实现财富的定向传承。此外，设立遗嘱的过程还是一个风险排查的过程，我们可以及时发现我们的财富管理安排当中是否还存在一些疏漏需要我们及时进行计划和调整。同时，设立遗嘱还具有简便易行、成本低廉的特点，应当成为我们每个家庭在解决财富传承问题时的标准配置。

---

①《中华人民共和国继承法》第 13 条第 1 款："同一顺序继承人继承遗产的份额，一般应当均等。"

当然，我们说遗嘱简便易行、成本低廉，并不是说遗嘱的设立没有要求，不代表我们随随便便把自己的意愿书写下来就能够获得法律的认可。相反，我国的法律对于设立遗嘱的程序性要求和实体性要求均有明确的规定，为确保遗嘱的有效性，我们应当认真研究并且严格依照法律的相关规定来设立遗嘱。

（二）设立遗产管理人和遗嘱执行人

设立了有效的遗嘱，并不意味着万事大吉了。因为遗嘱的设立距离遗嘱的生效以及真正落地实施到位往往还有一段很长的时间间隔。在这个过程当中，如何有效地管理遗产，确保遗产的安全、保值增值；如何妥善地保管遗嘱，使得在继承开始之后，遗嘱能够及时地被公布并得到有效实施，这些问题都与财富传承的意愿最终能否实现息息相关。

我们先来说说遗产管理人的问题。在设立遗嘱之后，我们应当为遗产明确制定管理人，因为财富的多样性，遗产的管理人可能是一个或者多个主体，举个例子，被继承人有收藏艺术品的爱好，被收藏的艺术品当然要列入被继承人的遗产清单之内，但是这些艺术品有可能被置于博物馆进行展览，也有可能交付给拍卖行进行拍卖，因此对于这类遗产，被继承人可以设定某个特定的主体，比如某博物馆作为遗产的管理人，如被继承人去世，则管理人在该遗产依照被继承人的意愿转移给特定的继承人之前，有对该遗产进行保管和保护的义务。当然这里所说的是狭义的遗产管理，从法律的角度而言，遗产管理人的职责还包括：清理遗产并制作遗产清单，保管遗产，处理债权债务，甚至按照遗嘱或者法律规定分割遗产等内容。

与此类似，还有遗嘱执行人的设置。在我国目前的法律体系当中，对如何区别遗产管理人和遗嘱执行人并没有明确的规定。遗嘱执行人，顾名思义，是指接受被继承人的指定，或者经继承人推选产生的，在继承开始以后，负责查明遗嘱效力，公开遗嘱内容，清理和管理遗产，确保达成遗嘱人意愿的个人或机构。从法律职能上看，遗嘱执行人与遗产管理人所发挥的作用有类似的地方。

笔者在这里之所以强调被继承人在设立遗嘱的基础上，还要另行指定遗产管理人和遗嘱执行人，其目的均在于能够使遗嘱在有效设立的前提下其执行也能得到充分的保障。这样，才能够有效避免遗嘱人意愿落空的风险。

（三）结合家庭财富的情况，综合运用其他财富传承工具

对于相当一部分中国家庭而言，通过设立和执行遗嘱，可以达到财富有效传承的目的。但是，在有些情况下，特别是当家族财富金额巨大、涉及的种类特别多样、法律关系较为复杂或者被继承人有特殊的传承目的时，仅仅通过遗嘱，还不能够有效地达成整个家族财富传承的目的。

下面以笔者团队曾经服务的一个家族为例：

宋先生是当地一位颇有名气的企业家，和田小姐一起生活了多年，生育了一子一女，但是出于某些特殊原因，两人一直未办理结婚登记手续。后来，两人之间生了嫌隙，到了要分手的地步。由于两个孩子长期由田小姐负责照顾，因此两人商定分手之后继续由田小姐抚养子女，宋先生支付抚养费。但是针对抚养费的支付方式问题，双方发生了争议：田小姐希望能够一次性拿到孩子的所有抚养费，但是宋先生担心如果一次性将费用支付，会不会被田小姐截留或者滥用、而不用在孩子们身上？同时，田小姐还私底下跟律师表达了她的另外一个担心，那就是她一方面舍不得孩子，怕把孩子交给宋先生对方没时间照顾，或者照顾不好，但同时也担心两人分手后孩子们与父亲的接触相对变少，父子（女）之间的感情会不会变得疏远，从而影响孩子们将来继承父亲的家业和财富？

在笔者看来，两人的顾虑都有一定的道理：既然要分手了，肯定各自都会从自己的角度出发考虑问题，那么律师团队需要做的就是帮助他们找到一套解决方案，以确保他们双方的顾虑都能得到解决。后来，经过反复磋商，田小姐与宋先生采纳了律师团队提出的由宋先生出资为田小姐以及两个子女设立一个家族信托的方案，田小姐及两个子女每年可从信托当中领取固定的生活、医疗和教育费用；待子女到了创业或者婚嫁的年龄，也分别可以从信托当中领取到一笔金额不菲的创业基金和婚嫁金。这样的方案，既可以使田小姐以及两个子女的生活得到保障，不必担心与宋先生之间的情感纠葛会影响对方定期、足额地支付自己和孩子的费用；此外，即使日后宋先生的事业

遭遇波折，也不会影响自己和孩子的生活质量。另外，这个方案也解除了宋先生的担忧，放在信托里的钱可以确保专款专用，既不会被田小姐擅自挪用，也不用担心孩子们少不更事一下子得到了大笔的钱财会拿来挥霍，甚至被他人欺骗带来更加严重的后果。

关于财富传承法律工具的综合运用，我们将在后面的章节当中详细地讲述，这里我们就不再展开。

（四）比传承财富本身更重要的，是家族精神的传承

洛克菲勒家族是全球知名的名门望族，他们最为世人所津津乐道的，除了富可敌国的财产之外，更重要的是整个家族精神的延续性。要知道，洛克菲勒家族传承至今，已经进入第七代，拥有多达 170 名继承人了。之所以能够拥有这样的成就，在家族创始人约翰·洛克菲勒的眼中主要归因于家族精神财富的传递。

“你如果宣布精神破产，你就会输掉一切。”

——约翰·洛克菲勒

实际上，无论古今中外，不分贫穷贵贱，人们对精神财富传承的重要性一直是高度认可的。在中国的古代，人们通过家训家书的方式来教育下一代，传承家族精神；而上文提到的洛克菲勒家族对子女的教育方法也有异曲同工之处，老洛克菲勒不仅是一位成功的商人，也是一位教子有方的父亲。他一生当中给儿女们写了很多封信，其中为鼓励患有抑郁症的儿子小约翰戴维森·洛克菲勒的 38 封信流传最广，如今已经集结成册，发行于世。[①] 在这些书信中，老洛克菲勒不仅教育子女如何对待金钱、如何创造和积累财富，也和他们讲为人处事的道理，讲家族应当承担的社会责任。这种精神财富的传递是极为有效的，洛克菲勒家族就是一个很好的例证。

同时，精神财富的传递也是非常具有感染力的，它所带来的力量不仅是

---

① 北大光华高层管理教育：《美国富过 7 代的家族书信曝光：财富传承其实有秘诀》，网址：http: //www.sohu.com/a/280367374 654496，最后访问时间：2018 年 11 月 14 日。

作用于接受传递者本人，同时也可以对社会大众带来积极的影响和鼓舞。笔者还记得这样一个令人感动至深的场景，在2017年年初香港举办的音乐颁奖礼上，郑欣宜凭借金牌制作人黄伟文为她量身打造的歌曲《女神》，一举夺得“我最喜爱的女歌手”和“我最喜爱的歌曲”两项大奖，成为颁奖礼现场最耀眼的“女神”。为什么已经成名成家的黄伟文，宁愿推掉许多歌坛大佬的要约，专门为名不见经传的郑欣宜创作歌曲？在颁奖典礼的现场，登台为郑欣宜加油打气的黄伟文道出了其中的缘由。原来，这是因为郑欣宜的妈妈沈殿霞，也就是我们熟悉的肥姐多年前一次无心的善举所带来的福报。

二十年前，黄伟文还是一个名不见经传的电台DJ。一次，他被电视台邀请去参加一档节目，在等候室，人们穿梭往来，完全没人来搭理他，黄伟文就独自一人孤独地坐在角落里，瑟缩地等待着。这时，已经是巨星的主持人肥姐却专门走了过来，来到这个幽暗的角落，笑着询问他，说他的衣服真好看，是在哪里买的。黄伟文一时间受宠若惊，连忙回答。之后肥姐道了声谢走回台上，直到那时黄伟文才发现，肥姐是专门绕了一个大弯过来的。其实黄伟文明白，肥姐只是看他独自一人在那里没人搭理，有些不忍心，所以来关怀他，给他一点温暖。后来黄伟文就发誓，一定要报答肥姐这份善心。之后肥姐去世了，黄伟文却仍旧不忘这份恩情，眼见肥姐的女儿一直努力却不断沉沦，于是伸出援手，给她写了这首《女神》。[①]

这样的场景，不知道各位读者的观感如何，笔者的内心是深受触动的。虽然肥姐已经离开了多年，但是她仍然以这种独特的方式在传递着对女儿的爱，也传递着她对这个世界的爱与温情。

---

① 《难怪沈殿霞女儿会得奖，她当年留下的“遗产”起作用了！》，网址：https://baijiahao.baidu.com/s？id=1557099193866345&wfr=spider&for=pc，最后访问时间：2018年11月24日。

第二章
事业部分

第一节　从创业之前就开始打理你的财富

一、从创业的第一天就应该关注的财富问题

如今是一个全民创业的时代，身边的创业热潮涌动，加上国家政策法规的支持，使得创业本身好像变得越来越容易了。相比起若干年前，目前很多行业的门槛降低了，没有了严格准入的限制。设立公司的注册资金要求也下调，而且采用的是认缴模式，所以基本上可以认为只要你想创业，分分钟就能成立一家机构，施展你的抱负。当然，对于创业者而言，除了要实现理想之外，创造财富也是他们积极追求的主要目标之一。那么，哪些是创业者在管理财富方面容易出现的问题，这些问题又会对我们的财富管理和传承有什么影响？

（一）创业伙伴间的股权要怎么设置

股权设置是一门很复杂的学问，很多人对此有专门的研究，市场上也有很多的出版物和培训机构专门教创业伙伴之间应当怎么设置股权。股权的设置之所以如此重要，是因为它不仅代表了股东对企业利润的分配权，更重要的是，它代表了企业的决策权。对于创业企业而言，企业的经营决策权代表了企业的发展方向，是至关重要的。

各股东之间均分股权，是创业伙伴之间股权设置的大忌。在这种股权设置上栽跟头，最具有代表性的例子非“真功夫”莫属了。

刚开始创业的时候，蔡某标与潘某峰夫妻各持股 25%，小舅子潘某海持股 50%；2006 年蔡某标夫妻离婚后，潘某峰的股权归蔡某标，于是蔡某标持

股也达到 50%，与潘某海持股数相同。后来，“真功夫”迈入资本市场、成功融资后，蔡某标和潘某海的持股比例均被稀释至 47%。

蔡某标被捕前真功夫的股权结构

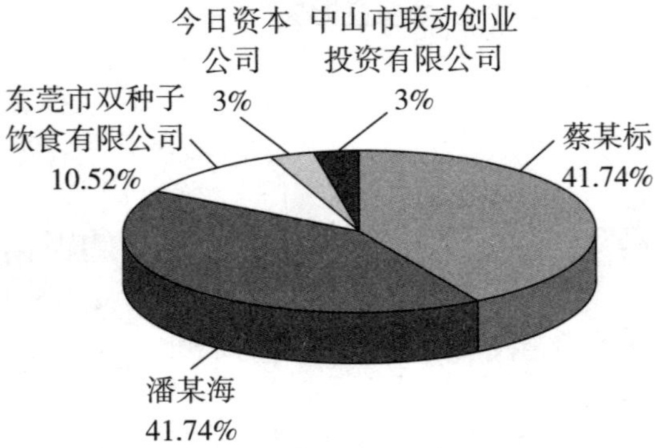

注：蔡潘两人各持有双种子50%股份，
蔡达标全资公司控股中山联动66.67%股份。

后蔡某标在投资人的支持下，力推去家族化改革，股东矛盾爆发。尽管投资人也想帮助“真功夫”改变股权结构，但他们没有等到这个调整，蔡某标已因股东争斗锒铛入狱，潘某海最终掌握公司控制权。

从“真功夫”的案例可以看出，各股东之间均分股权，是一件极其不明智的事情。发生在笔者身边的很多真实案例当中，当事人就是犯了与“真功夫”创始人类似的错误。一开始合作的时候，各方出于种种原因，没有花时间和精力去探讨出一个恰当的、权利义务相一致的股权比例，而是采用了最简单的方式追求股权比例看上去“最公平”，殊不知在后续的发展合作中合伙人之间会为此付出惨重的代价。

当然，现实当中也有一开始各股东之间均分股权，但后来随着企业经营阶段、经营规模的发展变化，公司及时对股权结构进行了调整进而避免纠纷出现的案例。

这个案例当中的主角，是我们非常熟悉的另一家餐饮企业——海底捞。

创业初期，“海底捞”的两对创始人夫妻患难与共，四人均分股权各占 25%。但随着公司的不断发展，各创始人对公司的投入度和贡献慢慢地发生了变化，再按均等持股的约定分配收益亦不合理。于是，创始人张某先让自己老婆回家，退出公司的经营；相应地，也要求另一位创始人施某宏的老婆离开海底捞核心岗位。后来，张某又从施某宏手中以原始出资的价格购买了其 18% 的股权，从而达到对公司的绝对控股。

同样是股权设置一开始存在重大的弊端，但两家知名餐饮企业后续发展的路径却各不相同。作为创业者，能够拥有像张某和施某宏那样的格局和眼光的，确属可遇而不可求。

那么，创业伙伴之间的股权究竟应该怎么设置？

首先，均分股权是要不得的，创业企业的优势往往在于机构的扁平化管理和高效率，均分股权势必造成管理决策上的僵局，企业的优势难以发挥，甚至会转变成劣势。其次，如果条件具备，建议确定一个核心的大股东，保障决策的高效和畅通。最后，要知道企业的股权设置是一个动态的过程，可以随着企业发展的不同阶段进行动态调整，如设立动态的股权激励措施，同股未必同权等。当然，股权设置的问题复杂，企业应当积极借助外脑，聘请专业的顾问帮助设计和实施股权方案。

（二）我的合伙人是我的太太：和配偶合伙的秘密

和自己的另一半合伙创业，这样的情形屡见不鲜。其好处一目了然，俗话说夫妻同心，其利断金。配偶之间是一个天然的利益共同体，特别是在创业之初，夫妻拧成一股绳，很少会出现像和其他人合伙那样心存芥蒂、彼此不充分信任的情况。在知名的企业当中，就有许多是典型的“夫妻档”，比如 SOHO 中国的张某和潘某屹、龙湖地产的吴某军和蔡某夫妇、当当网的俞某和李某庆夫妇等。这些企业在商业上所达到的高度与其他的非夫妻档的同类型企业并无二致，甚至有可能更成功。与此同时，因为主要合伙人之间的关系特殊，反而比同类型的一般企业更加吸引眼球，因为当今社会，人们对八卦消息的敏感和热衷程度有增无减。

比如，媒体曾无数次传出张某和潘某屹要离婚的消息，甚至有媒体爆料说他们已经离婚了。再比如，2018 年年初，在当当网面临是否被海航收购的关键时刻，媒体报道俞某和李某庆夫妇两人对收购的意见出现分歧，过程中，李某庆曾经发朋友圈写道：

“所谓的婚姻就是……有时候很爱他……有时候想一枪崩了他……大多时候是在买枪的路上遇到了他爱吃的菜……买了菜却忘记了买枪……回家过几天想想还得买枪……”

（图片来自网络）

这虽然是一个玩笑，但却非常清晰生动地描绘出一幅合伙人夫妻的生活和工作场景。如果说，和配偶做合伙人有什么秘密的话，笔者认为，那就是要把生活中的夫妻关系和事业上的合伙人关系区分开来。这当然是一个很高的要求，但是龙湖地产的吴某军和蔡某夫妇做到了。

龙湖地产有限公司，创建于1993年，成长于重庆，集团总部设在北京，员工人数过万，业务领域涉及房地产开发、商业运营和物业服务三大板块。创业之初，吴某军和蔡某夫妇是并肩战斗的事业伙伴，一起奋斗多年，把事业推上了一个新的高度。公司于2009年11月在香港联交所上市，在内地的房地产行业当中也算是佼佼者。根据胡润发布的《2012胡润富豪榜》及《2012胡润全球白手起家女富豪榜》，吴某军以三百八十亿元人民币的财富成为全球白手起家女首富，同时也是当年度中国女首富。

2012年年底，媒体报道吴某军和蔡某协议离婚，为当年的资本市场投下一枚重磅炸弹。人们自然而然会担心：两位公司的实际控制人离婚，会不会在市场上引发巨大波动，从而影响公司的正常运作、员工和投资人的利益呢？还好并没有。公司的发言人对外表示，自龙湖公司上市起，吴某军和蔡某的股权就一直分属两个信托持有，且蔡某从未在公司担任职务，因此离婚一事不涉及股权变动，对公司的运营也没有影响。发言人还称，作为大股东，两人未来将继续保持一致行动，在维护公司权益方面已达成共识。[①]

在笔者看来，婚姻也是一种合伙关系，如果感情不复存在，拆伙亦未尝不可。关键在于当两种合伙关系同时存在的时候，即便不能相互促进，互相之间不必、也不应该成为彼此的负累。

此外，还有一个值得重视的问题。那就是即便配偶另一方不是公司的合伙人，也并不意味着他（她）与公司的股份和相关权益没有任何关系。根据我国《婚姻法》规定的夫妻财产制度，在不存在夫妻财产约定的情况下，登记在夫妻任何一方名下的公司股权都有可能被认定是夫妻共同财产。即便股权是在一方婚前取得的，其在婚后所产生的收益，被认定为夫妻共同财产也是大概率事件。因此，如上所述，即便配偶不是你的事业合伙人，他（她）也是你的家庭合伙人，如果处理不好与这位家庭合伙人的关系，对方便有可能反过来对你的事业造成影响。一个最典型的案例是土豆网创始人王某因与妻子离婚，导致土豆网上市受阻的事件。

2004年王某用100万元人民币的启动资金创立了土豆网，视频分享网站在当时的中国还是屈指可数的，市场上也基本只有优酷网可与之竞争。经过几年的发展，土豆网逐渐壮大起来，在走向资本市场的路径上，王某选择了赴美国纳斯达克上市。然而就在赴美上市的前夜，意想不到的事情发生了，已经法院判决离婚的前妻杨某突然提起离婚后财产纠纷之诉，要求分割王某所持有的土豆网的股份，并申请法院对该股份进行冻结。

雄心勃勃即将奔赴资本市场的王某被迫被拉回到谈判桌前，与前妻就股份的处理及补偿事宜展开了为期数月的谈判。最终，事件以王某支付一笔价值不菲的补偿款给杨某而告一段落。令人遗憾的是，土豆网也因此错过了视

---

① 新浪财经：《女首富龙湖吴某军离婚丈夫分走超两百亿港元》，网址：http://finance.sina.com.cn/stock/hkstock/ggscyd/20121120/082113729358.shtml，最后访问时间：2018年12月2日。

频网站拥抱资本市场的风口，被自己最大的竞争对手优酷网捷足先登，占尽市场先机。这一惨痛的教训在业界广为流传，也成为婚姻家庭关系影响企业发展的典型案例。

（三）我是公司的股东，但是股东名册上没有我的名字

看到题目就知道这里我们要谈的是公司股份代持的问题。公司的股东由于某些特定的原因不能或者不愿意公开披露自己的股东身份，将自己的股份交由他人代持。无论是否是创业企业，公司股份代持的情况都普遍存在。在企业正常有序经营的情况下，这种状况也许尚且能够维持，然而一旦股东之间、股东与代持人之间，或者是股东、代持人甚至是利益相关人与他们的配偶之前发生矛盾，都可能会直接或间接地影响到代持关系的稳定，从而对公司利益产生影响。

以上关于股份代持的讨论还仅限于普通身份的人之间，如果代持人与被代持人之间还具有夫妻、父母子女或其他特殊利益关系的话，情况则会更加复杂。以笔者曾经处理过的家事案件为例，当中涉及股份代持的情况至少包括：

1. 股权作为夫妻共同财产的重要组成部分，由案外其他人代持，不实际参与公司经营的配偶一方不但在夫妻离婚案当中无法提出分割主张，即便是希望通过另案起诉先确认股东资格、再要求进行分割的方案，在实践操作中也面临重重困难。比如，在要求确认股东资格的诉讼当中，配偶一方并未实际参与公司的投资、经营，而实际参与投资经营的配偶另一方此时则多扮演利益相对方的角色，非但不会配合查明案件实际情况，反而可能会协助股份代持人为诉讼制造障碍。很显然，如果无法确认股东资格，配偶一方要求分割这部分共同财产的要求便会落空。

2. 还有一种经常发生的情况是，当代持人的婚姻关系出现变故，则有可能危及被代持人的财产利益。在我们曾经处理过的一起家事案件当中，弟媳因为发现弟弟有婚外情，起诉到法院要求离婚，在填报夫妻共同财产的时候将弟弟代哥哥持有的某公司的股份也一并列入了财产清单，要求法院将其作为夫妻共同财产进行分割。原本弟弟对妻子的离婚请求不以为意，但哥哥一

家在得知情况后如临大敌、紧急召开了家庭会议，最终说服了弟弟接受弟媳提出的多分财产的调解方案，才保全了弟弟名下代持的股份。

3. 另外一种复杂的情形是，当代持和继承交织在一起的时候。例如，被代持人意外去世，生前并未对股份的相关问题作出安排，那么被代持的这部分股份就有可能存在未被列入遗产范围，或者被代持人侵占的风险。同样地，如果是代持人意外去世，他（她）所代持的这些股份很有可能被当作他（她）的遗产进行分割甚至是转让。可以想见，在代持人和被代持人均在世的情况下，处理股份代持的法律问题就存在相当的难度和风险，如果再结合一方已经离世、无法表达自己的真实意愿的情形，问题的处理难度将进一步增大，甚至有可能陷入无解的局面。

二、尽早设立家庭财富与企业的防火墙和降落伞

众所周知，企业是财富创造的载体，无数优秀的企业家凭借自己的勤劳和智慧，缔造了许多成功的企业，也拥有了富裕丰盛的人生。其中的经验和智慧，值得我们再三学习。无可避免地，其中也有很多不足为外人道的经历和坎坷，我们无从得知。但我们至少可以从其中总结出如下的经验和教训，与各位读者分享。

（一）如何避免夫妻关系的变化对企业产生影响

对于夫妻共同参与经营的家族企业，夫妻拆伙，势必会对企业产生一定的影响。相信大家可能对资本市场上的天价离婚案记忆犹新，2016 年 9 月 13 日，京昆仑万维科技股份有限公司（证券代码：300418）发布公告称，公司董事长周某辉与妻子李某离婚，双方就公司股份分割达成约定，李某获得昆仑万维 2.07 亿股股份，以 9 月 12 日收盘价 25.33 元人民币计算，股权价值超过 70 亿元人民币。这个财产分割的体量，足以把李某也送上富豪排行榜的榜单。万幸的是，得益于公司实际控制人周某辉卓越的经营和投资能力，企业并没有因实际控制人离婚而走下坡路。

但实践中的许多企业家就没有如此幸运了，我们前面曾经提到过土豆网的创始人王某因为和前妻的一系列财产纠纷，导致土豆网赴海外上市受阻，

白白把大好的市场机会拱手让给了自己的竞争对手优酷。笔者也曾经代理过多起白手起家、共同创业的夫妻搭档的离婚案件，当事人为了争夺企业的控制权各出奇招，甚至不择手段，这样做也许能够暂时在局面上占据有利地位，但最终的结果一定是双输的，企业以及员工的利益也会在双方的争夺中受损。令笔者至今还记忆犹新的一起案件是某市的一家颇具规模的皮具生产企业，因为夫妻双方闹离婚，同时两人都想取得企业的实际控制权、各不相让，于是便上演了长达半年的争夺战：双方分别召集各自的亲属和员工亲信，企图控制企业的财务和供货渠道。在相当长的时间内，企业陷入一团混乱之中，员工们从一开始无所适从、到后来消极怠工，企业几乎毁于一旦。这样的案例，的确令人痛心。

当然，实践中也不乏处理得好的夫妻拆伙但不影响企业运作的榜样性案例，我们前文中提到的龙湖地产实际控制人吴某军女士离婚案，就是其中典型的代表。在笔者看来，这些成功案例背后的核心逻辑是一致的：首先是直面现实，勇于承认风险的存在，无论是婚姻关系、合伙关系，抑或是企业的经营，有好的时候，就会有坏的时候。而正确的做法，不是用利益和挫折考验人性，而应该提前为坏的时候的到来做好充分的准备。其次是运用什么工具和如何运用工具的问题。我们总结成功的案例，总能从其中找到许多正确使用工具的方法和经验。比如说善用协议工具，上市企业的实际控制人如果面临婚姻纠纷，往往在财产分割的同时会签订一致行动人协议，这就是运用协议工具保全企业控制权的做法；再比如，提前设立家族信托，一方面可以进一步完善企业的治理结构，另一方面也可以达到妥善处理家庭关系变动所引发的纠纷的目的。

（二）利用现代企业制度，尽早在企业财产与家庭财产之间建立防火墙，即便企业经营出现问题，也不会危及家人的正常生活

笔者曾经代理过不少这样的案例，他们共同的特点是创业者们全情投入于事业当中，他们太想把事业做好，以至于没有想过如影随形的风险以及可能会给自己和家人带来什么样的影响。

案例 19

辛苦经营十几年，家产却被儿媳妇分走?

许先生一家在某市经营药材批发生意，由于做人诚信，许先生家的档口在整个市场当中口碑一直特别好。老客户在许先生家的档口订购价值上百万元的货也从来都是一个电话就搞定了，碰上客户资金周转不灵的情况，偶尔赊账拿货，许先生也从来不放在心上。十几年下来，档口积累了一大批老客户。

最近这些年，随着互联网和移动支付开始全民普及，许先生也感觉到就连自己的这个小档口做生意的方式和以前也有些不大一样了。幸好儿子小许大学即将毕业，平时也能够帮帮忙。虽然小许对档口的生意不感兴趣，但对于那些许先生不懂的东西，儿子小许都“门儿清”得很，包括网上银行转账什么的，总之凡是跟互联网打交道的东西，许先生都交给儿子去做，自己仍然是全国各地跑，张罗采购和销售渠道的事情。

转眼间儿子大学毕业已经几年，有了稳定的工作，也结婚成了家。但没想到的是，稳定的日子没过两年，小两口便吵着要离婚。几经协商未成，儿媳便将小许起诉到法院，除了要求离婚之外，儿媳还提出要分割小许名下的两套房产。原来，许先生考虑到其他的投资渠道收益不稳定，这几年便用做生意积累下来的钱投资了两套房产，都登记在了儿子小许的名下。让许先生万万没想到的是，现在小两口要离婚，儿媳妇竟然提出了分割房产的要求。

为了保住自己多年经营的心血，在儿子离婚案件开庭的时候，许先生也以证人的身份出庭作证，希望能够向法庭说明这些钱是自己多年经营档口所得，钱的来源跟儿子并没有关系。之所以将房子都登记在儿子的名下，是因为自己和老伴儿都是外地户口，在本市不具备购房资格。

然而，许先生的观点最终没有能够获得法院的支持。法院认为，小许有参与档口的经营，理由是个体工商户的互联网宣传以及网上交易、转账等工作都是由小许在负责，而且使用的也是小许本人的账户，因此认定个体工商户是由小许和父母一起由整个家庭共同经营的。相应地，用经营所产生的收益购买的房屋登记在了小许的名下，应当视为家庭内部对于个体工商户经营收益的再分配，从而将这两套房屋均认定为小许在婚姻关系存续期间的夫妻共同财产，并判决房屋归小许所有，由小许按照房屋市场价值的一半补偿给对方。

对于案件的判决结果，许先生一家特别不能接受：毕竟自己勤勤恳恳地经营了十几年才积累下这些家业，儿媳妇只嫁进来不到3年的时间，就分走了自己差不多一半的身家，这显然太不公平了。

这样的案例在实践中屡见不鲜，确实值得引起我们的思考和重视。从许先生一家的案例当中，我们不难看出，企业的组织形式固然是形成眼前不利局面的一个重要原因，但在笔者看来，更重要的是当事人缺乏家业和企业应当分离的观念，认为家业即企业、企业即家业，殊不知这种混同会给自身带来无尽的麻烦。这种情况不仅存在于个体工商户，实践中不少规模较大的民营企业也会存在同样的问题，在经营过程中频繁地出现家业和企业互相“输血”的情况，当企业需要资金周转的时候，企业家会用家庭的重要资产做抵押、为企业向银行申请贷款，甚至有的还会将家庭重要资产变现以解企业的燃眉之急；而当企业经营良好、资金充裕的时候，企业家又会把企业的现金池当成自己的提款机，直接从企业账户转账或者是提现为家庭购置房产、车辆甚至是日常消费品。这样的操作方式，显然是漏洞百出的，无论是从企业管理、法律或者是税务等各个角度来说都存在着大量的不合规甚至不合法之处，一旦企业内部发生任何的纷争或者是被竞争对手等利益相关方所觊觎，都有可能给企业带来巨大的甚至是毁灭性的打击。因此，及早建立家业与企业之间的防火墙，让企业的归企业，家业的归家业，彼此联系、但相互之间又有着明确的边界，这样的话，任何一边发生问题不必然地波及另外一边，两边的抗风险能力都增强了。

（三）懂得未雨绸缪，即便是在企业运行平稳甚至是势头良好的时候，也随时做好应对风险和打击的准备

在这方面，不得不提国美集团创始人黄某裕先生的妻子杜某借用保险和信托等工具帮助企业渡过危机的例子。

黄某裕先生在1987年就创办了“国美电器”，截止到1999年，国美在全国88个城市开设了330家门店。2004年6月，国美电器以借壳方式在香

港上市。上市之后的国美更加一飞冲天，黄某裕也因此三度问鼎胡润富豪榜之大陆首富，在2006年的福布斯中国富豪榜上也排名第一。国美也一度成为中国零售业的霸主。

然而，风头正劲的这位传奇人物，在2008年遇到了人生中的重大转折点：2008年11月19日黄某裕以操纵股价罪被调查。2010年5月18日，北京市第二中级人民法院作出一审判决，以非法经营罪，内幕交易、泄露内幕信息罪和单位行贿罪判处黄某裕有期徒刑14年，罚金6亿元，没收财产2亿元。一审宣判后，黄某裕上诉至二审法院。北京市高级人民法院于8月30日对黄某裕以非法经营罪、内幕交易罪和单位行贿罪终审宣判，维持一审判决。

企业实际控制人锒铛入狱对国美的打击可谓是致命的，银行收缩信贷，不愿放款，供应商也不愿供货给国美。当时公司的现金流从100多亿元几年之内萎缩成10亿元，一时间面临着资金链断裂的风险。而此时，在企业CEO的位置上，还坐着一位致力于使国美“去家族化”的陈某。一时间企业可谓是腹背受敌、雪上加霜。面对纷涌而来催款的债权人，陈某提出的方案是建议找风投，用国美的股份换取现金，来解决短时期的资金不足。但是长远来看，这显然是一笔不划算的买卖。这时，黄某裕的妻子杜某站了出来，在很短的时间内就筹集了人民币2亿元，解决了企业资金短缺的问题，带领国美重新走上正轨。而今时今日，在香港上市的国美零售的市值已经超过了200亿元。

那么，之前一直隐身在丈夫黄某裕身后、相夫教子的杜某哪里来这么多钱呢？原来，杜某和丈夫黄某裕有一个约定，每年要拿出收入的固定比例交给杜某来进行管理，杜某就用这部分钱购买了保险和信托。没想到这些钱在企业面临生死存亡的时候，派上了大用场。

国美的这个例子，在笔者看来，与其说是保险或者信托工具发挥了重要的作用，不如说是杜女士拥有未雨绸缪的前瞻眼光，能够在企业看似平稳的发展过程当中预见到有可能存在的风险，并且恰当地选择运用合适的工具来抵御和对抗风险。从企业的规模量级来讲，国美可谓是航空母舰型的了，大企业尚且随时面临不可预知的风险，小规模的企业包括我们上文案例当中提到的个体工商户等企业类型则更加如此。因此，及早地树立风险防范意识，选择恰当的工具和方法，强化自身抵御风险的能力才是最重要的。

第二节 新三板还是IPO，财富风险的尽职调查，今天你做了没？

一、家族财富传承：一场即将到来的时代变革

2018年是中国改革开放40周年，伴随着中国经济的持续、高速发展，涌现了越来越多的高净值人群，其中企业家群体尤为突出。而当年驰骋商场、搏杀数十年的创一代们早已年过半百，目前正处在传承财富的历史节点。如果说，过去考验的是家族如何创造财富的能力，那么现在及将来考验的是家族如何守富以及传承财富的智慧。

二、尽职调查的含义和内容

（一）尽职调查的含义

公司收购兼并中的尽职调查，是指并购方在交易开始前对目标公司的财务和经营等整体状况进行的一系列调查。尽职调查的结果对于设计交易结构、确定交易价格、防范交易风险具有十分重要的意义。

（二）尽职调查的具体内容

一般来说，尽职调查的具体内容包括：

1. 目标公司的主体状况及股东情况。具体而言，需要调查的信息包括公司的经营范围、成立时间、登记机关、年检情况，以及公司的组织结构和议事规则，比如公司的章程及修订情况、公司的董事会会议及股东会决议等，公司的股东及权属情况，公司的对外投资及分公司的设立情况等。

2. 目标公司的不动产等资产情况。具体包括目标公司所拥有的土地使用权、地上建筑物等不动产，重要的机器设备，持有的其他公司的股权等。

3. 目标公司拥有的知识产权的具体情况，包括专利、商标、版权和商业

秘密等形式，同时也需要了解目标公司对于知识产权的保护情况。

4. 目标公司重要的对外合同。具体指的是重要的供货合同、知识产权转让和许可协议、合资合作协议、对公司权利有重大限制的协议，以及与关联公司之间的协议等。

5. 公司的债务与对外担保情形。例如，对银行和其他自然人的借款、对客户和供应商的钱款、以公司名义对外签订的担保协议等。

6. 企业的劳资情况。如与员工签订劳动合同的情况，员工的社会保险以及住房公积金的缴纳情况，有无特殊劳动者，与公司的高级管理人员签约的情况，公司有无设立工会以及工会的运行情况，公司的管理规章制度，劳务外包及劳务派遣情况等。

7. 环境问题。特别是对于生产型企业而言，环境问题尤为重要。具体的内容包括环保装置的设置情况、各项排污检测记录、环保部门的处罚情况及建议，以及环境有关的诉讼等。

8. 税务情况。包括公司目前适用的税种和税率，各种税收优惠，是否有接受过税务机关的行政处罚等。

9. 公司的信息系统。

10. 公司涉及的诉讼与仲裁等。

（三）尽职调查的方式

在公司的收购兼并过程中，尽职调查主要通过以下的方式开展：

1. 向目标公司出具尽职调查清单，由目标公司依照清单提供材料和做出承诺。

2. 向目标公司所在地的相关政府部门和关联企业进行调查。

3. 通过公开渠道了解目标公司的信息。

4. 对目标公司进行实地考察，对相关人员进行现场访谈等。

三、如何在财富传承中运用尽职调查

（一）调查的目标

围绕着家族企业顺利传承的目标，及早进行全方位的调查和了解，从中发现和梳理出家族财富传承过程中的关键节点和整体脉络并以此为基础，延伸出家族财富传承方案制定和落地实施的其他相关法律服务至关重要。

（二）调查的内容

针对调查的内容，笔者梳理出基本的调查框架，主要包括个人基本信息、身份关系、财产情况、债务情况以及被调查者个人的需求分析，详见下表：

附：私人财富安全体检报告（评测表）

B 表 – 适用于已婚人士

本评测表中包含的所有问题均为保密信息，请您放心填写。

基本信息		
姓名：	□ 男　　□ 女	出生日期：
联系地址：		
联系电话：		电子邮箱：
身份关系		
婚姻关系	□ 初婚　　□ 再婚　　□ 多次婚姻	
亲子关系	□ 初婚无子女　　□ 初婚 1 子女　　□ 初婚多子女 □ 前婚有子女　　□ 婚外有子女	
家庭关系	己方父母情况：	
	己方兄弟姐妹情况：	
	配偶父母情况：	
	配偶兄弟姐妹：	
特殊利益相关人		
财产情况		
根据财产形态罗列		
现金资产	（可能的情况：婚前个人存款；婚内存款；经常性大额支出；个人账户给企业使用）	

续表

理财投资	（可能的情况：关联银行账号；不关联银行账号）
不动产	（可能的情况：登记在自己名下；与配偶联名；登记在配偶名下；登记在孩子名下；他人代持）
股票	（可能的情况：个人名下，自行操盘；他人名下，自行操盘；提供资金给他人操盘）
股份	（可能的情况：自行持有；配偶持有；与配偶共同持有；他人代持）
保险	（可能的情况：人身保险①健康保险；②意外伤害保险；③人寿保险；④年金保险。财产保险）
收藏品	（可能的情况：已进行权属登记；未进行权属登记：①证明存在；②保管情况；③估值）
车辆	（可能的情况：个人名下，个人使用；个人名下，配偶使用；配偶名下，配偶使用；配偶名下，己方使用；他人名下；登记在个人或配偶名下，他人使用）
根据财产属性罗列	
个人婚前财产	
家庭财产	

续表

企业财产	
债务情况	
个人债务	（可能的情况：以个人名义为家庭负债；以个人名义为企业负债；以个人名义为他人作担保；以个人名义为企业作担保）
夫妻共同债务	（可能的情况：以夫妻名义为家庭负债；以夫妻名义为企业负债；以夫妻名义为他人作担保；以夫妻名义为企业作担保）
企业债务	□ 个体工商户 □ 有限责任公司 □ 股份有限公司
需求分析	
家族和家族企业目前存在的主要矛盾和分歧是什么？ 答：	
您希望实现的目标是什么？ 答：	
您可以接受的解决路径有哪些？ 答：	

（三）调查的方法

调查使用的方法，亦可参照前述公司收购兼并过程中所使用的方法，具体列举如下：

1. 依照上述调查内容向被调查的家族企业出具尽职调查清单，由企业按照清单所列内容提供书面材料。

2. 通过公开渠道对家族企业的信息进行了解。

3. 访谈家族企业的关键人物。

综合运用上述方法，我们会得到一系列围绕着家族的人物关系、家族成员之间的主要争议，家族企业的财产以及债务情况，家族成员与家族企业之间的关联关系，家庭财产与家族企业财产之间的关联关系等内容的详细资料。掌握了这些基础的资料后，就交由有专业的律师、税务师和理财师组成的团队对这些资料进行分析，并在分析的基础上形成财富体检报告。

案例 20

吴女士的财富体检方案

吴女士，籍贯广东省 × 市。吴女士与白先生是大学同学，两人在大学时开始谈恋爱，毕业之后不久便结婚，婚后育有一子一女。白先生在大学毕业之后便进入父亲创办的家族企业工作，吴女士也在家族企业下属的一个公司担任财务主管。家族企业的生意涉及建设工程、房地产开发和物业管理等。除了白先生本人以外，他的两个哥哥也都在家族企业里任职，三兄弟当中，要数白先生最能干，是白老先生最属意的家族企业的接班人。

去年的某一天，吴女士找到我们律师团队，说出了她的诉求。原来，两个月前，吴女士偶然发现白先生与公司的一位女职员有婚外情。一开始吴女士不能接受与自己青梅竹马的先生出轨的现状，一度陷入痛苦当中无法自拔。后来经过一段时间的自我调整，慢慢地认清了现状，也尽量冷静理智地与先生进行了沟通。经过沟通，先生承认了自己的错误，也表示要回归家庭，并对吴女士做出补偿。没多久，那位女职员也离开了公司。事情看上去已经告一段落了，但是经历了这场风波的吴女士却开始重新审视自己对夫妻关系的定位和期待，重新评估自己的小家庭在整个大家族当中所处的位置以及对风险的抵御能力。

经过了解和甄选，吴女士最终决定委托律师团队为自己做一份家族财富的体检报告。经过与委托人的多次面谈沟通，律师团队进一步厘清了委托人的想法和要求，并依据这些内容向委托人开具了尽职调查的问题清单，同时指导委托人搜集和准备相关的资料。此外，律师团队也通过多个渠道对本案委托人所在家族的资产情况进行了调查和了解。最后，鉴于本案的情况较为特殊，案例中未能够通过访谈家族和企业关键人物的方式进行调查。

经过近三个月的资料准备，律师团队搜集到了尽职调查所需的全部资料，在对资料进行加工整理的基础上，律师团队协同专业的财富管理师、股权架构师共同为客户出具了《财富体检报告书》。整个报告书分为七个部分，分别是：第一篇　主要概念及定义；第二篇　家庭成员基本情况；第三篇　家庭主要财产情况；第四篇　财产法律风险评估；第五篇　财产法律风险预防；第六篇　结论；第七篇　附则。

报告书针对委托人提出的具体诉求，围绕财富传承尽职调查的关键内容，不仅对家庭关系存在的隐患以及财产风险进行预测和评估，也对评估过程当中发现的财富管理与传承的风险点提出了有针对性的合理建议和改善措施。

四、延伸其他相关服务

如前所述，尽职调查的内容不仅对委托人家庭之间的人身关系和财产问题存在的风险进行评估和预测，也会对相关的风险点提出有针对性的措施和建议。如委托人期望进一步落实报告当中提出的措施和建议，便可以为整个团队延伸出其他的相关专业服务。举个例子，我们在为某客户提供的财富体检报告当中建议客户可以采取家族信托的方式实现财富的安全传承和对下一代的照顾，报告完成后，客户会进一步向律师团队咨询关于信托架构搭建的法律问题。如果律师团队能够提供相应服务，便可借此延伸出新的服务内容。

创业维艰、守业更难，能够将家族财富、家族精神平稳地代际相传更是难上加难。只有切实做好家族财富传承规划，并综合运用法律、金融等多种工具才能使家族基业长青、永续相传。

第三节　交接班的艺术：交位子、交章子，还要交什么？

一、家族企业交接班：一个世纪难题

根据《2018 胡润财富报告》显示，截止到 2018 年 1 月 1 日，在大中华区的千万资产高净值家庭中，企业家的比例占到 60%；在大中华区的亿万资产超高净值家庭中，企业家的比例占到 80%。由此可见，企业家目前仍然是国内超高净值人群的主要构成，其中绝大多数是民营企业家，而家族型企业在民营企业中的占比又超过 80%。

与此同时，一个不容忽视的现状是，在全球范围内家族企业的平均寿命大约只有不到 25 年，家族企业中只有 1/3 能够传承到第二代，仅有不到 10% 的家族企业能够传承到第三代，淘汰率高达 90%。我国的家族企业多起步于改革开放以后，第一代创业者大多已到了五六十岁的年龄，家族传承企业接班的需求日益迫切，如何顺利地完成企业和家族传承已成为社会和业界关注的课题。①

实践中，笔者所带领的律师团队服务的许多企业家客户都不同程度地面临交接班的问题。其中，黄老先生一家的案例令笔者印象最为深刻。

黄老先生已经年逾古稀，虽然老爷子身体还算硬朗，但毕竟所经营的企业性质需要经常出差在外，以老先生的年纪，确实有些力不从心了。当我问到为什么不把这些事情交给儿女们去做，老先生不无遗憾地摇了摇头。

黄老先生有一子一女，在老爷子的心目当中，家族企业肯定是要由儿子来接班的。对于父亲的这个意愿，女儿打小就心知肚明，也丝毫没有反对的

① 中信银行、胡润百富：《中国企业家家族传承白皮书》，2018 年 11 月 1 日发布。

意思。大学毕业没多久，女儿便结婚成家了，拿着父亲给的创业资金，和先生一起开设了一家广告设计公司，几年下来，经营得也算有声有色。见女儿女婿做得不错，黄老先生索性把公司的广告业务也交给他们去打理，也算是对他们小两口事业的一种支持吧。

相比之下，儿子就没那么让人省心了。不知道是不是因为在儿子上初中的时候黄老先生和太太闹离婚，那阵子家里鸡犬不宁，儿子也从此无心向学，成绩一落千丈。眼看着儿子的学业受到影响，黄老先生干脆将儿子送到国外读书，但谁知几年下来，儿子的成绩非但没有好转，最后干脆连学都不上了，偷着把家里给的学费都用掉了。黄老先生气得没办法，只好把儿子从国外带了回来，放在自己身边。想想自己一开始创业的时候，也不就是个初中学历嘛，只要踏实肯干，也一样能出人头地。黄老先生用这样的想法和信念不断地鼓励儿子，其实也是在鼓励自己。经过这几年的言传身教，儿子确实有所长进，体会到了父亲创业守业不容易，也想做出些成绩来向父亲证明自己。但是现在的企业经营不像过去那么简单了，黄老先生自己也时常有这样的感慨：大环境艰难、生意不好的时候才最考验人。而儿子往往在这个时候，会顶不住压力，有几次和父亲发生激烈的冲突、干脆撂挑子走人。另外，不知道是不是受了之前黄老先生夫妻关系的影响，儿子在婚恋问题上也诸多不顺，交往的几个女朋友都没能持续多久便以分手告终了。几年过去了，黄老先生抱孙子的愿望也还没实现。

黄老先生心里打鼓，不知道儿子什么时候才能真正成熟起来，让自己能够放心地把企业的重担交到儿子的手上。

在帮助黄老先生梳理家庭关系和家庭财产的过程中，笔者时时能够感受到当事人对于企业传承后继无人的忧虑和遗憾。其实，黄老先生的案例非常具有代表性，许多的中国老一代企业家在观念上都存在“传男不传女”的思想，如果条件允许，都希望企业能够由儿子来继承。同时，即便是自己的子女没有非常强烈的接班意愿或者能力，也希望能够通过假以时日，来提升和塑造他们的意愿和能力，而不是把企业直接交托给职业经理人队伍。选择职业经理人，往往被企业家们当作儿女实在不能接班时的备选方案。

回到黄老先生的案例，随着年龄越来越大，黄老先生也开始在企业的骨干当中物色和培养合适的职业经理人人选，以备在自己不得不交班的那一天到来的时候，假若儿子还是不能够委以重任的话，也只能退而求其次，将企业交由职业经理人来帮忙打理。

二、比传承位子和章子更重要的，是精神财富的传承

研究发现，企业家群体认为在对子女的传承中，精神财富更为重要。《中国企业家家族传承白皮书》（2018 年）当中也明确提到：一个家族要想实现百年传承，不仅需要传承物质财富，更重要的是传承精神财富。

表　企业家家族传承的主要内容[①]

	二代企业家	一代企业家
精神财富传承	62.0%	56.7%
物质财富传承	54.0%	48.5%
其中：企业传承		
企业的核心价值传承	46.0%	31.1%
政商人脉关系传承	44.5%	23.6%
技艺传承	42.0%	28.5%
管理领导方式	41.0%	39.7%

企业家认为家族传承更重要的是精神红利的传承，而“拼搏、坚守与实践”则是典型的企业家精神。他们会在生活中给予子女良好的教导和教育，让他们树立正确的世界观、价值观、人生观。

本次调研数据显示，二代企业家和一代企业家均将精神财富传承放在了传承的第一位，将物质财富传承排在第二位，而在物质财富传承中对于企业相关方面的传承比较重视，具体包括企业核心价值、政商人脉关系、技艺传承和管理领导方式这四个方面的传承。

两代企业家都非常重视“政商人脉关系传承”，“人脉即钱脉”是他们共

① 中信银行、胡润百富：《中国企业家家族传承白皮书》，2018 年 11 月 1 日颁布。

同信奉的商业观。比起二代企业家，一代企业家更加看重“管理领导方式”的传承（排序第三），而二代企业家认为管理方式需要顺应时代的变化，尤其在新经济常态下，新兴行业发展迅猛，而传统行业面临转型，相应地，商业思维和管理方式需要顺应时代变革灵活调整。在“企业核心价值传承”方面，定性研究发现，企业家一致认为，诚信是经营企业的根本，敬业是自己不断耕耘的精神支柱，他们会将这些精神传承给下一代。

提及家族精神的传承，一定会联想到“李锦记”家族宪法的案例。

凭借严格的品质管理和强大的市场拓展能力，创始于1888年的香港李锦记，在20世纪70年代被迅速打造成一个蜚声海内外的酱料王国。李锦记蚝油在美国已经占到了88%的市场份额，在日本的占有率排在第二位。

进入内地20年里，李锦记始终保持着每年25%的增速，从未亏过钱。然而这样一家快速成长的企业，其股权始终100%由家族控股，既不引进战略投资者，也不考虑上市。

渡过了两次家变危机，历经四代，从最初的家庭小作坊发展成为大型企业集团，李锦记是华人社会中少见的长寿家族企业，凭借持续创业以及家族价值观的建立，其突破了华人家族代际传承过程中的阻碍。两次分裂之后，第三代掌门李某达深刻体会到了家和万事兴的重要性。2000年，其四子李某森向他摊牌要“自立门户”，李某达没有同意。这个经历了两次家族内乱的老人，此时最不愿见到的就是子女分开，他害怕子女会因为各自小家的利益产生纷争，最终使“大家”分崩离析。

抱着不分家的理念，李某达开始尝试如何利用家族文化价值体系来维系家族成员间的密切合作和利益共享。2003年，李锦记建立了家族委员会。家族委员会由最能代表家族利益的核心成员组成——包括李某达夫妇和五名子女，未来则在关心家族事务和家族整体利益的第五代中选择新成员。

作为全体家族成员的定期交流平台，李锦记的家族委员会主要关注如何将家族共有的价值取向、行为准则加以正式化，以及家族核心成员的培育等家族事务的核心问题。至今，李锦记家族委员会每个季度都会召开一次为期4天的会议，内容包括从战略层面规划家族建设，比如家族宪法、家族精神以及下一代甚至下两代的培养等。

无论家族委员会的核心成员在世界任何地方，都必须赶回来参加，如果迟到就会受到惩罚。到了第四天，所有与会成员的配偶会被邀请参加会议，向他们通报前几天会议通过的内容，以便配偶当好“贤内助”。

李锦记家族委员会只负责家族事务的处理，公司董事会则主要讨论与企业运营相关的重要战略决策，二者各司其职。然而，董事会中的家族董事由家族委员会选择任命，以保证董事会能够在考虑家族整体利益的情况下独立做出决策。李锦记家族委员会成立后，将制定家族宪法作为自身的重要任务。其家族宪法中包括如下关键内容：

股权的继承和转让：股东须具有李锦记家族的血缘，不限男女。股东想要退出，股份由公司统一购回。

家族成员的雇佣：欢迎家族成员加入家族企业，但必须在家族外的公司工作3—5年才能进入家族企业，应聘的程序和入职后的考核必须和非家族成员相同，进入企业后工作出错也要受处罚甚至炒鱿鱼。

董事会：董事会成员由家族委员会选择对业务有兴趣的家族精英出任，可聘请外部非执行董事。主席由家族成员出任，家族委员会每两年召开一次会议，选定董事会及各个业务的主席，主席可以连任等。[①]

李锦记的成功经验告诉我们，比起物质财富的传递，精神财富的传承对当今社会而言更加的重要。从统计数据来看，这一点，也已经成为当代企业家群体的共识。我们身边也已经有越来越多的企业走在践行这一理念的道路上，相信他们的未来一定会越来越好。

---

① 网易财经：《李锦记家族宪法：股权继承转让须具血缘 不限男女》，网址：http://money.163.com/13/0520/09/8VAEDL6M00253G87.html，最后访问时间：2018年12月30日。

第三篇 私人财富保护与传承的法律工具及实战应用

第一章
无协议，不人生：协议工具的认识和应用

人们常说，婚姻关系就是一种契约关系，是男女双方以长久幸福和谐共同生活为目的，所订立的一份没有固定履行期限的合同。笔者同意这种观点，把婚姻视作契约关系，订立契约的双方都要受到契约权利与义务的影响和约束。如果双方都珍视这份契约关系、尊重彼此、诚信履约，这种关系就会长期稳定地持续下去；相反，如果一方或双方不断地对这一契约关系发起挑战并持续违约，违约方就可能因此付出相应的代价，直至合同解除。

在我们的婚姻关系存续期间、乃至于我们的整个生命周期内，契约关系可谓是无处不在，认识并且运用好协议这个重要的法律工具，能够为我们带来极大的便利。本章我们就带大家一起来了解协议工具在我们婚姻家庭生活不同阶段所发挥的积极作用吧。

第一节 要结婚了，先美美地签个协议吧

近年来，从邓文迪与默多克的离婚纠纷，再到英国哈里王子和梅根的结合，国内外名人的家事变动除了成为人们茶余饭后的谈资之外，也引起大众对“婚前财产协议”的关注。“婚前财产协议”已成为大家耳熟能详的名词，越来越多的客户也向笔者所在的律师团队咨询和了解相关的法律问题。不难看出，公众已逐步认识到在婚前对财产进行梳理和约定的必要性，以避免纠纷发生时再补漏。

当然，即便是在当下，还有很多人对婚前财产协议持抗拒态度。他们认

为签署婚前财产协议就是奔着离婚去的，是感情不坚定的表现；认为主张签署协议便意味着结婚的目的不单纯，甚至认为这样做不吉利，总之一句话："谈钱，伤感情"。

真的是这样的吗？婚前财产协议是否真的是洪水猛兽，需要我们避之唯恐不及，还是其实它只是只纸老虎，我们应该抛开表面、窥其本质而善用之？要解决这个问题，让我们先来了解什么是婚前财产协议？

一、什么是婚前财产协议

婚前财产协议，顾名思义，是指男女双方在登记结婚之前就双方各自婚前、婚后所得财产的归属所作的约定。

（一）婚前财产协议的法律依据

《婚姻法》第 17 条

夫妻在婚姻关系存续期间所得的下列财产，归夫妻共同所有：1. 工资、资金；2. 生产、经营的收益；3. 知识产权的收益；4. 继承或赠与所得的财产，但本法第 18 条第三项规定的除外；5. 其他应当归共同所有的财产。夫妻对共同所有的财产，有平等的处理权。

《婚姻法》第 18 条

有下列情形之一的，为夫妻一方的财产：1. 一方婚前的财产；2. 一方因身体受伤害获得的医疗费、残疾人生活补助费等费用；3. 遗嘱或赠与合同中确定只归夫或妻一方的财产；4. 一方专用的生活用品；5. 其他应当归一方的财产。

《婚姻法》第 19 条

夫妻可以约定婚姻关系存续期间所得的财产以及婚前财产归各自所有、共同所有或部分各自所有、部分共同所有。约定应当采用书面形式。没有约定或约定不明确的，适用本法第 17 条、第 18 条的规定。

由此可见，法律是允许夫妻双方约定婚前或婚后财产的归属问题的。这种约定就是夫妻间的财产协议。

（二）婚前财产协议的作用

案例 21

默多克与邓文迪轻松离婚的背后

2013 年 6 月 14 日凌晨传来消息，国际传媒大亨默多克已经正式提交了与妻子邓文迪离婚的申请。发言人指出，申请文件已经提交至纽约州高等法院，离婚理由被形容为“关系已经无可挽救的破裂”。

邓文迪生于 1968 年，是默多克的第三任妻子，曾任新闻集团亚洲卫星电视业务副主席。她于 1999 年 6 月和默多克结婚，婚后与默多克育有两个孩子：2001 年邓文迪为默多克产下大女儿格蕾丝，2003 年又产下小女儿克洛伊。

作为全球最大的跨国传媒集团——新闻集团的主要股东、董事长兼行政总裁，当时默多克拥有价值约 134 亿美元的资产。当邓文迪与默多克的离婚传闻爆出来，世人纷纷猜测默多克结束与邓文迪的婚姻需要付出多大代价？邓文迪离婚能分得多少财产？各种猜测皆因默多克所拥有的巨大财富，同时默多克老爷子因为离婚而被前妻分走巨大财富的经验有史可鉴：早在 1999 年，默多克与其第二任妻子安娜离婚时便支付给安娜 17 亿美元的分手费，成为史上最贵离婚费之一。

不管世人如何猜测，但事实却是，邓文迪仅分得默多克巨额资产的不足 1%，与前一次离婚不同的是，默多克的这次离婚并没有导致其财富大幅缩水。

究其原因，财产协议的签署功不可没。正是因为默多克与邓文迪在婚前、婚后所签订的多份财产协议，最终使得默多克的巨额财富不会因为其与邓文迪的离婚而受损。

睿智如默多克老爷子，绝不会在同样的问题上重蹈覆辙。于是，信托、婚前协议等法律工具被派上用场，问题便迎刃而解。不难看出，作为一种分散个人财富风险的工具，婚前协议，拥有非凡的魅力。

案例 22

哈里王子与梅根不签婚前协议引网友热议

相信每个女孩小时候都曾经有过一个粉色的公主梦，都想成为童话里漂亮幸福的公主，能够嫁给英俊富有的王子，从此过上幸福的生活。而现实是，当下实现这个梦想的机会并不大。原因之一是毕竟现在世界上只有极少数的国家还保留皇室，也就是说现实世界里“王子”已经快要绝迹了。

也许正因如此，那些为数不多的还保留着的王室，自然成为全世界关注的焦点，即便他们当中相当一部分现在实际承担的仅仅是国家的“门面工作”，但作为一个国家的荣誉和象征，他们的一举一动，仍然牵动着世界上千千万万民众的视线。

英国王室是其中的佼佼者。与哥哥威廉王子温文尔雅的公众形象不同，小王子哈里的成长之路似乎显得更加自我和叛逆。这一点，从哈里选择的结婚对象也不难看出。交往伊始，哈里与美国女演员梅根的恋情就备受社会舆论关注，直到两人终于修成正果，步入婚姻殿堂，再到梅根怀孕，一直可谓是风波不断。

此外，据媒体报道，两人还曾爆出纳税风波，而究其原因还是源自两人婚前没有按照惯例签署财产协议。

众所周知，梅根是美国人，2018 年 5 月嫁给哈里王子后，梅根便以家庭签证逗留英国。根据英国法律的规定，在获得家庭签证后，必须在英国生活满 5 年，才能取得永久居留权。因此，梅根目前的身份仍属于居住在国外的美国人。同时，梅根必须按照美国的税法就其在全球任何一个角落所获得的收入向美国政府申报和纳税。因为哈里和梅根没有签订婚前财产协议，所以，梅根需要申报的收入，不仅包括梅根自己作为演员的个人收入，也包括了哈里王子名下的皇室财产，这当中不仅有哈里王子为皇室工作所取得的收入，也有从母亲戴安娜王妃那里继承来的价值两千万英镑的信托资产。虽然哈里王子已经在英国就这些资产支付了所得税，但在和梅根结婚后，这些钱仍然要向美国政府申报纳税。

据媒体报道，一直以来，王室和英国税务海关总署（HMRC）之间存在着一种特殊关系，皇室成员都是在自愿的基础上缴纳一些税款。但是现在，因为梅根的个人资产清单，英国皇室正面临受到美国税务机关审查的窘境。[①]

婚姻是什么？面对这个问题，笔者相信绝大部分的读者朋友都会认同：婚姻不仅关乎爱情，同时也关乎经济利益，可以说婚姻是情感与利益的结合体。只有看清并且勇敢地面对这个现实，才能够做到理智处理而不被其左右。

面对在是否签署婚前协议上犹豫不决的客户，笔者会给出如下的建议：其实事情也许没有想象的那么复杂，如果我们认同婚姻是感情与利益的结合体，那么假如能够通过签订协议的方式将利益的问题说清楚，那么婚姻当中需要我们额外小心呵护的就只剩下了感情。所以，笔者并不认同有些人所说的，签订婚前财产协议就是物化婚姻或者就等于不信任对方的观点；相反地，笔者认为这恰恰是一种在亲密关系当中拥有平等人格、自信的表现。

此外，关于婚前财产协议的内容也并不是一成不变的，就像上文当中所提到的默多克和邓文迪的案例一样，财产协议是双方基于当时的特定情况所进行的约定，如果特定情况发生改变，如特定当事人之间发生身份关系变动或约定的条件成就等，协议也可以随之进行修改和变更。

二、比较适合签署婚前财产协议的几种情形

（一）再婚家庭

随着离婚率不断攀升，人们再婚重组家庭的情况也越来越普遍。如果是有儿女的成年人再婚，会涉及家庭财产利益的重新分配，儿女在继承等方面的利益或将受到影响。

对此，笔者建议，除了可以通过设立遗嘱提前对财产进行处分之外，亦可与再婚对象订立婚前财产协议，明确婚后各自的财产归各自所有，由其个

① 搜狐财经：《没签婚前协议的梅根惹出大麻烦！税务应对方案的锦囊》，网址：http://www.sohu.com/a/279349496 463897，最后访问时间：2019 年 3 月 4 日。

人加以处分。这样处理，子女也将更加容易接纳家庭新成员，家庭关系亦将更加和谐。

（二）家族企业的继承人要步入婚姻

家族企业是中国经济的基本细胞，中国的家族企业经过几十年的发展，很多的一代创业者已经纷纷步入了要退休、二代要接班的阶段。家族企业所面临的主要问题逐渐从财富的创造演变为财富的保障和传承。其中，维护家族继承人稳定的婚姻关系，以及如何确保家族的核心资产不会因为家族成员的身份关系变动而流失，是一个非常重要的课题，需要我们从家族治理的角度出发进行考量和方案设计。本章节当中我们讨论的婚前财产协议，就可以作为我们在进行方案设计的时候考虑使用的一个非常重要的法律工具。

当然，我们建议家族企业的继承人在步入婚姻关系之前与对方签订婚前财产协议，绝非因为担心对方会觊觎家族的资产，或者要有意地亏待和盘剥对方；这样的考量完全是基于对家族企业的存在形态进行保全的角度出发的，至于结婚之后配偶另外一方的财产利益，完全可以通过获得以及支配其他形态的财产的方式来得以实现。

（三）拟建立婚姻关系的男女双方经济实力差距较大

若男女双方经济实力差距较大的，笔者亦建议签订婚前财产协议。这样做不仅有利于双方的感情更加纯粹，无须背负太多不应该存在的压力。同时，只要婚前协议约定妥善，对男女双方在经济利益上都会有所保障，而并非像许多人通常理解的，仿佛婚前协议只会保障经济实力强的那一方。

具体到实践操作当中，为什么说婚前财产协议也保障了经济实力弱势的一方呢？笔者办理大量婚姻家事案件的实务经验告诉我们，在家庭生活中，经济实力更强的一方往往是掌控家中财政大权的一方，家庭资产情况基本都由其全面控制。而经济实力处于弱势的一方，往往并不掌握家庭资产情况，经济上十分依赖经济实力更强的一方。甚至在个别案件中，经济实力强势一方采取经济控制、封锁的方式对经济实力弱势一方施加压力，迫使经济实力弱势一方在家庭地位、情感关系中予以让步。从这个角度而言，双方在婚前通过签订财产协议的方式对婚前资产进行梳理，并明确婚后各自的责任，对于经济实力弱势一方来说也不失为是一种保障。

（四）一方在婚前贷款购房，在结婚时仍在还贷的

如今房价高涨，一般家庭都倾向选择通过贷款方式购买房产，而非一次性全额支付。如此，就可能存在一方在婚前购买房产登记在其个人名下，在结婚时仍需偿还房贷的情况；同时，我们知道，夫妻双方婚后取得的收入在没有特别约定的情况下均属于夫妻共同财产。那么，如果一方在婚后持续用夫妻共同财产来为自己婚前购买的房屋偿还按揭款的话，便很有可能因此而引起双方对于这套房产性质的争议；此时，如果双方再对房屋的使用、出租等问题存在意见不一的情况，则可能会进一步引起夫妻感情矛盾。为此，笔者建议双方在结婚前就把这个问题说清楚，避免日后的矛盾。

此外，由于现在各地方政府纷纷出台了房屋限购的政策，亲属之间存在房屋代持的情况非常普遍。如果男女一方或双方在婚前有帮他人代持房屋的，也应尽量通过婚前财产协议说清楚，避免在婚后产生不必要的矛盾。

三、婚前财产协议的写作要点

（一）签署婚前财产协议，我能实现什么目的

案例 23

签署婚前财产协议，让爱更简单

马某辰生于一个小康之家，经人介绍与龚某小相识相恋并打算结婚。马某辰的父母打算出资资助儿子买房买车，但因为资金有限，计划先把首付给了，让儿子和儿媳有个舒适稳定的生活环境，之后再每月帮马某辰还贷款，不让小两口有太大的压力。

考虑到买房供房毕竟是个长期的事情，是两位老人家积攒了半生的养老钱，慎重起见，马某辰向专业律师进行了咨询。通过律师的分析了解到，

由于父母不是一次性出全款购买房屋和车辆的，根据目前的法律规定，即使婚前购买的房屋和车辆都登记在马某辰一人名下，如日后马某辰与龚某小的婚姻关系发生变动，房屋和车辆的价值都很可能要被分割走一大部分。对此，父母十分担心：毕竟钱都是老人家出的，给儿子可以，但如果儿子的婚姻不能长久，到头来两位老人要落得个人财两空的下场，确实无法接受。

为消除父母的顾虑，马某辰决定开诚布公地与未婚妻进行沟通。没想到沟通的过程竟然出乎意料地顺畅：龚某小了解清楚情况后，明确表示完全理解马某辰父母的顾虑和想法，并主动提出与马某辰签订一份婚前财产协议，把父母出资的房屋和车辆的权属约定清楚，打消二位老人的后顾之忧。

这样一来，不仅两位老人的顾虑没有了，马某辰的心里也更敞亮了：自己的眼光没错，龚某小确实知书达理识大体，感觉心里两人的距离又进一步拉近了。

案例 24

婚前协议在再婚家庭中的运用

柳某与王某都是高知人士，也都曾经历过失败的婚姻，因此两人对待婚姻的态度都格外慎重，在经人介绍认识并确立恋爱关系之后，交往了将近两年，才考虑领取结婚证的问题。

在交往的这两年当中，双方除了彼此了解和适应之外，还尽可能地创造机会让对方与自己从原来家庭带来的孩子更多地建立感情。功夫不负有心人，两年下来，两个原本破裂的家庭渐渐融合在一起了，柳某的女儿更是超喜欢自己的这个新哥哥（王某的儿子），哥哥虽然嘴上嫌小妹妹黏人，但只要有空，都会陪着妹妹一起玩儿。

眼见时机慢慢成熟了，王某便向柳某提出了登记结婚的想法。经过沟通，双方都明确表示希望原本各自名下的财产归各自所有，领证结婚后的收入也由各自所有和支配。此外，两人还约定每人每月分别拿出一定比例的收入作为家庭生活基金，由柳某负责管理和使用，如果遇到有重大开支的情况，再另行沟通解决。

上面两个案例均来源于笔者所在的律师团队经手的真实案例，案例当中所反映的背景也真实地体现了婚前财产协议的应用场景。从这两个案例当中我们不难看出，签署婚前财产协议的目的通常有两个：分别是区分财产权属和明确财产分别所有。

在前面的章节当中，我们已经详细介绍了如何区分夫妻共同财产和个人财产。从这些法律规定不难看出，男女双方如果不通过协议进行约定，除极个别情况外，结婚后取得的财产基本上均归属于夫妻共同财产。所以别以为自己的工资收入就都是自己的，想怎么花就怎么花，无须经过配偶同意。同时，非常常见的情况是，婚姻关系持续一段时间之后，原本属于一方的婚前个人财产与夫妻共同财产发生了混同，难以区分，如果此后双方发生争议，那么在司法实践中这部分财产极有可能被认定为夫妻共同财产。此外，涉及一方婚前设立的企业，在婚后增资扩股，以及持续经营所取得的收益等的分配问题的时候，情况会愈加复杂。

有鉴于此，在搞清楚哪些是个人财产，哪些是夫妻共同财产的基础上，我们便可以通过婚前财产协议这种形式，对于男女双方在婚前乃至婚后所取得的财产做出个性化的安排。具体的操作可以包括：

（1）约定部分财产归个人所有，部分财产归共同所有

如上文案例二十三，小康家庭父母在儿子婚前为儿子出资购置房产的案例，笔者建议可采取约定部分共有制的方式，即约定一方婚前由父母出资购买的房屋归其个人所有，其他财产仍适用《婚姻法》关于共同财产所有制的规定，归共同所有。当然，如果上述案例中房屋并非一次性付款的话，则会涉及婚前和婚后偿还贷款的出资以及出资部分可能涉及的收益问题，因此在拟定协议的时候应当对此予以着重考虑，避免约定含糊，引发争议。

（2）约定婚前以及婚后所取得的财产均归各自所有

如上文案例二十四，男女双方均是二婚的案例中，由于双方都是再婚人士，或者双方均认同各自取得的财产由各自掌握和支配的理念，则通过婚前财产约定的形式对各自名下的财产进行梳理，约定无论婚前和婚后、各自名下的财产均归各自所有，这样，既有利于保障各方的独立性，也可以有效避免各自的婚前财产在结婚之后与夫妻共同财产发生混同。当然，在拟定这类

婚前财产约定的时候，也要同时考虑到在婚姻关系存续期间家庭开支的使用和负担情况，同时兼顾原则性和灵活性，避免因为财产归各自所有而导致出现各方都不愿意负担家庭开支的情况。

（二）订立婚前财产协议的注意事项

1. 前面我们详细讲述了婚前财产协议的作用，下面笔者带大家一起了解订立婚前财产协议的几个误区。

误区一：婚前财产协议必须是书面形式，如果是口头协议则无效

解析：根据我国《婚姻法》第 19 条规定，夫妻可以约定婚姻关系存续期间所得的财产以及婚前财产归各自所有、共同所有或部分各自所有、部分共同所有。约定应当采用书面形式。

根据上面的法律规定，财产约定应当采取书面形式。之所以这样规定，最主要的原因是书面形式更稳定、能够最大程度上避免双方因为协议的具体内容和形式而发生争议。但是，这并不等于口头协议一定是无效的。实践中，口头协议在符合下面两个条件的情况下也应认定为有效：

（1）夫妻双方对口头协议的效力均无异议。

（2）能证明双方有口头形式的协议且双方一直遵照履行。

误区二：如果不签婚前财产协议，则一方婚前财产会变成夫妻共同财产

解析：根据我国《婚姻法》的规定，一方婚前的财产为其个人财产，不会因婚姻关系的存续转化为夫妻共同财产。在这种背景下，之所以还建议签订婚前财产协议，主要是希望通过协议明确哪些财产是婚前财产，以免发生混同或避免财产形态发生变化后引发争议。

误区三：财产协议只能在婚前签订，婚后再签就没有用了

解析：结婚后签署的婚内财产协议，同样具有确定财产权属、明确夫妻双方权利义务的法律效力。当然，相比而言，如果能够在婚前签署，则可以及早调整双方对婚姻关系及各自财产关系的心理预期，避免在相关问题出现之后，再对是否签订协议的问题进行探讨，容易使得双方感情出现嫌隙。

误区四：婚前财产协议必须公证，否则没有效力

解析：只要婚前财产协议的内容没有违反法律禁止性规定，且是男女双方的真实意思表示，不是在欺诈、胁迫、乘人之危的情况下所订立，那么即使协议不经公证也具备法律效力。当然，经过公证的婚前财产协议在某些特定的情况下能发挥独特的作用。举个例子，男女双方签订婚前财产协议，约定婚前登记在男方名下的一套房产归女方所有，但直到双方发生争执之时，这套房屋仍然登记在男方名下、没有办理过户手续。此时，如果将双方在财产协议当中约定的这一内容视为男方对女方的赠与的话，根据《婚姻法》和《合同法》相关法律的规定，若财产协议未经过公证，实践当中男方主张撤销赠与的话，很有可能获得法院的支持；若协议已经过公证，即便男方反悔、要求撤销对女方的赠与，也会因不符合法律的规定而难以获得支持。①

2. 了解了订立婚前财产协议的误区之后，我们再来看看订立婚前财产协议还有哪些注意事项：

（1）协议约定的财产必须是男方或女方名下的财产（包括婚前财产和婚后财产），而不能直接对第三人名下的财产进行约定，或者说，这样的约定也许在男女双方之间具有法律效力，但是不能约束协议之外的第三方。

举个例子，男方在婚前购买了一套房屋，登记在第三方的名下、由第三方代持，但房屋实际上由男方进行管理和出租，租金也一直由男方收取。如果男女双方在婚前财产协议当中约定，这套房子归女方所有，即便这份协议经过公证程序，女方在实际履行过程当中也不能强制要求第三方必须依协议将这套房屋过户至自己的名下，因为这份协议是男女双方签订的，其效力并不能当然及于第三方。因此，笔者建议我们在签订婚前财产协议的时候，除了要考虑协议本身内容的合法性、有效性之外，还要根据案件的实际情况辅之以其他的法律措施，以确保协议的约定严丝合缝，并且有效、可执行。

（2）婚前财产协议约定的内容必须明确具体。

之前我们提到过，根据我国《婚姻法》关于夫妻共同财产制度的规定，

① 《中华人民共和国合同法》第 188 条："具有救灾、扶贫等社会公益、道德义务性质的赠与合同或者经过公证的赠与合同，赠与人不交付赠与的财产的，受赠人可以要求交付。"

我国目前采取的是婚姻关系存续期间的夫妻财产共有制，也就是说，在没有特别约定的情况下，夫妻一方婚后所取得的收入原则上均属于夫妻共同财产。基于此，我们签订婚前或者婚内财产协议的目的，主要是用约定的方式对法律的规定做出改变和调整，因此，笔者建议协议等内容尽量明确具体，避免使用模棱两可、似是而非的语言。

（3）协议除了约定具体财产的归属之外，还应考虑财产形态转化以及财产在婚内产生的收益问题。

举个例子，男女双方在婚前财产协议中约定了男方在婚前创办的某企业的股权归男方个人所有、与女方无关，是否就意味着在婚姻关系存续期间，该企业的所有权利都归属于男方、男方可以高枕无忧了呢？在笔者看来，对一方名下的公司股权，仅做这样的约定是远远不够的，还应考虑在婚姻关系存续期间一方对所持有的股权进行增资、扩股后股权归属是否发生变化，以及在婚姻关系存续期间企业的股份分红等收益的归属；此外，还应考虑到因经营企业发生亏损、所负债务由谁承担的问题。因为，根据我国《婚姻法》的规定，双方的财产若“没有约定或约定不明确的，适用本法第十七条、第十八条的规定”，也就是说，如果双方并没有对此进行明确有效的约定的话，这些财产性收益则很有可能被视为夫妻共同财产。

（4）协议的内容必须合法，并不得违反公序良俗。

笔者曾经见过客户持有的一份婚前财产协议中有这样的约定：“女方需至少为男方生育一个儿子，否则男方可以无条件要求离婚，且女方净身出户。”且不论“净身出户”这种模糊的约定有多大的法律效力，以是否生儿子作为双方婚姻关系存续的条件，该约定本身就因明显违反公序良俗而无效。

本节最后附上一份婚前财产协议的模板供各位读者参考。但毕竟“家家有本难念的经”，每个家庭面临的情况不同，为了使财产协议有效且不遗漏关键条款，笔者建议最好请专业律师来起草或者审核财产协议，以确保双方签署婚前财产协议的目的得以实现。

附：婚前财产协议（模板）

婚前财产协议

甲方：男，汉族，　　年　月　日生，身份证号码：　　　　　　现住地：

乙方：女，汉族，　　年　月　日生，身份证号码：　　　　　　现住地：

甲、乙双方经自由恋爱，准备依法登记结婚。现根据自愿、诚信原则，对双方的婚前财产作以下约定，以兹双方共同遵守。

一、甲方的婚前财产包括：……

二、乙方的婚前财产包括：……

三、甲、乙双方婚前财产的所有权，归甲、乙各自所有。即便双方解除婚姻关系的，一方亦不得对另一方的婚前财产主张所有权。

四、甲、乙双方对各自的婚前财产拥有自由处分的权利，一方如何使用、处置（包括出租、转让、赠与他人、变卖等）完全由产权所有方独自决定，另一方不得以任何理由加以干涉。

五、甲乙双方各自所有财产所产生的孳息均由各自所有，甲乙双方对各自所有的财产进行处置（包括出租、转让、赠与他人、变卖等）所产生的收益归各自所有。

六、婚后甲、乙双方各自使用个人所有而非双方共同共有的资金投资开发的商业项目、添置新的财产均属投资方独自所有。双方共同投资的项目和添置的财产属于双方共同所有。

七、甲、乙双方婚前各自所负的债务均由各自独立承担，另一方不负清偿责任；婚后各自因投资、个人消费所产生的债务均由投资方独立承担，另一方不负清偿责任；甲、乙双方共同投资、共同消费而产生的债务由双方共同承担。

八、本协议正本一式两份，由甲、乙双方各持壹份。

九、本协议自甲、乙双方签字之日起发生法律效力。

甲方：×××　　　　　　乙方：×××

日期：　　年　月　日　　　　日期：　　年　月　日

第二节　离婚不是痛，痛的是没有离清楚：离婚协议的是与非

一、什么是离婚协议，离婚协议的生效要件

（一）什么是离婚协议

我国《婚姻法》第 31 条规定，男女双方自愿离婚的，双方须到婚姻登记机关申请离婚。婚姻登记机关查明双方确实是自愿离婚并对子女和财产问题已有适当处理的，发给离婚证。根据上述法律规定，男女双方把其自愿离婚的意思表示，以及对子女抚养、财产及债务处理等事项协商一致的意见在书面协议中载明，该书面协议即离婚协议。

（二）离婚协议的生效要件

男：之前签的这份离婚协议要我净身出户太不合理了！我要重新签！

女：不可能！我们双方已经签了名，已经生效了。必须按照这个执行。

男：不重新签署协议，我就不去办理离婚手续！

这样的情形在笔者的日常工作当中非常常见，很多夫妻在协商离婚的过程中都签署过不止一份内容不同，甚至是相互矛盾的《离婚协议书》，那么，到底这些曾经签署过的协议能不能作准，或者以哪一份为准呢？这就关系到离婚协议的生效要件问题了。

根据我国《婚姻法》的规定，《离婚协议书》的生效要件是男女双方到婚姻登记部门办理了离婚登记手续。看来，《离婚协议书》与一般的民事协议不一样，它不是双方当事人协商达成一致意见、在协议书上签字就立即发生法律效力，而是要求双方在签署了《离婚协议书》的基础上，办理完毕离婚登记手续，协议才发生法律效力的。如此一来，上文中的女方当事人想依据双方曾经签署过的离婚协议要求男方净身出户，看来是相当困难了。

之所以要重视《离婚协议书》的生效要件，就是希望大家能够避免上文当中这位女方当事人的错误做法。上述案例改编自笔者所在的律师团队曾经处理的一个真实案例。当时，女方偶然发现男方与单位的女同事有婚外情，

盛怒之下，向男方提出离婚，并要求男方签署了一份包含净身出户内容的离婚协议书。协议虽然签订了，但男方迟迟不肯配合女方去办理离婚登记手续。后来，则干脆向女方挑明：之前签署的协议书不算数，要求双方重新签署协议、平均分割财产，只有这样，才会配合女方去办理离婚登记。女方前来咨询律师，当了解清楚离婚协议书的生效要件内容时后悔不已，感慨自己因为一时的情绪冲动和对法律的误解，错过了争取到最佳离婚条件的时机。

二、离婚协议该怎么写

离婚协议的重要性不言而喻，那么离婚协议到底应该怎么写呢？

如前文所述，离婚协议需载明三个部分的内容，包括双方当事人自愿离婚的意思表示，以及对子女抚养、共同财产及债务等事项的处理意见。这些说起来简单，但在现实当中，当事人往往会因为种种条件因素的限制，忽略对完善离婚协议书约定条款的重视，笔者在代理案件的过程中就曾经多次遇到这样的情形。对此，笔者带大家作一个简单的梳理：

情况一：协议约定内容与真实情况不符

男女双方因爱生恨，想要尽快离婚、摆脱对方。为方便起见，在离婚协议中笼统地写：无夫妻共同财产及债务问题。结果，婚是离了，但双方的婚内财产却没有分割清楚。几经协商，双方互不相让，最终只能提起离婚后财产纠纷，选择对簿公堂来解决。这种情况下男女双方本想早日从不幸婚姻的牢笼中解脱，没想到却因为对夫妻财产的处理不够谨慎，最终的结果是离了婚，两人仍然陷入旷日持久的诉讼当中，无法脱身。

情况二：为了达到早日离婚的目的，违背自己的真实意愿签订协议的

妻子惨遭家暴，为了让丈夫同意离婚，早日摆脱困境，不假思索地同意丈夫提出的所有关于子女抚养及财产处理的意见。离婚之后，妻子感到后悔，想重新确定子女的抚养权以及重新分割财产，欲推翻与丈夫在民政局签订的离婚协议书。

情况三：协议签订不审慎，为协议履行埋下隐患

丈夫背叛家庭，欲与妻子离婚，提出了优厚的离婚条件：不仅同意在子女抚养及财产分配上作出让步，也愿意把自己婚前购买的房子给妻子。妻子因为怕丈夫反悔，匆忙在网上找了份离婚协议书的模板，依葫芦画瓢，写好文书让丈夫签名，然后马上到婚姻登记部门办理了离婚手续。离婚后，妻子到房管局过户时才发现，丈夫承诺给自己的房子竟然不是登记在他名下，而是登记在其父母名下的，要想拿到这套房子，看来还有很长的一段路要走。

类似上面的情形还有很多，就不再一一列举了。接下来，我们就带大家一起来梳理离婚协议到底要怎么写。

（一）离婚了，孩子怎么办？

大数据显示，当下在离婚案件当中，夫妻双方最牵挂的不是房子，不是车子，而是孩子。

诉讼请求类型分布

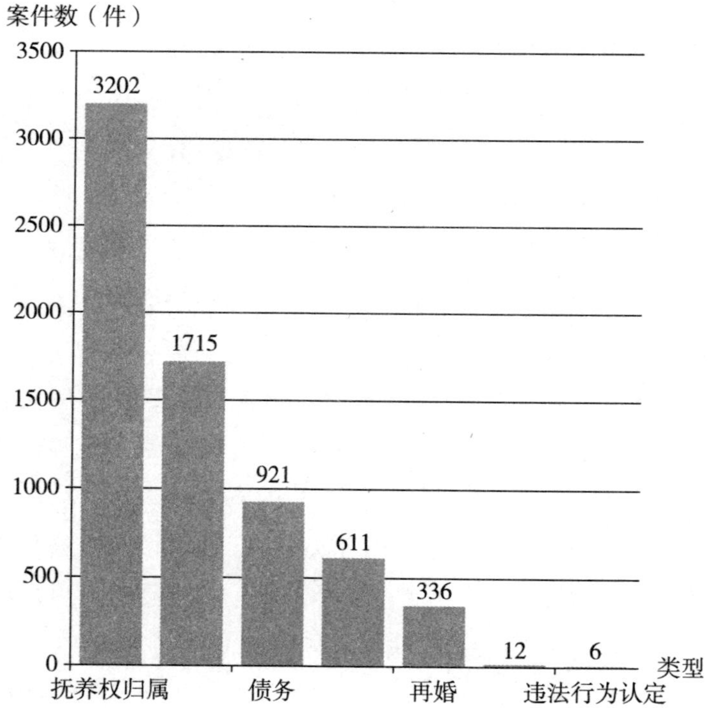

（来源：2019 年 2 月 15 日浙江省高级人民法院发布的离婚纠纷司法大数据报告[①]）

① 浙江在线：《离婚司法大数据出炉　婚后 2~6 年为高峰期　最大原因不是出轨，而是……》，网址：https：//baijiahao.baidu.com/s？ id=1625599016910972878&wfr=spider&for=pc，最后访问时间：2019 年 3 月 4 日。

上面的大数据报告所反映的趋势，与笔者代理婚姻家事案件的经验是吻合的：由于我国实行了多年的计划生育政策，大量的家庭都只有一个孩子，这在一定程度上也加剧了双方在离婚时对子女抚养权问题的看重程度。另外，对于夫妻共同财产的处理，如果双方在离婚当时暂时未能达成一致意见或者不具备充分条件的，尚且可以在离婚之后通过协商或者诉讼的方式来进行解决；但对于子女抚养的问题，法律明确要求夫妻双方在离婚的同时必须作出明确的约定安排。之所以有这样的要求，也是出于对儿童权益的保护：不管夫妻双方是否离婚，一定要确保子女能够获得稳定、安全的抚养条件。下面，我们就对离婚时涉及的子女抚养权的相关问题分别进行说明：

1. 抚养权归属问题

就子女抚养权归属的问题，男女双方可以自由约定。

独生子女家庭除了可以约定孩子的抚养权归一方所有，还可以约定由父母双方轮流抚养。多子女的家庭可以约定各子女由父母分别抚养，或者是约定所有子女归一方抚养。但不论怎样，只要这个约定是双方的真实意思表示，就是有效的。

实践中，子女的抚养权一旦确定，则应当具有相当的稳定性，这也符合保护未成年人利益的原则。但是，法律同时也允许未直接抚养孩子的一方在特定的条件下申请变更子女的抚养权。举个例子，笔者经常在当事人自行书写的离婚协议里面看到类似下面的条款：

“若女方不让男方探视孩子，则女方自动丧失孩子的抚养权。”

这样的例子还有很多。实践当中，在双方离婚子女由一方直接抚养的情况下，男女双方可能会因为探望权的行使、抚养费的支付，甚至是双方之间仍然存在情感对立等原因发生是否变更子女抚养权的争议。那么，如上这样的约定是否有效？双方能否通过协议的方式直接对子女的抚养权变更问题作出约定？对此，答案是否定的。男女双方离婚后，双方如就子女抚养权问题发生争议的，未直接抚养孩子一方必须通过诉讼的方式，才可能实现变更子女抚养权的诉求。同时，因为变更子女的抚养权涉及孩子利益的重大变化，所以，法院在处理的时候会格外地审慎。影响法院判决是否变更子女抚养权的决定因素，并非只是离婚协议中约定变更的条件是否成就，而是要看是否存在法律规定的可以变更抚养权的理由。司法实践中，法院对变更子女抚养权的条件审查可以说是十分苛刻的，如直接抚养子女一方因患严重疾病或因伤残无力继续抚养子女，或是有虐待遗弃子女的行为等。因此，即使男女双方在离婚协议中有如上文约定的变更子女抚养权的条款，也并不意味着一方可以据此直接取得子女的抚养权，因此在设定类似条款的时候，要特别加以留意。

2. 子女的抚养费问题

子女抚养费方面，相较于由法院判决，如果男女双方能协商达成一致意见，则对于抚养费的给付标准以及给付期限等都可以很大程度上突破法律的一般规定。

（1）子女抚养费该给多少

笼统地说，只要双方能够协商一致，抚养费给多少都可以。但是，不是每个想怎样就怎样的约定都能够长久有效。如果相关的条款没有设置好，那么这种相安无事也只能是暂时的。

实务当中，很多人会咨询律师问子女的抚养费给（要）多少合适。这其实并没有一个统一的标准，尤其是每个家庭的经济条件不同，夫妻双方对孩子的养育理念和方式不同，各自在离婚协商过程中的谈判地位也不尽相同，因此，并不存在一个对于任何案件都适用的统一标准。所以，针对协议离婚的情况而言，只要男女双方能够达成一致就可以，甚至在不少的案件当中，直接抚养孩子的一方经济条件宽裕，不需要对方支付抚养费，或者对于抚养费的数额没有一个具体的要求，由支付一方根据自己的条件酌情支付的情况也比较常见。

当然，法院判决子女抚养费时所适用的标准可以作为男女双方确定抚养费金额的一个参考，我们也有必要进行了解。由法院判决抚养费的，一般会依据男女双方的收入水平，尤其是未直接抚养子女一方的收入水平，子女的日常开销，当地的生活水平等因素酌情作出判决。应注意的是，虽然《最高人民法院关于人民法院审理离婚案件处理子女抚养问题的若干具体意见》第 7 条[①]规定“有固定收入的，抚育费一般可按其月总收入的百分之二十至三十的比例给付”，但对于此条规定，我们不能作机械化地理解，认为抚养费的支付标准必然是不直接抚养子女一方收入的 20% 到 30%。毕竟，前面提到的最高院的意见虽然现在仍然有效，但是其出台的年代毕竟较为久远，在当时的时代背景下，大部分人都是按照国家固定的标准拿工资的，所以按照固定工资的一定比例计算孩子的抚养费才具有现实的可操作性。如今，人们的收入结构发生了重大变化，虽然这个意见尚未被废止，但在司法实践中，法院也并非严格按照这个标准计算抚养费了。实践中，法院更多考虑的是孩子在该年龄阶段的实际开支的大小。这也就解释了为什么时至今日，即便在国内经济最为发达的北上广深地区，法院判决一个孩子抚养费的标准也普遍都在每月两三千元的水平，很难再有所突破。当然，如果夫妻双方能够就支付较高标准的抚养费协商达成一致意见的，则不在此限。

（2）抚养费标准确定之后能够增加吗

考虑到经济发展、物价上涨等因素，男女双方在离婚协议中完全可以设计合理的抚养费调整方案。比如，双方可以约定“男方按照每月 3000 元的标准支付抚养费，至孩子能够独立生活时止。抚养费的给付标准逐年递增 500 元”。这样的设置，可有利于保障子女后续的利益，也省掉了之后有可能产生的一些麻烦。

但如果是由法院判决，由于已经有明确的法律救济途径，赋予了子女可以通过诉讼的方式提出变更抚养费的权利，所以，在离婚诉讼中法院一般不

---

①《最高人民法院关于人民法院审理离婚案件处理子女抚养问题的若干具体意见》第 7 条：“子女抚育费的数额，可根据子女的实际需要、父母双方的负担能力和当地的实际生活水平确定。有固定收入的，抚育费一般可按其月总收入的百分之二十至三十的比例给付。负担两个以上子女抚育费的，比例可适当提高，但一般不得超过月总收入的百分之五十。无固定收入的，抚育费的数额可依据当年总收入或同行业平均收入，参照上述比例确定。有特殊情况的，可适当提高或降低上述比例。”

会通过法律文书预先设置抚养费调整方案。[①]

（3）约定一方无须支付抚养费，有什么风险

前文提到过，如男女双方能够协商一致同意不直接抚养孩子的一方无须支付抚养费，这样的约定是有效的。但要注意的是，不支付抚养费的一方也将面临相应的法律风险。

要知道，抚养费的使用者和受益人其实是子女，直接抚养一方放弃要求对方支付抚养费的意思表示有可能实际上损害了子女的利益。如果日后子女另行主张，要求未实际抚养一方支付抚养费的话，其诉求很有可能获得法院的支持。当然，我们知道，实际上未成年子女是不能单独提起诉讼的，程序上必须是由其法定代理人代为提起，一般来说是由直接抚养子女的父母一方来提起。这就可能导致一种风险——如果直接抚养子女的父母一方有意而为之，可以先以无须支付抚养费（或抚养费的给付标准较低）为条件说服另一方把抚养权让给自己，之后再以孩子的名义向法院起诉要求未直接抚养子女一方支付抚养费（或要求提高抚养费给付标准）。法院经审查后如果认为不支付抚养费的行为（或抚养费的给付标准过低）的确是有损孩子的利益，将判决未直接抚养子女一方需支付抚养费（或调整抚养费的给付标准）。

还有一种常见的情形是，在分割夫妻共同财产的时候，未直接抚养孩子的一方作出让步，用自己在相应财产当中的权益抵扣了未来需要支付的子女抚养费。这样的做法，会不会有风险？答案是：风险当然是有的，但是风险的大小要看离婚协议中对应的条款是怎么设置的。如果想降低风险，离婚协议中务必写明夫妻共同财产之所以进行倾向性分配，乃是因为未直接抚养子女一方已经用这种形式一次性足额支付了子女的抚养费。并且，须写明抚养费的给付计算标准。毕竟，抚养费的支付涉及子女的权益，男女双方的约定并不能排除子女日后主张合理抚养费的权利，若在离婚协议中未注明已经

---

①《最高人民法院关于人民法院审理离婚案件处理子女抚养问题的若干具体意见》第18条：“子女要求增加抚育费有下列情形之一，父或母有给付能力的，应予支持。（1）原定抚育费数额不足以维持当地实际生活水平的；（2）因子女患病、上学，实际需要已超过原定数额的；（3）有其他正当理由应当增加的。”

以夫妻财产作为抚养费进行了冲抵，很容易会被误认为是没有履行抚养义务（或履行不足），而被要求补充履行。

（4）抚养费要给到什么时候

关于抚养费的给付期限，根据《婚姻法》第21条及《婚姻法司法解释（一）》第20条的规定，抚养费应支付到子女能够独立生活时止。此处的“独立生活”，是指子女年满18周岁，且无部分丧失或完全丧失劳动能力的情形；同时，如果子女虽已经年满18周岁，但仍在校接受高中及其以下学历教育的，也仍视为尚不能独立生活。

通过离婚协议的约定是能够突破抚养费给付期限的法律规定的，当然，这种突破只能是延长给付期限，而不能缩短。比如，男女双方可以约定抚养费支付至孩子大学毕业时止，而不能约定说只支付至15周岁。若男女双方约定抚养费应支付至孩子大学毕业时止的，一方在孩子上大学后拒不履行支付义务的，孩子有权向其主张抚养费用。同样地，若男女双方约定抚养费只支付至孩子15周岁时止，孩子还是有权向不支付抚养费的一方主张权利，让其继续承担抚养费支付责任至其年满18周岁（以自己的劳动收入为主要生活来源的子女，未直接抚养子女的一方需承担抚养费支付责任至子女年满16周岁）。

（5）抚养费的给付方式

不直接抚养子女一方应定期支付抚养费，抚养费的支付方式通常是按月支付，当然，经双方协商一致，抚养费也可以按季度或者按年等方式来支付。

此外，经常会有当事人向笔者询问：

“抚养费可以一次性支付吗？”

实践中，很多当事人希望未直接抚养子女的一方可以一次性支付孩子的抚养费。对于这种诉求，除非在极为特殊的情况下，即要满足不直接抚养子女一方有一次性支付抚养费的能力，且不判决一次性支付将有可能导致子女日后无法取得抚养费的条件，否则法院一般难以支持。但如果男女双方是协议离婚，则双方可以自行约定。当然，这种关于不直接抚养子女一方一次性支付抚养费的约定同样存在法律风险，因为归根结底获得抚养费的权利是属于子女的，如因直接抚养子女一方的不当行为导致抚养费受损，或者因为物价上涨等因素导致原本一次性支付的抚养费不足以负担子女生活的，子女仍然可以要求不直接抚养一方继续承担支付责任。因此，公平、谨慎起见，笔者一般不会建议客户选择（或接受）一次性支付抚养费的处理方案。

3. 探望权的约定和处理

根据《婚姻法》第38条的规定，离婚后，不直接抚养子女的父或母，有探望子女的权利，另一方有协助的义务。[①] 很多时候，夫妻能够通过协议的方式解除婚姻关系的，相对来说，也较能够理智对待离婚及子女抚养问题，明白要尽可能降低离婚给子女成长带来的消极影响。如果是这种情况，律师建议对探望权行使可不做过于细致的约定，由双方自行协商、并根据孩子的实际学习生活状态随时调整即可。

但是，如果男女双方的矛盾冲突较为激烈，尤其对孩子抚养方面争议较大的，则应尽可能在离婚协议中明确自己（对方）的探视要求。在探视的时间和方式上，应从有利于子女的身心健康、且不影响子女的正常生活和学习的角度考虑，还可以听取孩子的意见，尽可能约定得明确具体，具有可操作性。举个例子，很多人在离婚协议当中仅约定在一般情形下不直接抚养孩子的一方如何行使探视权，比如：

“男方每月可在周末探望女儿两次，每次一天。”

这样的约定在实际操作当中就存在着诸多的隐患，首先，“每月两次”和“每次一天”的说法均过于笼统，男女双方在实际履行过程当中容易因为各自理解的偏差而发生争议。例如，男方提出想带女儿短途旅行，要求在当月的某个周末连续探望女儿两天，女方不同意，便以双方约定“每次一天”为由予以拒绝。再比如，“每次一天”是指12小时、还是24小时？这涉及行使探望权的一方能不能留孩子在家中过夜，也是实践中男女双方最容易发生争议的环节之一。其次，这样的约定仅考虑了一般情况，未将节假日、寒

---

①《中华人民共和国婚姻法》第38条：“离婚后，不直接抚养子女的父或母，有探望子女的权利，另一方有协助的义务。行使探望权利的方式、时间由当事人协议；协议不成时，由人民法院判决。父或母探望子女，不利于子女身心健康的，由人民法院依法中止探望的权利；中止的事由消失后，应当恢复探望的权利。”

暑假等特殊情形考虑在内。这就有可能导致如果严格地依照上述约定进行探望，男方可能会连续多年都没有办法和女儿一起共度春节等重要节日；相应地，如果女方想带女儿长途远足，或者送女儿出国游学的话，也会遭到来自男方的阻挠和反对。长此以往，势必给双方的关系包括与女儿的亲子关系带来严重的不利后果。因此，笔者建议，对于关系冲突较大的男女双方而言，离婚协议中对探望权的约定应当尽可能具体且具有可操作性。在内容上，除了考虑一般情形之外，还应当对特殊情形下（如重大节假日、孩子的寒暑假等）的探望问题进行明确约定。

（二）离婚了，财产怎么才能分清楚？

随着社会的高速发展，夫妻共同财产所涉及的种类越来越多样化，价值越来越大，权属性质也越来越复杂，想在离婚时用协议工具把这些财产处理好，不留下风险，必须牢牢把握一个原则，就是协议要写清晰、写完整、写明白——清晰是指产权归属要清晰，完整是指财产信息要完整，明白是指处分意愿要说明白，产权归属要弄明白。

那有没有一份万能的模板可以把这些内容都囊括了呢？作为一名专业的婚姻家事律师，可以很肯定地告诉您——没有！所谓的模板无外乎提供一些基础的格式条款，只是在形式上符合离婚协议的要求，但在内容上并不能适应每个家庭和每个个案的具体情况。专业的婚姻律师从来不敢提供所谓的模板给客户，让他们自由发挥，而是在详细了解案情后，根据个案的情况专门拟定符合当事人条件及意愿的协议条款，字斟句酌地对每一个细节进行调整，因为我们深知协议对当事人本人乃至其整个家庭的重要性，更担心所谓“失之毫厘，谬以千里”的差错出现。

受篇幅所限，本章节仅挑选一些具有代表性的财产类型进行重点说明。

1. 不动产分割的条款设计

（1）对于不动产，我们首先要明确其权属情况，这涉及离婚时的处分行为是否有效。否则，很可能会重蹈下面案例的覆辙。

案例 25

离婚协议中对他人房产权属所做约定无效

王某父母是当地小有名气的企业家，两人老来得子，自小就对王某宠爱有加。大学毕业后，王某按照父母的意愿进了自家的企业工作，工资不高，但王某也不指望工资卡上的那点钱：但凡他有用钱的要求，父母没有不满足的。

在一次朋友的聚会上，王某认识了同样从国外留学回来的李某，两人一见钟情，在交往了几个月之后便很快步入了婚姻的殿堂。结婚后没多久，王某因婚内出轨，与第三者生育了一个儿子，打算和妻子李某离婚，但李某不同意。两人在婚后没有积累什么夫妻共同财产，几乎所有的花销都来自王某父母，就连他们居住的房屋都是王某父母名下的。

为了让李某同意离婚，王某的家庭表示同意把王某父母名下分别位于深圳和佛山的两套房产给李某，让李某在离婚后起码生活无忧。李某考虑后同意了。于是两人在离婚协议中写明："位于深圳和佛山的两套房屋归女方一人所有。"然后两人到婚姻登记处办理了离婚手续，并在离婚协议中签名确认。

离婚后，等李某找到王某及王某家人要求履行协议约定时，才发现麻烦大了！

直至此时，李某才意识到：两人在离婚协议中对位于深圳及佛山两套房屋的处分约定是无效的。其原因在于，离婚协议的效力只涉及男女双方，而不能约束第三人，尤其不能对第三人创设义务。因此，在离婚协议中约定第三人的财产归夫妻一方所有的条款是无效的。王某的父母可以抗辩说不清楚王某与李某之间的约定，父母两人也没有答应要把深圳和佛山的房子给李某。因此，王某与李某两人在离婚协议中对于王某父母名下深圳及佛山两套房屋归属的约定无效！这时李某只能欲哭无泪了。

此外，笔者还代理过多起涉及房屋代持的案件：

案例 26

房屋代持，离婚财产分割的定时炸弹

马某与杨某夫妇名下已有两套房屋，之后他们又看中了一套位于广州市海珠区的房屋，但由于房屋限购政策的原因，两人便协商将房屋登记在马某姐姐马甲的名下，由马甲代持。稳妥起见，双方还与马甲签署了代持协议。收楼后房子一直在出租，租金由杨某收取。时间长了，两人似乎都将房屋代持的事情忘记了。

后来，两人因故离婚，在签订的离婚协议当中直接写明“位于广州市海珠区 ×××××× 的房产归女方杨某所有”。之后一直相安无事，房子继续出租，租金也继续由杨某收取。可是突然有一天，租客说“业主”马甲发了律师函来，要求租金不再由杨某收取，而要交回给马甲。

对于不动产的物权，我国法律采取的物权公示制度是登记主义，也就是原则上不动产登记在谁的名下就是属于谁的。因此，上面的案例中，在房子还登记在马某姐姐马甲名下的情况下，马某与杨某在离婚协议中对房屋的处分是无效的。

当然，案例中，杨某可以通过向法院起诉，要求对房屋进行确权来进行救济，但可以想象，作为代持一方的马甲之所以会突然发难，企图否定一直以来的代持关系，一定与马某本人态度的转变有关，两人必定齐心协力、姐弟同心，竭力否认代持关系。如此一来，杨某的房屋确权之路，势必障碍重重，诉讼也将花费大量的经济成本和时间成本。

综上，如果要处分的不动产并非登记在夫妻名下的，不能只简单地在离婚协议中约定不动产归属，而应当先通过确权的途径将房屋过户至夫妻双方或一方名下再进行处分；如果暂时不具备过户的条件，也应至少通过协议的方式做出安排。如在前述王某的案例中，李某至少应要求王某的父母与自己签署一份房屋的赠与协议，并进行公证。在马某的案例中，鉴于代持人与马某系亲属关系，如房屋暂时不具备过户条件，不建议杨某主张该房屋的所有权，而代之以取得其他不存在权属争议的夫妻共同财产，或取得价值相当的现金补偿；如果一定要得到这套房屋的，也应要求与马某及其姐姐三方一起再签署一份房屋处置协议，作为离婚协议的附件。

（2）房屋是什么时候购买的，权属登记情况等信息都需要在离婚协议中写清楚。

在处分不动产时，应当在离婚协议中写清楚不动产的具体地址，并再三核对，确保与不动产权证上的信息完全一致。否则，将面临无法过户或该财产被视为未分割处理的情况。此外，如果在离婚时不动产还没有出产权证的，那么，除了在离婚协议书中写上可以明确指向不动产的地址之外，还要补充相关信息，使其指向唯一：比如，相应的购房合同的合同编号、签署合同的时间等。

如果不动产是有抵押贷款的，那么这个贷款由谁清偿，从何时开始由其负责清偿，以及不按时足额清偿的法律后果，这些都应当逐一详细列明。

离婚后，不动产需要转移登记的，应当在离婚协议中约定清楚。比如，应当在什么时候配合办理过户手续，相关的手续费及税费由谁承担等，以避免日后再起争议。同时，在离婚协议中亦应该明确一方没有及时履行义务的制裁措施，比如，逾期不支付房屋对价的惩罚办法、不配合办理产权变更手续的法律后果等。

（3）在离婚协议中，应明确处分的不动产到底是属于男女一方的个人财产，还是属于夫妻共同财产。虽然我国《婚姻法》规定离婚时要分割的是夫妻共同财产，但在离婚协议中明确一方的个人财产（特别是涉及较大财产价值的不动产）的归属也有着非常重要的意义：

其一，有利于避免一方反悔，主张另一方存在隐瞒财产未分割的情况。

其二，因为离婚协议不同于仅涉及一般的经济利益的民商事协议，离婚协议的达成有赖于双方在身份关系、子女关系、亲属关系和财产关系等各个方面达成的有效平衡。而即便是一方的个人财产，只要其作为达成这种平衡关系的一个因素发挥了作用，就应当在协议当中明确地体现出来，以期反映问题的全貌，避免各方以偏概全，再发生争议。

2. 银行存款分割的条款设计

对于银行存款，相当多的离婚协议往往是这样约定的：

“各自名下的存款归各自所有。”

如此简单的约定既有好处也有弊端。好的地方体现在，这样的约定非常便于操作。如前所述，离婚协议性质特殊，它是夫妻双方在身份关系、子女关系、亲属关系和财产关系等各个方面达成的一个综合平衡的结果。财产的分割，只是这个平衡当中的一部分。只要这个财产分割方案是双方在对夫妻共同财产的范围、各自占有财产的情况有清晰了解的基础上达成的一致意见，都应当得到尊重和执行。这样的约定在很大程度上为促成双方达成协议，以及协议的履行提供了便利。

但是，有时候这样的约定背后也埋伏着陷阱。特别是如果夫妻一方在家庭经济当中拥有绝对控制权的情况下，另一方对家庭的真实经济状况并不了解，这样的约定就为一方隐瞒自己名下的真实存款情况提供了掩护。同时，更可怕的是，一旦双方笼统地约定各自名下的存款归各自所有，哪怕是一方日后发现对方有借此隐匿财产的情况，也难以追索。

因此，如果在男女双方能够理智协商的情况下，为了确保各方的权益，应当对各自名下的存款进行梳理并合理分配。律师建议，男女双方可以在离婚协议中明确各自名下的银行账户情况、存款的数额等信息，以及明确针对这些存款的分配方案。这样做有两个好处，一是离婚后一方若发现另一方没有记载在离婚协议当中的银行存款，便可以另行主张、要求分割甚至要求故意隐匿一方对该部分存款少分甚至不分。二是如果一方在离婚后不履行离婚协议约定的补偿义务，另一方也可及时向法院起诉，根据离婚协议记载的存款信息及时查到存款的支取情况及钱款的去向。

3. 如何分割公司股权

随着社会经济的发展，越来越多的婚姻纠纷中涉及企业股权分割的问题。以企业的组织形式来区分的话，常见的股权分割会涉及有限责任公司、股份有限公司、个体工商户等企业组织形式。不管是哪种类型的企业，其股权分割问题，都需要根据具体情况进行约定，以避免与其他法律规定相冲突而导致约定无效或无法实际履行的情况出现。

根据《婚姻法》及相关司法解释的规定，审理离婚案件中，涉及分割夫妻共同财产中以一方名义在有限责任公司的出资额，另一方不是该公司股东的，按以下情形分别处理：

（1）夫妻双方协商一致将出资额部分或者全部转让给该股东的配偶，过半数股东同意，其他股东明确表示放弃优先购买权的，该股东的配偶可成为该公司股东。

（2）夫妻双方就出资额转让份额和转让价格等事项协商一致后，过半数股东不同意转让，但愿意以同等价格购买该出资额的，人民法院可以对转让出资所得财产进行分割。过半数股东不同意转让，也不愿意以同等价格购买该出资额的，视为其同意转让，该股东的配偶可以成为该公司股东。①

股权转让的操作程序上，除了由男女双方在离婚协议中约定清楚之外，还需根据公司章程规定的程序组织其他股东进行表决，以使得另一方顺利取得公司股权。

4. 现金补偿内容的条款设计

案例 27

离婚后才支付现金补偿款有保障吗？

张某和贾某贝在婚后购买了一套房屋，登记在贾某贝个人名下。现双方离婚，商定房屋归贾某贝个人所有，贾某贝在离婚后一个月内一次性补偿给张某 150 万元。但这时张某很担忧，因为他们一旦办了离婚手续，房屋就会归贾某贝所有，可如果贾某贝不肯给钱，那这该怎么办呢？难道只能通过向法院起诉才能保障自己的权利？有没有什么其他方式，可以让贾某贝有压力、促成她主动履行呢？

---

①《婚姻法司法解释（二）》第 16 条“人民法院审理离婚案件，涉及分割夫妻共同财产中以一方名义在有限责任公司的出资额，另一方不是该公司股东的，按以下情形分别处理：（一）夫妻双方协商一致将出资额部分或者全部转让给该股东的配偶，过半数股东同意、其他股东明确表示放弃优先购买权的，该股东的配偶可以成为该公司股东；（二）夫妻双方就出资额转让份额和转让价格等事项协商一致后，过半数股东不同意转让，但愿意以同等价格购买该出资额的，人民法院可以对转让出资所得财产进行分割。过半数股东不同意转让，也不愿意以同等价格购买该出资额的，视为其同意转让，该股东的配偶可以成为该公司股东。用于证明前款规定的过半数股东同意的证据，可以是股东会决议，也可以是当事人通过其他合法途径取得的股东的书面声明材料。”

在离婚协议中，关于金钱补偿的给付条款设置，常见的情形是男女双方只简单地就给付数额和给付期限进行约定。比如，在上述的案例中，贾某贝应当在离婚协议生效后一个月内一次性支付150万元给张某。可是，这样的约定，对于迟延履行金钱给付义务的一方，并没有很强的约束力。实践中，像张某这样房子没了，补偿款又拿不到的情况不在少数。因此，为了避免这种迟延履行的情况发生，或者是对迟延履行金钱给付义务的一方进行惩戒，律师建议可以在离婚协议上增加如下内容：

"若女方贾某贝不按期支付补偿款的，则应以拖欠的补偿款为基数，按照日千分之五的标准，向男方张某支付违约金，直至全部补偿款履行完毕时止。"

如此，若给付义务人不按期履行现金给付义务的，就会面临与日俱增的违约金，借此形成一定的压力，以达到促使其积极履行离婚协议设定的义务的效果。

5. 债务的承担

离婚协议中约定"各自对外债务由各自承担"，各方是否就能高枕无忧？

此处要区分债务的性质。如果是夫妻一方的个人债务，那么另一方当然无须承担偿还责任。如果债务系夫妻共同债务的，男女双方在离婚协议当中对共同债务的承担约定对第三人不发生效力，双方对共同债务的连带责任不因夫妻关系的解除而免除。若在离婚协议中约定了共同债务由配偶一方承担，但在实际清偿债务的过程中，以另一方的财产履行了偿还责任的，那么，履行了偿还责任的一方，可以在归还了债务后，依离婚协议的约定向另一方追偿。对此，律师建议可在离婚协议中增加如下条款内容：

"双方离婚后，各自名下的债务各自承担。如因一方怠于履行偿还责任，导致另一方受到债权人的追索并承担了全部或部分偿还责任的，另一方可依本协议的约定向怠于履行一方追偿，怠于履行一方除了应立即全额偿还另一方支付的全部债务金额之外，还应当以全部已偿还的债务金额为基数、按照日千分之五的标准向另一方支付违约金。"

三、离婚协议的制作误区

（一）婚姻登记部门有协议模板，办理离婚登记手续的时候填空就可以了？

附件 3

离婚协议书

（参考样式 1）

男方：张三，身份证件号：440105××

女方：李四，身份证件号：440108××

我们双方于 19× 年 × 月 × 日登记结婚，婚后因 ××××××××，经双方协议达成离婚意愿，并对子女抚养、财产、债务等事项已达成一致处理意见，现双方对有关子女抚养和财产问题达成协议如下：

1. 张三与李四自愿离婚。

2. 婚后双方无子女、无财产。

3. 我们夫妻婚姻关系存续期间双方各自对外的债权债务，离婚后由各自享有与承担。（如有共同债权债务问题，请写明具体情况和分担情况。）

4. 双方清楚，离婚登记完成后，婚姻登记机关将不予受理更换离婚协议书或变更离婚协议内容申请，包括变更子女姓名、子女抚养权、房产地址、房产所有权、债权债务安排等内容。

5. 双方清楚，《婚姻法》规定女方在怀孕期间、分娩后一年内或中止妊娠后六个月内，男方不得提出离婚；如女方提出，不在此限，如有上述情形，协议离婚确由女方提出，且双方同意的，双方愿意承担由此引起的一切后果和法律责任。

6. 本协议书为双方自愿签订，对男女双方具有法律约束力，违约方应负法律责任。

7. 本协议自双方取得《离婚证》之日起生效。

8. *双方协商一致其他与离婚登记相关条款* ________________。

上面这份是某婚姻登记处提供的离婚协议模板。①

看模板内容觉得协议很简单？表面上看似乎是的。但离婚纠纷中每个家庭的情况千差万别，各方当事人希望通过离婚协议达到的目的和保障的权利也不尽相同，因此，认为制作离婚协议很简单，从网上下载一个模板填一填就行了的想法显然不合实际。

实际上，婚姻登记部门所提供的离婚协议模板与展示在法院立案庭窗口的民事起诉状模板的性质是一样的，都仅仅是格式样式的参考。在民事起诉状中案由是什么，具体诉求怎么提，事实与理由该怎么写，证据该怎么罗列等，都需要根据个案情况进行不同的设置，离婚协议书亦然。如果不想离婚之后还有不必要的麻烦事儿，那么就请慎重对待协议书上的一字一句。

（二）婚虽然离了，但我总要留点控制权在手上。

根据笔者的经验，这是协议离婚的当事人普遍存在的心态，担心离婚之后双方再发生什么矛盾或者不愉快，希望保留点控制权在自己手上。常见的保留控制权的方式有：

1. 离婚后，如果男方 / 女方再婚，则孩子抚养权归另一方所有，并且需支付违约金多少万元。

2. 离婚后，抚养孩子的一方不得给孩子改名 / 改姓。

3. 离婚后……

究其实质，这是对过往还放不下的表现。

从法律上来分析，这些约定往往会因为涉及限制人身自由而导致无效。比如上文中提到的如果一方再婚，便丧失子女抚养权的约定，显然既侵犯了一方的婚姻自由，也明显未考虑到子女的利益保障，应属无效约定。再比如，能否单方面给孩子改姓或改名的问题，也是离婚时的常见纠纷类型。

针对这种即使离婚之后、也希望保留一些控制权在自己手上，以达到对

---

① 广州市民政局：《关于进一步加强和改进婚姻登记管理服务工作的通知》，网址：http://www.gzmz.gov.cn/gzsmzj/hydjglxx/201811/af0dbfd5413f463aac5a29b5a6407859.shtml，最后访问时间：2019 年 3 月 4 日。

对方形成制约的做法，笔者是持保留意见的。首先，如前所述，这样的做法很有可能因为本身违反了法律的规定而归于无效；其次，就后续的实际效果而言，即便对方在某种特定条件下签署了对自己不利的协议条款，在离婚之后，不大可能心平气和地履行协议，双方反而会因此爆发新的矛盾；最后，通过离婚协议企图保留一些控制权的做法其实是对自己的一种消极的心理暗示，它仿佛是在不断地提醒自己，我的这段婚姻关系是多么失败，我在这段婚姻关系当中没有得到平等的、应有的对待，而我现在仍然不甘心。长期面对这样一种消极的心理暗示，我们就很难从这段关系当中真正走出来，开始新的生活。

（三）在离婚协议中，约定把夫妻共有房屋赠与子女，这种赠与想撤销就能撤销？

对此，有两种不同观点：

第一种观点认为，离婚协议中约定把房屋赠与子女，应适用合同法中关于赠与的一般规定，在房屋没有办理过户手续之前，视为赠与财产的权利未转移，赠与人依法享有任意撤销权。

第二种观点认为，离婚协议约定房屋赠与子女是一种以解除双方身份关系为目的的赠与行为，具有一定的道德义务性质，有别于普通民事主体之间的赠与。在双方婚姻关系已解除，且离婚协议的其他内容已经履行的情况下，应当视为赠与财产的目的已经实现，赠与行为不能随意撤销。

实务中，更加倾向支持第二种观点。

案例 28

离婚协议中将财产赠与子女的约定不得随意撤销[①]

原告李某某与被告王某某于 2001 年 11 月 11 日登记结婚，婚后于 2003

---

① 北京法院：《参阅案例第 16 号：李某某诉王某某离婚后财产纠纷案》，网址：http：//www.bjcourt.gov.cn/article/newsDetail.htm ？ NId=50000026&channel=100015001，最后访问时间：2019 年 3 月 4 日。

年9月生育一子王某。因感情不和，双方于2009年9月2日在法院调解离婚。双方离婚时对于共同共有的位于北京市崇文区[①]××路××号院××小区××号楼××单元59号房屋（以下简称59号房屋）并未予以分割，而是通过协议约定该房屋所有权在王某某付清贷款后归双方之子王某所有。2013年1月，李某某起诉至北京市东城区人民法院称：59号房屋贷款尚未还清，房屋产权亦未变更至王某名下，即还未实际赠与给王某，目前还处于李某某、王某某共有财产状态，故不计划再将该房屋属于自己的部分赠给王某，主张撤销之前的赠与行为，由法院依法分割59号房屋。

被告王某某则认为：离婚时双方已经将房屋协议赠与王某，正是因为李某某同意将房屋赠与王某，我才同意离婚协议中其他加重我义务的条款，如在离婚后单独偿还夫妻共同债务4.5万元。我认为离婚已经对孩子造成巨大伤害，出于对未成年人的考虑，不应该支持李某某的诉讼请求。

审判结果：

北京市东城区人民法院于2013年4月24日作出（2013）东民初字第02551号民事判决：驳回原告李某某的诉讼请求。宣判后，李某某向北京市第二中级人民法院提起上诉，北京市第二中级人民法院于2013年7月11日作出（2013）二中民终字第09734号判决：驳回上诉，维持原判。

裁判意见：

法院生效裁判认为：原、被告在婚姻关系存续期间均知悉59号房屋系夫妻共同财产，对于诉争房屋的处理，李某某与王某某早已达成约定，且该约定系双方在离婚时达成，即双方约定将59号房屋赠与其子是建立在双方夫妻身份关系解除的基础之上。在李某某与王某某离婚后，李某某不同意履行对诉争房屋的处理约定，并要求分割诉争房屋，其诉讼请求法律依据不足，亦有违诚信。故对李某某的诉讼请求，法院不予支持。

从法院的判决意见当中我们不难看出，离婚协议是夫妻双方对婚姻关系的解除、子女抚养、财产分割、债务承担以及离婚损害赔偿等涉及人身、财产权

---

① 现为东城区。

利等多方问题协商一致的基础上达成的整体方案。一般情况下，男女双方是在综合考虑离婚是否能够成就、子女抚养条件是否妥当、财产分割是否合理、情感伤害是否能够弥补等各项因素的情况下确定的一个整体的解决方案。如果允许一方就其中的某个或某些条款内容反悔，那么男女双方离婚协议的“整体性”将被破坏。同时，离婚协议各项条款的订立都是为了解除婚姻关系所制定，不得轻易变更或撤销。实践中，有些人为达到尽早离婚的目的，在协商离婚时作出一些虚假的承诺，在离婚后又对约定反悔，要求变更或者撤销，如拒绝支付高额抚养费、不配合办理房屋过户等。这些行为都是有违诚实信用原则的。任何一方没有特殊原因，都应接受自己当时决定所带来的法律后果、保护未成年子女的合法财产权益。同理，在婚姻关系已经解除且不可逆的情况下，如果允许男女一方当事人对财产约定的部分反悔，那亦将同样违反诚实信用原则，因为在离婚协议中约定把房屋赠与子女的行为，本质上是双方签订离婚协议的一个重要条件，并不因赠与的财产尚未交付转移，赠与人就当然享有撤销赠与的权利。因此，对离婚协议的审查不能简单地适用《合同法》，而应着重从是否有违当事人真意、是否侵害子女和女方利益等角度进行考量。因此，夫妻双方离婚时协议约定将夫妻共同共有的房产赠与未成年子女，离婚后一方在赠与房产办理产权变更登记之前反悔，主张依据《合同法》第186条第1款的规定撤销赠与的，法院一般不予支持。

（四）离婚协议必须公证？

离婚协议，公证并非必须。因为即使公证了离婚协议，若未到民政部门办理离婚登记手续的，离婚协议也并不生效，不能产生解除婚姻关系以及处理子女抚养权、分割财产等法律后果。

当然，虽非必须，但公证对于离婚程序而言，还是能够发挥独特的作用。比如离婚协议中涉及将一方名下的房产处分给另一方的问题时，如协议已经公证，即使一方事后改变主意，也很难主张撤销；同时，如一方不配合另一方办理房产过户手续的，取得房产的一方则可以直接凭经过公证的离婚协议向房管部门申请办理过户手续，而无须对方配合。再比如，针对离婚协议中有明确财产给付内容的条款，如孩子的抚养费、房屋的补偿款等，也可以在办理离婚登记手续的同时将协议进行公证，赋予协议以强制执行效力。这样一来，如果对方不主动履行，我们就可以直接凭经过公证的离婚协议向法院申请强制执行，而无须先到法院打官司了。

第三节　私人财富保护与传承的漏，协议都能堵

前面几节我们谈到了法律协议是一种能够同时对身份关系和财产关系进行约束和保护的工具，详细描述了法律协议在婚前和婚姻关系存续期间的应用场景。在这一节当中，我们再来看看法律协议在与私人财富保护与传承密切相关的其他几个场合的具体运用。

一、资产代持：自己的钱放在别人口袋里，至少要签个协议说清楚

资产代持，顾名思义，就是自己的财产由他人代为持有。资产代持通常在什么情况下发生，代持的情况在当下有多常见？大家可以按照下面的场景对号入座。

（一）资产代持的常见情形

1. 借名购房

由于近些年各地陆续出台了大量的房地产限购政策，投资用途的房地产代持现象遍地皆是。借名买房人与出借人之间口头或书面约定，借名人出资购买房屋，但房屋产权登记在出借人名下，在一定条件成就时或某些障碍消除后，出借人再将房屋产权过户到借名买房人名下。在借名买房人与出借人发生纠纷时，借名买房人往往要求确权或将房产过户登记到己方名下。①

2. 股权登记在他人名下

和房产代持的情况类似，股权代持的情况也极为常见。公司的实际投资

---

① 广州审判网：《广州法院房地产审判白皮书暨典型案例（2013—2017 年）》，网址：http://www.gzcourt.gov.cn/xwzx/bps/2018/09/11101754704.html，最后访问时间：2019 年 3 月 4 日。

人因为某些特殊的原因，无法或者不愿意将股权登记在自己的名下，而选择由他人代为持有，代持人成为公司的显名股东，却不实际上行使股东的权利，公司仍然由实际投资人掌握和控制。

此外，还有一些特殊的情形，实际投资人也没有将股权登记在自己的名下，如股权由信托持有，或者由其他机构代为持有，比如我们大家都非常熟悉的华为公司，它采取的是全体员工持股的模式，由于员工人数众多，其股份均由华为投资控股有限公司工会委员会持有，这些模式因涉及其他形式的法律安排，我们在此不做展开讨论。

3. 车辆

近年来，车牌资源在很多大中城市也越来越紧俏，不少不符合上牌标准的朋友虽然买了车，却只能登记在他人的名下，或者出于成本考虑，将个人购买的车辆登记在公司的名下等。

4. 无须登记的其他动产，如艺术收藏品、具有投资价值的其他物品

上面所说的几类情形有一个共同的特点，那就是都属于法律上需要进行权属登记的财产类型。而现实生活当中，还有很多无须登记的财产，比如现金资产、艺术收藏品、名贵的珠宝首饰、手表包包等奢侈品，依据现行法律的规定，一般支持“占有人即所有人”的原则，因此如果此类型的财产存在由他人代持的情况，都会面临较大的法律风险。

（二）资产代持的法律风险

1. 资产灭失

资产灭失的风险是根本性的，这一点无论资产是由权利人自己持有还是由他人代为持有，均同样存在。之所以我们要在此处讨论资产灭失的风险，原因在于如果在资产被代持期间发生灭失，权利人将丧失直接追索从而获得替代性补偿的可能性。举个例子，房屋被大火烧毁，可以向肇事者或者其他责任方行使追索权利的是房屋的名义所有人，也就是代持人；如果代持人也在火灾中遇难，或者怠于行使追索权的话，权利人的财产权益将面临无可挽回的损失。

2. 被恶意侵占

这里主要讨论的是代持人的道德风险，以借名买房为例，如果借名买房

人无法证明双方对争议房屋的产权有明确约定，或者无证据证实购房款系由己方出资的话，在出借人拒不承认的情况下，借名买房人极有可能陷入被动的局面。此外，如果出资人不符合限购、限贷政策，即使能够证实房屋是自己所购，法院也不会支持当事人的过户请求。

举一个我们律师团队亲自代理的案例：刘先生与太太王女士在婚姻关系存续期间已经购有两套房屋，后来刘先生又看中了市中心一套小户型的房屋，想买来做投资之用。苦于自己和太太名下都已经没有购房名额，便提出将房屋登记在自己母亲张老太太的名下，考虑到婆婆也不是外人，王女士便也没有提出异议。然而世事难料，过了两年，两人因为刘先生有婚外情以及对王女士有暴力行为而诉讼离婚，这套房子竟然成了离婚过程当中最难分割的一项财产。

对王女士而言，房子登记在婆婆名下，处理离婚案件的法院明确告知王女士登记在他人名下的财产不能直接在离婚案件当中进行处理，要王女士另案起诉。无奈之下，王女士只好将婆婆告上法庭，要求法院确认登记在婆婆名下的这套房子是自己和刘先生婚姻关系存续期间的夫妻共同财产。在法庭上，张老太太的代理人全盘否定了王女士提出的借名买房的案件事实，声称购房款虽然是刘先生和王女士夫妇支付的，但这套房子是儿子和儿媳买来孝敬自己的，从法律关系上讲是赠与而非代持。而法庭上作为第三人出庭的刘先生的态度也可想而知地完全站在自己母亲一边，声称房屋确实是自己和太太买来孝敬老人家的，根本不存在代持的问题。婆婆的态度让王女士非常地心寒：在与先生闹离婚之前，自己和婆婆相处融洽，在刚刚发现刘先生出轨的时候，自己曾向婆婆求助，老人家当时也旗帜鲜明地表示自己的儿子确实做错了，即使不认这个儿子，也要帮着儿媳妇和孙子讨回一个公道。然而说归说，如今真到了法庭上，别说帮着自己讨回公道，就连当初是借名买房的事情都不承认了，与儿子合起伙来，企图侵占自己的财产。

作为专业的婚姻家事律师团队，笔者近年来处理像王女士这样的案子越来越多，类似的遭遇也无时无刻不在提醒着我们，一定要提前对此类风险进行防范。

3. 代持人遭遇意外

俗话说：我们永远不知道明天和意外哪个先到。虽然财产安然无恙，但是代持人却遭遇意外、丧失了民事行为能力或者不幸身故的话，原本相对稳定的财产权利义务关系立即发生了变化，风险也随之而来。就拿上文当中刘先生和王女士的案件举例，如果在两人婚姻关系存续期间，婆婆张老太太不幸去世，生前也没有留下遗嘱的话，这套房屋将会成为张老太太遗产的一部分，张老太太的所有法定继承人均有权继承。即便此时王女士和刘先生并没有闹离婚，刘先生想和他的兄弟姐妹分清楚这套房屋实际上是属于自己的、跟其他人无关都尚且困难，更不要说如果两人感情不睦、闹离婚的话，王女士要主张自己对房产的合法权益，则更是难上加难了。

4. 代持人的婚姻破裂

在代持的法律关系当中，如何防止和避免代他人持有的财产与自身家庭的夫妻共同财产混同，从而保障财产实际所有人的利益，也是一个非常值得探讨的问题。根据我国《婚姻法》的规定，我国实行婚内夫妻财产共有制，如无特别约定，在婚姻关系存续期间，登记在配偶任何一方名下的财产都会被视为夫妻共同财产。据此，登记在代持人名下的财产极有可能在代持人的婚姻关系破裂的时候遭到配偶另外一方的追索。笔者的一位朋友前不久聊起他刚刚买了一套房子，因为自己没有购房名额，登记在了弟弟的名下。说到此处，笔者善意提醒这位朋友最好与弟弟签署一份房屋代持协议，如果弟弟已经结婚，最好请弟媳也一并在协议上签名，并解释原委。朋友了解后欣然表示回去马上就签署。谁知没过多久，这位朋友又急急跑来向笔者求助：原来他不知道，弟弟和弟媳两人前几个月就开始吵闹要离婚，协议还没签，弟媳已将弟弟告上法庭，要求离婚并且分割夫妻共同财产，财产清单当中赫然列着弟弟帮自己代持的这套房屋。朋友如今懊恼不已：为什么不早点把协议签了？现在案件的表面证据均对自己不利，真担心房屋要不回来。

（三）订立代持协议的要点

通过上面的讲述，我们了解到代持关系存在的诸多风险，也深刻体会到了订立代持协议的重要性。下面我们一起梳理一下订立代持协议有哪些要点：

1. 协议要采取书面形式

由于代持法律关系的特殊性，协议必须采取书面形式。前面所述的真实案例当中，权利人与代持人之间可以说都设立有口头的代持协议，但是口头协议的最大弱点又恰恰在于协议的一方反口时无从确认，或者即便不是协议一方反口，而是协议遭到来自第三方的挑战时，也往往会陷入“口说无凭”的尴尬境地。比如我们在上文当中提到的朋友的弟弟代持房产的案例，可能有的人会建议说可以让哥哥和弟弟在事后补签一份代持协议，这当然也是补救措施的一种，但毕竟不如一开始的时候就由哥哥和弟弟、再加上弟媳共同签订一份协议更加直接有效；同时，事后补签协议，还存在其内容和形式是否经得起对方质询的问题，搞不好反而弄巧成拙了。

2. 协议的必备条款

以房产代持协议为例，协议的必备条款包括：

（1）购房款的出资情况；

（2）产权登记情况、产权证明的保管使用情况，以及双方对房屋代持关系的确认；

（3）房屋的占有、使用、收益、处分等权属的行使或者行使限制约定；

（4）房屋的费用负担；

（5）房屋日后办理过户登记的约定；

（6）违约责任等。

3. 完善协议配套证明材料

在制定详尽的协议条款的同时，一定不要忘记同时完善协议配套的证明材料。仍然以房产代持来举例，哥哥以弟弟的名义购房时，无论是房屋的首期款，还是按月支付的银行贷款，都是由哥哥的银行账户先转账到弟弟的银行账户，再由弟弟的银行账户支付给开发商和贷款银行。这样一来，哥哥转给弟弟的钱就有可能与弟弟自己的财产（在弟弟结婚之后，就是弟弟小家庭的夫妻共同财产）产生混同。为了避免有理说不清，在签署房产代持协议的基础上，哥哥和弟弟之间至少还要完善以下的手续和步骤：

（1）专款专用，要求哥哥在支付相关款项时尽量做到定时、定额，避免购房的钱与弟弟账户的其他资金混同；

（2）专户专用，建议弟弟用来购房的银行账户也不做他用；

（3）保留完整的转账凭据，如果是通过银行转账，尽量在附言当中明确款项的用途；

（4）前面已经提到过，为了避免因代持人的婚姻关系发生变动从而损害权利人的财产权益，在代持关系成立时，代持人已婚的，还应当要求代持人的配偶一同签署协议为妥。

附:《房屋代持协议》(模板)

《房屋代持协议》(模板)

甲方（实际产权人）：　　　　　，身份证号码：______________

乙方（名义产权人）：　　　　　，身份证号码：______________

甲乙双方是________关系，现双方经过平等协商，就甲方出资购买房屋委托乙方代持之相关事宜达成如下协议，以资双方共同信守：

一、房屋基本信息

1. 甲方购买并委托乙方代持的房屋坐落于______________，（下称“该物业”），房地产权属证明书编号为：______________。

2. 甲方的出资方式为：________（一次性付款 / 银行按揭贷款）。（注：采用一次性付款的，应注明甲方的支付方式，比如以现金方式直接支付或是通过银行转账，如系通过银行转账的，应说明转账的具体信息；采用银行按揭贷款的，应分别说明首付款的支付方式，以及银行按揭款的支付方式，使用乙方银行账户代为支付按揭款的，应当明确乙方银行账户的信息、按揭贷款的还款详情，以及甲方向乙方分期支付款项的具体信息等。）

二、双方权利与义务

1. 该物业产权登记在乙方名下，但实际产权人为甲方。该物业的不动产产权证和国有土地使用权证由甲方妥善保管。

2. 该物业的全部权利由甲方拥有和行使，包括但不限于占有、出租、使用、收益、处分等权利，乙方需配合甲方办理委托公证，授权甲方办理与该物业有关的一切手续。

3. 乙方承诺其所持有的该物业的所有权受到本协议内容的限制。在未获得甲方书面授权的情况下，乙方不得对其所持有的该物业及其相关收益进行转让、处分或设置任何形式的担保，也不得实施任何可能损害甲方权益的行为。

4. 该物业产生的一切收益归甲方所有。因该物业产生的物业管理费、水电费、修缮费用、管理成本等一切费用由甲方承担，与乙方无关。

5. 在委托代持期限内，甲方有权在条件具备时，将该物业转移到自己或自己指定的任何第三人名下，届时乙方须无条件配合，转移所产生的税费由甲方承担。

6. 因乙方个人债务等可归责于乙方的原因，致使该物业被查封冻结、拍卖变卖，给甲方造成损失的，乙方应无条件赔偿甲方的全部损失。

三、其他条款

1. 本协议系甲乙双方在平等协商一致的基础上自愿签订，双方完全理解并接受协议中有关各方的权利义务内容，了解协议中各条款的法律性质及效力，并不存在任何一方因冲动、恐惧、受到威胁或任何他人的影响而签订协议的情况。

2. 本协议一式二份，甲乙双方各持一份，具有同等法律效力。本协议自甲乙双方签字之日起生效。

（以下无正文）

甲方：　　　　　　　　　　　　　　乙方：

年　月　日　　　　　　　　　　　　年　月　日

二、意定监护

监护，是指设立监护人以保护、监督无民事行为能力人和限制民事行为能力人的人身、财产及其他合法权益免受侵害的一项制度。无民事行为能力人和限制民事行为能力人主要包括未成年人，以及因为患病等原因丧失或者部分丧失民事行为能力的成年人。根据监护权产生的法律依据，可以大致将监护分为以下几种类型：法定监护、指定监护、未成年人遗嘱监护和成年人的意定监护四种类型。同时，法定监护人亦可将未成年人的监护职责全部或部分委托给他人即委托监护，具有监护资格的人之间可以协议确定监护人，即协议监护，而这两种监护都属于法定监护的范畴。①

① 盛圆珍：《成年意定监护公证产品设计初探》，载《中国公证》2018 年第 2 期。

在这些监护类型的基础上，2015 年 4 月修正的《老年人权益保障法》中首次提出了意定监护制度①；2017 年 3 月 15 日第十二届全国人民代表大会第五次会议通过的《民法总则》进一步增加了关于意定监护的规定。《民法总则》第 33 条规定："具有完全民事行为能力的成年人，可以与其近亲属、其他愿意担任监护人的个人或者组织事先协商，以书面形式确定自己的监护人。协商确定的监护人在该成年人丧失或者部分丧失民事行为能力时，履行监护职责。"②这两部法律的修改，初步确定了我国的成年意定监护制度。成年意定监护制度，指的是具备完全民事行为能力的成年人，为预防自己将来行为能力欠缺时无法独立生活，从事民事行为，预先选定自己的监护人，代为行使将来的监护职责的制度。

那么，这项制度存在的价值和必要性到底在哪里呢？相信大家对下面这个案例一定还记忆犹新吧？

案例 29

琼瑶因爱人监护问题备受煎熬，发文宣布告别脸书

2017 年 5 月 6 日，著名作家琼瑶在自己的脸书平台上发表了一篇长文，宣布永久关闭这个平台，这让琼瑶阿姨身后千千万万的粉丝伤心不已。究其原因，竟然是因为琼瑶阿姨与先生平鑫涛的子女们在平先生失智入院后是否应该依赖机器设备维持生命的问题上产生了重大的分歧，从而伤心欲绝，远走他乡。

以下是琼瑶脸书全文：

---

①《中华人民共和国老年人权益保障法》第 26 条："具备完全民事行为能力的老年人，可以在近亲属或者其他与自己关系密切、愿意承担监护责任的个人、组织中协商确定自己的监护人。监护人在老年人丧失或者部分丧失民事行为能力时，依法承担监护责任。"

②《中华人民共和国民法总则》第 33 条："具有完全民事行为能力的成年人，可以与其近亲属、其他愿意担任监护人的个人或者组织事先协商，以书面形式确定自己的监护人。协商确定的监护人在该成年人丧失或者部分丧失民事行为能力时，履行监护职责。"

别了！亲爱的朋友们：

我这一生，写了好多书，到了晚年，因为亲身经历面对“生老病死”其中的三项：“老、病、死”感触太多，过程之痛苦煎熬，只能用“惨烈”两字来形容。我觉得我有使命要把它写出来，让很多在同样煎熬中的朋友借鉴参考。

从来，我没有这么迫切和狂热地想写下《在雪花飘落之前——我生命中最后一课》。因为，我知道，当你年纪大了，身体随时会有变化，说不定我下一刻就失智或生病了！要写就要抓住我还能写的时候，免得来不及！所以，我写了！从第一篇开始，到我后来被迫停止的那篇《背叛——别了！我生命中最挚爱的人》为止。我现在把网址通通贴在这篇信后面，以供关心这整件事来龙去脉的朋友深入了解。这不是八卦的狗血连续剧，这是活生生的真实人生。

写这一系列文章，我的动机非常单纯，就是要探讨病人有没有选择如何死亡的权利？我要用我惨烈的经验，提醒很多朋友，“尊严死”比“毫无尊严和品质，依靠医疗器材加工活着”更重要。我们对死亡一向恐惧而避免去面对。但是，死亡是你这一生唯一逃不掉的命运！如何面对死亡和接受死亡，是我正在学习的课程。我这堂课是用我的生命和全部感情在学习，面对的是我此生最挚爱的人。其中的痛楚，可能比很多人都要强烈！为了力求真实，我把时间、医院、主治医生都写了出来。这些，在医院里，都有病历可查。

因为鑫涛得的是“血管型失智症”，我在面对这个疾病时，确实有很多措手不及的问题。我上网查资料，和医生密切联络，再用我自创的“欢乐治疗法”，全家施行“爱爷爷运动”，来力求延缓病情，力求拉住他逐渐失去的记忆。现在台湾已进入高龄化，每个家庭里都可能有一个失智症的病人。朋友们！生病是无可奈何的事，它并不可耻，无须忌讳！对于失智症，一定要用正能量的方式去面对！我提供我的经验，想帮助很多家里有失智症的朋友，因为我的方法是有用的！虽然鑫涛后来进入“重度失智”，在他又“大中风”以前，他还是偶尔会被我逗笑。对一个逐渐失去一切的人，还有什么比“笑容”更可贵的呢？

我写这一系列的文章，本来计划是两部分。第一部分只差一篇就写完了，是要写到他住进我安排的H医院为止。第二部分比较轻松，是要写我和鑫涛如何维持夫妇之道。5月9日，就是我们结婚39年的纪念日。我们怎样能让婚姻永远维持新鲜？如何彼此包容？当矛盾产生时，如何“化干戈为玉帛”？我觉得，我用我真实的生活为例子，一定可以帮助很多在婚姻中触礁的人！不错，我和他都是二度婚姻，也因为如此，彼此更加珍惜！这一系列，因为鑫涛已经住院，我也生活在数日子和自责之中，我的总标题是:《过去的点点滴滴，到如今都成追忆》。

但是，我再也没有想到，当我在脸书贴出了《背叛》那篇后，鑫涛的三个儿女，突然大动作地对我指控，其中许多欲加之罪何患无辞的地方，更有许多不实和误解的地方！我无能辩解，当一件正面的事，变成八卦时，不是“真理越辩越明”，而是“粪坑越挖越臭”。我一夜之间，就变成众矢之的！万箭穿心的我，顿时伤痕累累，我除了认错道歉，没有第二条路！我的“雪花”，终于变成“血花”！

经过几天的养伤，我的脸书，也在网友谢锦德的帮助下，陈法义的计算中，做了一个“模拟民调”，百分之八十二的人，都不愿加工活着！这份资料，因为有我很多粉丝力挺，只能作为参考！但是，很多人在投票时，纷纷写出自己和我类似的经验和痛苦，才是我们台湾地区面临“老年社会”要重视的问题！记得，鑫涛没有生病时，特别爱看电影或是连续剧。他曾经拉着我，看过美国的僵尸连续剧，台湾翻译成“阴尸路”，一连看了好多季。当鑫涛住进H医院，有一天半夜，我忽然做了一个噩梦。我梦到我走在台北最热闹的忠孝东路上，忽然看到街道上，全部都是歪歪扭扭走路的各色老人，每人的鼻子上，都挂着一根鼻胃管！我大惊而醒，浑身冷汗。那夜，我坐在床上，无法入睡，我想，还好梦里的老人都会走路。但是，安养中心，长照中心里，还有多少依赖鼻胃管为生，吃喝拉撒睡全在一张床上的老人呢？如果当局再不重视“加工活着”的问题，恐怕大巨蛋还是改成“长照中心”，专门照顾这些加工活着的病患吧！

我的诉求已被扭曲，我的善意已被污染，我承认每天痛定思痛！鑫涛已经移交给三个儿女，我的自责也该告一段落了！所以，我即将关闭脸书，十四年来为了照顾鑫涛，不曾出国！我想去国外走走，转换一下心情！鑫涛有最爱他的儿女陪伴，有我信任的医院、院长、护理长……的照顾，我想会很长寿的！

从此，我对鑫涛放手了！我为《皇冠》所做的也太多了！当你什么都为对方做，对方就会认为“应该”的！再见！鑫涛！只希望你的儿女，对于你身后事的交代，能够彻底执行！如果连那个也做不到，我也只能为你叹息！因为，我对于你，什么力量都没有了！

我亲爱的朋友们，这次关闭脸书，和以前不同！以前我总会告诉你们：“珍重再见，后会有期！”可是，这次是“珍重再见，后会无期”了！请你们体恤我，当我的“最后一堂课”，变得如此不堪，我还有什么心情和大家交流呢？看到脸书上还有新来的朋友，告诉我：“琼瑶阿姨，我刚刚为你加入了脸书……”我真的很心痛！我对不起你们，对不起那么多深爱我的朋友！这声“珍重再见！”我打字时已经泪崩！

珍重再见！亲爱的你们，亲爱的小咪，亲爱的方好兄弟，亲爱的林红，亲爱的芃儿，亲爱的海鸥，亲爱的小七，亲爱的谢锦德，亲爱的陈法义，亲爱的牧人，亲爱的刘建梁，亲爱的燕晴，亲爱的叶冈，亲爱的 Sarah Lee，亲爱的滕畅，亲爱的 Wei Wei，亲爱的陈慧清……名字太多太多，无法一个个打出！你们也要学会对我放手！放手不等于不爱，就像我还深爱着鑫涛，深爱着你们，你们也可以深爱着我！

我想，你们一定有很多话想跟我说，我特地把留言板开放到 5 月 9 日晚上 12 点。那天，是我和鑫涛结婚 39 周年纪念日！有网友在脸书贴上我的歌——“相遇的魔咒”，是的！尽管相遇是一种魔咒，感谢它让我们彼此拥有！

别了！亲爱的朋友们！珍重！珍重！珍重！

琼瑶

写于可园

2017.05.06

鑫涛住院 431 日[①]

---

① 新浪娱乐：《琼瑶泪崩发告别问将出国散心：我的善意已被污染》，网址：http://ent.sina.com.cn/s/h/2017-05-06/doc-ifyeycfp9306337.shtml，最后访问时间：2019 年 3 月 4 日。

如果琼瑶阿姨的案例发生在国内，那么依据上文我们提到的法定监护人的顺序，琼瑶阿姨作为配偶，是平鑫涛先生的第一顺序监护人，应当对平先生的相关重要事项有决定权。然而，现实的案例往往会呈现出更复杂的状态。众所周知，琼瑶阿姨和平先生是再婚，三个子女都是平先生前妻所生，即便是平日里与琼瑶阿姨相处尚且融洽，在遇到“是否继续维持平先生生命”的这种问题的时候，难免会因为意见相左而互生嫌隙。琼瑶阿姨作为继母，纵然与平先生的婚姻维持了长达39年之久，在尊重老先生意识清醒时表达的意愿前提下做出的决定，却仍是备受质疑，最终落得个黯然神伤、远走他乡的下场。

可见，成年人失能失智时的监护问题，确实值得我们慎重考虑，提早布局。

（一）意定监护的适用情形

1. 确定监护人时，当事人应当具备完全民事行为能力

按照我国法律的规定，监护人的确定是有顺序的。成年人的监护人首先是配偶，其次是父母或子女，再次是其他近亲属，最后是其他愿意担任监护人的个人或者组织。[①]《民法总则》施行以后，确定了意定监护的制度，规定成年人可以提前确定自己的监护人，按照约定优先于法定的原则，提前确定的监护人在身份上并不需要遵循前述监护人的顺序，充分体现了当事人意思自治的原则。基于确定监护人兹事体大，当事人在做出这一民事行为的时候，应当具有完全民事行为能力，才能发生预期的法律效果。

2. 当事人是为自己在未来丧失或者部分丧失民事行为能力时提前确定监护人

意定监护只适用于为自己设立监护人的情形，当事人必须是成年人。现实中，主要的适用场景包括：

（1）当事人无值得信任和托付的监护人，避免无人监护的情况

根据《民法总则》的规定，在当事人自己并无明确设定的情况下，成年

---

①《中华人民共和国民法总则》第28条：“无民事行为能力或者限制民事行为能力的成年人，由下列有监护能力的人按顺序担任监护人：（一）配偶；（二）父母、子女；（三）其他近亲属；（四）其他愿意担任监护人的个人或者组织，但是须经被监护人住所地的居民委员会、村民委员会或者民政部门同意。”

人在丧失民事行为能力后，应当首先由其身边最亲近的人，即其近亲属来担任监护人。但由于长期实行计划生育政策导致中国社会呈现出“倒金字塔”形的家庭结构以及社会日趋老龄化等原因，出现越来越多的失独老人、空巢老人，此外，很多家庭虽有子女，但子女不尽赡养义务或者子女是所谓的“啃老族”，都直接导致了老年人面临在失能时无人照料的情形。

除了老年人群体之外，许多成年人也会存在身边可能找不到值得信任和托付的人的情形，如果不做提前的安排，未来在自己需要监护的时候，可能会出现无人愿意承担监护责任的窘境。为了避免这种情况的发生，可提前运用意定监护制度来进行安排。

（2）当事人希望突破法律关于监护人顺序的规定

如前所述，法律对监护人的确定是有明确的顺序规定的，这个顺序当中，配偶是排在第一位的，其次是父母和子女，接下来是其他近亲属。但在某些特定的情况下，如当事人与配偶之间的关系不和睦，或者对于单身的当事人而言，如果父母早已去世或者并不具备承担监护责任的条件、而子女尚且年幼的，为了避免将来的不确定状态，当事人也可以采用意定监护的方式提前锁定自己信赖的亲属、朋友或者组织机构，由他们在未来承担起对自己的监护责任。

（3）当事人希望突破家属、亲属的身份限制，委托特殊身份的人或者值得信赖的专业机构担任监护人

笔者在实践中就曾经处理过不少这样的情况，其中的一个案例情况是这样的：刘爷爷是省直机关的退休干部，老伴儿去世多年，两个儿子在各自结婚成家之后便很少回来看望父亲了，其中一个还长期在澳大利亚生活。这几年刘爷爷身体不好，全靠大院里的一位王阿姨照顾。王阿姨的先生也去世好多年了，与刘爷爷彼此觉得挺合适，但是考虑到各自子女的原因，一直没有谈婚论嫁。如今，刘爷爷咨询律师，担心自己过几年年纪更大了，甚至生病导致神志不清了，谁来照顾自己，重要的事情谁来替自己拿主意？另外，王阿姨任劳任怨地照顾自己那么久，即使不打算结婚，刘爷爷也希望能够给对方一个正式的身份，以免将来儿子回来了，再与王阿姨发生争执。了解了刘爷爷的诉求之后，律师团队建议刘爷爷采用意定监护的模式，和王阿姨签订

一份监护协议，委托王阿姨在自己将来丧失或者部分丧失行为能力的时候担任自己的监护人。

此外，根据我国法律的规定，并结合域外意定监护制度的实施经验来看，监护人除了由自然人担任之外，具有专业资质的机构也是一个非常重要的选择。随着社会老龄化的加剧，会有越来越多的人在自己的身边找不到条件合适、年龄适当，同时又有意愿担任监护人的亲朋好友。毕竟，担任监护人意味着巨大的责任和无确定期限的履行期。对此，法国民法典就规定受托人可以是委托人指定的任意自然人（包括配偶、子女、同居伴侣等），也可以是专业人士或法人。同时为了充分保障委托人的利益，还规定法人必须名列于共和国检察官编制的成年人保护司法代理商人名录。①

3. 意定监护的设立必须采取书面形式

设定监护合同是意定监护成立的必备条件之一。委托人与受托人约定，在本人将来陷于由于精神上的障碍而对事理的辨识能力不充分时，将自己的生活、疗养看护以及财产管理等事务全部或者部分委托给受托人，并对于其委托的事务授予代理权的委托合同。②

（二）监护人的选择

1. 当事人的近亲属

关于近亲属的范围，在以往的法律规定当中并无明确的规定。按照正在审议中的《中华人民共和国民法典婚姻家庭编（草案）》的规定，配偶、父母、子女、兄弟姐妹、祖父母、外祖父母、孙子女、外孙子女为近亲属。共同生活的公婆、岳父母、儿媳、女婿，视为近亲属。③ 近亲属是与当事人关系最密切的人，因此也是当事人在选择意定监护人时最常见的选择。

---

① 蔡勇：《法国的意定监护制度以及公证人的角色》，载《中国公证》2018 年第 8 期。

② 日本《任意监护法》第 2 条第 1 项。

③《民法典·婚姻家庭编（草案）》第 822 条："亲属包括配偶、血亲和姻亲。配偶、父母、子女、兄弟姐妹、祖父母、外祖父母、孙子女、外孙子女为近亲属。共同生活的公婆、岳父母、儿媳、女婿，视为近亲属。配偶、父母、子女和其他共同生活的近亲属为家庭成员。"

2. 愿意担任监护人的其他公民

除了近亲属之外，监护人还可以是其他有资格、也有意愿担任监护人的自然人主体。在身份上来说，往往是当事人的好友、同居伴侣等。

3. 愿意担任监护人的社会组织

根据目前法律的规定，可以担任监护人的组织包括：居民委员会、村民委员会、学校、医疗机构、妇女联合会、残疾人联合会、未成年人保护组织、依法设立的老年人组织、民政部门等。① 从文意上解读，似乎适合担任监护人的组织限于具有相关管理职能的政府（派出）机构、民非组织、社会团体等机构，但从国外的制度实施经验以及可操作性的角度而言，意定监护的监护人只局限于上述机构是不合适的。如前所述，法国民法典明确了名列于共和国检察官编制的成年人保护司法代理商人名录的专业人士或者法人可以担任监护人，日本民法当中也有成年监护制度的规定，其中司法书士会的司法援助科、各地的社会福祉协议会、社会福祉士会等可以成为法人监护人。② 此外，从实践的角度而言，上述具有相关管理职能的政府（派出）机构、民非组织、社会团体等机构由于各种各样的原因，并不适合成为意定监护人的首选。举个例子，居民委员会和村民委员会作为政府的派出机构，由于不具备法人资格，是无法独立承担监护人职责的；再比如，学校和医疗机构均是肩负特定职能的民非组织，仅在特定的阶段比如被监护人求学就医的阶段与其发生联系，特定的阶段经过之后，由其担任监护人的角色，似乎显得过于牵强。

因此，笔者认为，《民法总则》第 36 条第 2 款规定的“等”字，应当理解为具有监护人资质、同时又有监护意愿的法人机构。同时笔者建议，适时建立我国的监护人资质名录，类似于在我国企业破产领域目前适用的破产管理人制度，对符合资质的机构实行资格准入、同时进行规范管理，逐步建立

---

①《中华人民共和国民法总则》第 36 条第 2 款“本条规定的有关个人和组织包括：其他依法具有监护资格的人，居民委员会、村民委员会、学校、医疗机构、妇女联合会、残疾人联合会、未成年人保护组织、依法设立的老年人组织、民政部门等。”

② 冈孝：《面向 21 世纪的日本国成年监护制度》，刘善华译，载《上海政法学院学报（法治论丛）》2012 年 7 月。

和完善不合格机构的退出机制等，以适应和破解未来人口老龄化所带来的监护人选任难题。

（三）监护人的职责

根据法律的规定，监护人的职责包括以下几个方面：

1. 人身监护职责：

（1）保护被监护人的人身安全，防止被监护人受到不法侵害。

（2）对被监护人进行健康照料。

（3）为患病的被监护人进行医疗救治和医疗护理。

（4）养老安排。

（5）放弃无意义的抢救和延长生命手段。

（6）被监护人去世时的死亡丧葬事宜。

2. 财产监护职责：

（1）为被监护人的利益，妥善管理被监护人的财产。

（2）妥善使用被监护人的财产，履行对监护人的日常生活照料、疾病医护、精神慰藉等监护职责。

3. 民事法律行为代理职责：

（1）代理被监护人进行民事活动。

（2）代理被监护人解决争议、进行诉讼等行为。

（四）订立意定监护合同需要注意的几个问题

1. 合同的生效条件

意定监护合同不同于一般的民事合同，它的成立与生效是分开的。合同通常于签订的时候成立，但当时并不发生法律效力，要待合同约定的生效条件成就，一般是指委托人确定地丧失或者部分丧失民事行为能力的时候才发生法律效力。

需要注意的是，如何明确合同的生效条件已经成就？一般而言，由有资质的医疗机构出具的诊断证明书已经可以起到证明的作用；但是因为目前我国还未建立起意定监护的相关配套制度，如监护人登记制度，实践操作当中，还需要向人民法院提起确认委托人为无民事行为能力或者限制民事行为能力人的司法程序，并同时申请法院对受托人的监护人身份进行确认。从确认程序完成之日起，意定监护合同即告生效。

2. 受托人如何履行监护职责，管理和使用委托人的财产

对委托人财产的妥善管理和使用，是意定监护制度的重要组成部分，也是达成监护目的的必要保障。对此，可借鉴《法国民法典》第486条的规定：受托人在委托生效之时应当对委托人的财产进行清点，在委托期限内必须对财产情况按年度进行更新。同时，对于设立了监督人的监护委托，可规定由受托人定期向监督人提交委托人财产的年度管理报告，内容包括收支项目、实施的财产管理行为等。[①]

受托人可在与委托人签订意定监护协议之前就相关财产的使用、投资、管理等具体事项与委托人充分沟通，提前设立养老专用账户或者相关法律安排（如养老保险、保险金信托、家族信托等），以确保意定监护合同生效后的实际履行。

3. 监护人的变更

意定监护的特别重大意义在于，由成年人预先选定自己信赖的亲友和机构担任监护人，将更有利于被监护人利益的保护，切实贯彻成年监护制度的法律政策目的，当然也可以减轻人民法院指定监护人的工作量。但同时，鉴于社会生活的复杂性，当初认为值得信赖的人，在经过若干时间之后可能被认为不可信赖，因此应当允许指定人在自己智力正常时撤销该协议，另外选定监护人，或者指定人已经智力衰退，由其他亲友或者社会保障机构请求人民法院撤销该协议，并另行指定监护人。[②]

4. 意定监护的监督人

意定监护制度灵活创新，但鉴于合同履行周期长、委托人在合同生效后已丧失或者部分丧失民事行为能力等因素，意定监护制度宜设立监督人的角色。笔者认为，监督人亦可在前述《民法总则》规定的意定监护人的范围内

① 蔡勇：《法国的意定监护制度以及公证人的角色》，载《中国公证》2018年第8期。

② 梁慧星：《梁慧星谈民法》人民法院出版社2017年版，第225~227页。

选定；选定监督人的，则应由委托人、受托人和监督人三方共同签订意定监护合同；合同生效后，监督人按照协议约定的权限履行监督职责，其职责可包括：

（1）对受托人管理和使用委托人财产的行为进行监督。

（2）对受托人履行日常生活照顾和疾病、养老照料的行为进行监督。

（3）受托人的行为违反监护合同的约定、侵害委托人的利益的，监督人可依照监护合同的约定行使监督职责，或者作为申请人，请求依法撤销监护协议并另行指定监护人。

5. 合同的终止

当出现下列情形时，意定监护合同终止：

（1）被监护人恢复行为能力。

（2）被监护人死亡。

（3）监护人丧失行为能力、破产或者死亡。①

附：《意定监护合同》（模板）

《意定监护合同》（模板）

委托人：

受托人：

监督人：

委托人系具备完全民事行为能力的成年人。受托人系委托人的（亲属关系）/（朋友关系）/具备监护能力和监护意愿的独立法人机构。监督人系委托人的（亲属关系）/（朋友关系）/具备监督能力和意愿的独立法人机构。

经各方友好协商，就受托人在本合同生效后担任委托人监护人，以及由 ×× 监督本合同履行的相关事宜达成以下一致意见：

一、合同的生效条件

本合同于委托人和受托人签字盖章之日起成立，在满足以下条件时生效：

---

① 蔡勇：《法国的意定监护制度以及公证人的角色》，载《中国公证》2018 年第 8 期。

1. 委托人部分或全部丧失民事行为能力的情形由有资质的医疗机构出具的诊断证明书加以证明的，本合同自诊断证明书出具之日起生效；

2. 委托人经人民法院司法程序认定为限制民事行为能力人或无民事行为能力人的，本合同自法院裁判之日起生效。

二、受托人的监护职责（可选择）

1. 人身监护职责。内容具体包括：

（1）保护委托人的人身安全，防止委托人受到不法侵害。

（2）对委托人进行健康照料。

（3）为患病的委托人进行医疗救治和医疗护理。

（4）负责委托人的养老安排。

（5）决定是否放弃无意义的抢救和延长生命手段。

（6）委托人去世时的死亡丧葬事宜。

2. 财产监护职责：

（1）为委托人的利益，妥善管理委托人的财产。

（2）妥善使用委托人的财产，履行对委托人的各项日常生活照料、疾病医护、精神慰藉等监护职责。

为了委托人的利益，监护人可使用委托人的财产。

为妥善行使财产监护职责，受托人应在本合同生效之时对委托人的财产进行清点并编制财产清单向监督人进行报备。同时，在委托期限内，受托人须对财产情况按年度进行更新，并定期向监督人提交委托人财产的年度管理报告，内容包括收支项目、实施的财产管理行为等。

3. 民事法律行为代理职责：

（1）代理委托人进行民事活动。

（2）协助委托人解决争议、进行诉讼等行为。

以上各项监护职责，受托人可以亲自处理，亦可委托有资质的机构和个人代为处理。

三、监督人的职责

1. 对受托人履行日常生活照顾和疾病、养老照料的行为进行监督。

2. 对受托人管理和使用委托人财产的行为进行监督。

3. 受托人的行为违反监护合同的约定、侵害委托人的利益的，监督人可依照监护合同的约定行使监督职责，或者作为申请人，请求依法撤销监护协议并另行指定监护人。

4. 委托人将监护职责委托给两个或两个以上受托人，受托人就监护权的行使发生争议的，应首先将争议提交监督人进行协调解决。

四、监护人的变更

1. 本合同签订后、生效前，委托人可变更受托人，各方可友好协商解除本合同；受托人为了履行本合同已完成的工作和已经支付的相关费用，委托人应当支付报酬或承担相关费用。

2. 本合同生效后，受托人有不当行为，严重损害委托人利益的，监督人或委托人的其他监护人可作为申请人，请求依法撤销监护协议并另行指定监护人。

五、合同的终止

当出现下列情形时，意定监护合同终止：

1. 被监护人恢复行为能力；

2. 被监护人死亡；

3. 监护人丧失行为能力、破产或者死亡。

委托人：	受托人：	监督人：
日期：	日期：	日期：

三、生前赠与

（一）生前赠与的优势

赠与，按照我国《合同法》的规定，是指赠与人将自己的财产无偿给予受赠人，受赠人表示接受的民事法律行为。相比起遗赠，赠与行为都是在赠与人生前发生法律效力，因此，我们也形象地将其称之为生前赠与。

在家庭财富由上一代向下一代传递的过程当中，继承是典型的财富在其缔造者去世之后的一种“身后传递”，而与之相反，生前赠与则是财富缔造者在生前就实施的一种财富传承的方式。相比继承而言，生前赠与具有自身明显的优势，主要包括：

1. 权属变动路径清晰，结果确定

根据我国法律的规定，公民之间赠与关系的成立，以赠与物的交付为准。[①] 赠与的财产依法需要办理登记等手续的，应当办理有关手续。[②] 以房产赠与为例，赠与人将房产过户登记至受赠人名下，赠与关系即成立。即便未办理过户手续，但赠与人根据书面赠与合同已将产权证书交与受赠人，受赠人根据赠与合同已占有、使用该房屋的，可以认定赠与有效，但应令其补办过户手续。[③]

如此看来，生前赠与有着明显的优势：权属变动路径清晰，结果易于把握。相比起财产的身后变动，比如继承，这方面的优势尤为明显。在财产继承的情况下，即便是当事人立有遗嘱，也可能因为种种原因使得当事人的财产归属愿望未能达成或者遭遇诸多周折。相信大家一定还对我国著名的书画艺术家，齐白石先生的弟子许麟庐老先生的遗产继承记忆犹新吧，许老先生生前立下遗嘱，百年之后将自己名下所有的财产留给自己的老伴儿王龄文女士。然而，就是因为这一纸遗嘱，老先生的子女们以及王龄文女士之间展开了一场长达数年的遗产诉讼大战，虽然案件最终尘埃落定，老先生的遗愿得以保全，王龄文女士全面胜诉，但案件历时 5 年，王龄文女士也从 94 岁一直打到 99 岁高龄！[④] 其中冷暖，令人唏嘘。

---

①《最高人民法院关于贯彻执行〈中华人民共和国民法通则〉若干问题的意见（试行）》第 128 条："公民之间赠与关系的成立，以赠与物的交付为准。赠与房屋，如根据书面赠与合同办理了过户手续的，应当认定赠与关系成立；未办理过户手续，但赠与人根据书面赠与合同已将产权证书交与受赠人，受赠人根据赠与合同已占有、使用该房屋的，可以认定赠与有效，但应令其补办过户手续。"

②《中华人民共和国合同法》第 187 条："赠与的财产依法需要办理登记等手续的，应当办理有关手续。"

③《最高人民法院关于贯彻执行〈中华人民共和国民法通则〉若干问题的意见（试行）》第 128 条："公民之间赠与关系的成立，以赠与物的交付为准。赠与房屋，如根据书面赠与合同办理了过户手续的，应当认定赠与关系成立；未办理过户手续，但赠与人根据书面赠与合同已将产权证书交与受赠人，受赠人根据赠与合同已占有、使用该房屋的，可以认定赠与有效，但应令其补办过户手续。"

④ 搜狐财经：《号外！国画大师许麟庐遗产案又双叒有新进展！21 亿遗产将何去何从？》，网址：https://www.sohu.com/a/152684873_617144，最后访问时间：2019 年 3 月 4 日。

2. 有税收筹划的作用

在家庭财富的传承过程中，税务的成本是每个家庭都要充分考虑的。在前面的章节中我们曾经谈到过房产税和遗产税的问题，实际上，从发达国家的税收经验上来看，遗产税的征收往往是和赠与税如影相随的。因此，在未来遗产税、赠与税的开征和税负负担尚不明朗的情况下，结合家庭的实际情况，对部分财产采取生前赠与的方式转移给下一代，也不失为一种值得提倡的方式。

（二）生前赠与的风险

1. 赠与人丧失对财产的控制权

如前所述，根据我国法律的规定，财产转移，赠与关系即告成立，赠与人即丧失了对财产的控制权。理论上，除非受赠人是未成年人，否则其对财产的收益、处分等已经拥有了百分之百的话事权，赠与人不得再行干预。

2. 子女婚姻变故导致财富外流

如果父母在实施财产赠与的时候子女尚未结婚，那么受赠的财产可以认定为子女的婚前个人财产，需要加以注意的是要防止这部分财产在子女婚后转化为夫妻共同财产，或者是与夫妻共同财产混同，从而导致子女的婚姻发生变故引发财富外流。我们就曾经处理过这样的一个案子，周先生夫妇在儿子上大学的时候，就出资给他在市中心买了一套小公寓，儿子小周大学毕业参加工作后很快结了婚，之后不久家庭的第三代也出生了，原本的小公寓变得拥挤起来。小周夫妇两个商量着换一套大房子，考虑着不想后期承担太高的月供，便把婚前的小公寓卖了，支付了六成的首付款，这样大房子的月供不超过一万元，小周夫妇俩供款的压力也小了很多。谁料想平静的生活没有持续多久，小周夫妇两人就因为小女儿的日常照顾和教育问题频繁发生矛盾，不单单是小夫妻两人，就连周先生夫妇也被牵涉进来，为此没少和媳妇闹矛盾，两家人的关系势同水火。周先生在咨询律师的时候反复提到：儿子和媳妇在讨论卖掉婚前购买的小公寓换大房子的时候，自己为什么没拦着？现在大房子写了小周夫妻两个人的名字，如果两人真的离婚，自己或者说儿子的权益是不是一点保障也没有了？律师向周先生解释道：如果我方能够证实卖掉小公寓的钱全部用于支付大房子的首付款的话，法院在对大房子进行分割的时候，还是会适当地予以考虑的。话虽这样说，但是婚前个人财产和婚后财产发生混同所带来的损失还是显而易见的。如果可以的话，我们还是会建议周先生提早筹划，避免这种情况的发生。

如果父母在实施财产赠与的时候子女已经结婚的，则需要特别留意了。因为根据我国《婚姻法》的规定，夫妻一方在婚内接受赠与的，在对赠与财产归属的认定上，以认定夫妻共同财产为原则；只有在各方有明确约定的情况下，才会认定为是夫妻一方的个人财产。因此，对已婚子女的赠与，一定要提前完善相应的手续。

3. 子女挥霍的风险

前面我们讲到，赠与行为一旦完成，赠与人便丧失了对财产的控制权。这时，如果子女不思进取、反而挥霍财产的话，财产的贬损和耗尽是迟早的事。1989 年出生的张小安（化名）出生在杭州，从小到大都是全家人的心肝宝贝，张小安的父亲从事房地产职业，为了支持儿子创业，张小安的父亲和叔叔给他出资近 8000 万元，爱子心切的张父还干脆把自己的四处房产都过户到了张小安的名下。然而事情的发展表明，父辈们的殷殷期盼和大手笔的赠与行为不但没有帮助张小安取得事业上的发展，反而给了他挥霍无度、荒唐奢靡的生活准备了充分的“弹药”：他不但沉迷于网络、疯狂打赏女主播，花巨资给网红买房，频繁往返澳门大肆赌博，所有的这些亏空即使耗尽了父辈们赠与的财产也无法弥补，张小安开始以经营二手车的名义，骗取合伙人的钱财，至案发时，共骗得被害人王某出资款人民币 1.7 亿余元。① 现在的张小安已经身陷囹圄，不管最终法庭的判决如何，从一掷千金的“富二代”，到不名一文的阶下囚，其中的剧情发展，的确令人深思。

（三）生前赠与的正确姿势

从上面的分析看得出，生前赠与作为财富传承的一种方式，既有其特殊的作用，也存在一些特定的风险。总结而言，如果要采取这种方式，可以通

---

① 新浪湖北社会：《富二代败光 8000 万又诈骗 1.7 亿！泡网红、赌博……》，网址：http://hb.sina.com.cn/news/sh/2018-07-14/detail-ihfhfwmv2870057.shtml，最后访问时间：2019 年 3 月 4 日。

过下面的方法来进行操作：

1. 部分保留所有权

如果上一代人一次性地将财产的所有权毫无保留地赠与给下一代，则意味着完全丧失了对财产的控制权。届时，即便对于子女的行为再不认可，亦无法进行有效的干预。如同上文张小安的案例一样，看着儿子在挥霍无度的路上越走越远，父辈们当然是极不认同的，也希望能够劝说他及时刹车、挽回损失，然而，这时的他，对于善意的规劝已经完全听不进去，甚至不惜与家人反目。为了避免这种风险，我们可以考虑在赠与财产的同时，保留适当份额的所有权，特别是针对那些价值较大的财产，如不动产等。这样操作，既可以实现税务筹划的目的，也可以对财产保留适当的控制权，不至于出现子女挥霍财产或者做出高风险的财产处置决策的时候，上一代人完全无从置喙、没有办法踩刹车的情况。

2. 完善赠与协议，避免财富外流

刚刚我们提到过，根据我国《婚姻法》的规定，夫妻一方在婚姻关系存续期间接受赠与的，原则上将被视为夫妻共同财产，除非赠与人在赠与时明确表明财产是赠与给夫或妻一方的。[①] 因此，完善赠与协议、明确赠与的对象是进行生前赠与的最基本要求。条件具备的，可以同时要求夫妻另一方也在赠与协议上签名，对赠与的行为进行确认；条件不具备的，即使是受赠的夫妻一方在协议上签名，也是合法有效的。

附：赠与协议（模板）

赠与协议（模板）

赠与人：____________

受赠人：____________

---

①《中华人民共和国婚姻法》第 18 条："有下列情形之一的，为夫妻一方的财产：（一）一方的婚前财产；（二）一方因身体受到伤害获得的医疗费、残疾人生活补助费等费用；（三）遗嘱或赠与合同中确定只归夫或妻一方的财产；（四）一方专用的生活用品；（五）其他应当归一方的财产。"

第一条　赠与财产的名称、数量和价值

1. 名称：____

2. 数量：____

3. 价值：____

赠与的财产属不动产的，该不动产所处的详细位置及状况：__________

____

____

第二条　赠与目的：______________________________。

为保证赠与目的实现，赠与人仅将赠与物赠给受赠人个人，与其配偶无关。

第三条　本赠与协议（是／否）附义务。所附义务是：____________

____。

第四条　赠与物（是／否）有瑕疵。瑕疵是指赠与物的____________

____。

第五条　赠与财产的交付时间、地点及方式：________________

____。

赠与人保证赠与物在本协议签订前、后，直至过户完毕期间的权属状况完整，不受他人合法追索。

第六条　争议的解决方式：本协议在履行过程中发生的争议，由双方当事人协商解决；协商不成的，按下列第________________种方式解决：

（一）提交______________________________仲裁委员会仲裁；

（二）依法向人民法院起诉。

第七条　本协议未尽事宜，按照《中华人民共和国合同法》的规定执行。

第八条　本协议经双方当事人________________________生效。

第九条　其他约定事项：__________________________________。

赠与人：______________　　　受赠人：______________

签订地点：______________　　签订时间：________年____月____日

第二章
平安纸，真的能够保平安：遗嘱工具的认识和应用

第一节　遗嘱，真正免费的好东西

一、为什么要使用遗嘱工具

首先，我们来看两个典型案例。

案例 30

为争遗产拆散兄弟姐妹情

张甲、张乙和张丙三姐妹从小一起在农村长大，感情甚笃。张甲是家里的老大，成年后一直和父母待在农村老家。张乙和张丙先后考上大学，毕业后也都顺利找到了不错的工作，在城里上班、安家，户口也转到了城市。

渐渐地，父母年龄越来越大，各种病痛也随之而来。张乙和张丙因离家远，只能是逢年过节偶尔回来探望一下，照顾老人的主要责任都是由老大张甲在承担。父母相继去世后，老人留在农村的一幢宅基地房屋也自然而然地由张甲接手管理使用。其间，两个妹妹都没有提出过任何异议。直到有一天，这幢房子被政府拆迁，政府发放了一笔巨额的补偿款。对此，两个妹妹提出，房子是父母留下的遗产，现在变现成了钱，应当由三姐妹按照法定继承的方法平均分割。

对此，张甲觉得很委屈，两个妹妹现在在城市里都生活得比自己好，相比起她们，自己更需要这笔钱；况且，父母生病的时候她们基本没有亲自照顾过，全是自己辛辛苦苦地、几年如一日地侍奉老人。就凭这一点，张甲坚决不同意两个妹妹提出的平均分割补偿款的意见。

几番争执不下，两个妹妹将姐姐张甲告上了法庭。经过法院审理后，三姐妹之间的账是算清了，但从此之后很少来往。

案例 31

再婚老伴与子女争遗产，老人丧事一拖再拖

马老先生晚年与徐女士再婚，两人婚后未再生育子女。马老先生与前妻育有两个孩子。

马老先生去世后，名下留有一处房产和部分存款，以及原单位准备发放的一笔丧葬费。由于徐女士与马老先生的两个儿子未能对遗产的分割及丧葬费的领取达成一致意见，且双方都不愿意处理马老先生的身后事，致使马老先生去世后迟迟不能下葬。

上面的两个案例是不是令人唏嘘不已？自己留下的遗产本应该成为留给亲人的礼物，却没想到事与愿违，不但给自己最亲近的人带来了那么多烦恼，甚至还可能导致自己无法善终。

这时有的朋友可能会问，上面的案例都是存在多个继承人的情况，那如果是独生子女家庭，没有了继承人之间的争夺，是不是就不存在继承的烦恼了呢？遗憾的是，答案是否定的。遗产继承如果“顺其自然”、没有提前规划，即便没有多名继承人之间的你争我夺，仍然会有种种“意想不到”的意外发生，可能会给取得或即将取得遗产的继承人带来不少麻烦，我们再来看看以下的几个案例。

案例 32

父母留下的遗产竟成女儿争夺孩子抚养权的绊脚石

还记得在本书第一章提到的“抚养权换回的遗产”这一案例吗？

周小姐是家中的独女，父母对她宠爱有加，一心希望她能嫁得个如意郎君，生活幸福美满。2012 年周小姐通过朋友介绍认识了董先生，很快周小姐

便怀孕了，两人也顺利地领了结婚证。婚后几个月，女儿妞妞顺利地出生了。周小姐的父母和董先生的父母都是头一回抱孙子，两边的老人都格外地疼爱妞妞，一直轮流帮助小两口照顾孩子。

但随着孩子一天天长大，两家人的矛盾越来越凸显：周小姐的母亲是一位老中医，主张孩子生病了比如发烧、拉肚子什么的，不必着急，采取物理降温等方式等几天，慢慢就会好起来。但董先生的父母对此坚决反对，他们哪里受得了眼睁睁看着小家伙一直高烧、难受的样子，于是极力要求带着孩子去医院打针退烧。如此这般，几年下来，不但两边的老人家势同水火，周小姐和董先生的关系也每况愈下，最终走到了破裂的边缘。

在协商离婚的过程中，两人对夫妻共同财产分割的争议并不大：婚前董先生按揭购买了一套商品房，也就是两人婚后居住的婚房，婚后也一直由董先生支付银行贷款。经协商，房屋仍归董先生所有，由董先生一次性补偿在婚姻关系存续期间应得的按揭款和房屋增值部分的一半合计约 12 万元给周小姐。但一谈到孩子的抚养问题，两人及两边的父母就不淡定了：两边都表示坚决要孩子，无论如何都不肯放弃，于是两家人终于对簿公堂。

法庭上，两边的代理律师都使尽浑身解数，争得难分难解。眼看陷入僵局，董先生这边终于使出了杀手锏：董先生向法院提出要追加分割一项夫妻共同财产，价值人民币 600 万元。

原来，早在两年前，两人还没有吵闹要离婚的时候，周小姐的父亲罹患了癌症，没过几个月便过世了。周小姐父亲名下有一套位于市区核心地段的学位房，为了外孙女过两年读书方便，家人一合计，便把房屋直接转到了周小姐的名下。董先生对这套房屋的来龙去脉是非常清楚的，周小姐一家万万没想到，董先生会在离婚的时候对这套房屋提出诉求。

可现实是残酷的。因为周小姐的父亲在去世前并未留下遗嘱，周小姐的母亲在将自己应得的份额赠与给女儿的时候也未作任何明确的意思表示，按照法律规定，周小姐在婚姻关系存续期间所取得的这套房屋，应该属于夫妻共同财产。这也就意味着周小姐如果要保住父亲留下的这套房产，至少要支付房屋折价补偿款人民币 300 万元给董先生。这笔钱，对于月收入仅仅 5000 多元的周小姐来说，简直是个天文数字。眼见周小姐这边陷入困境，董先生一方择机向法院提出了他们的调解方案：他们可以放弃分割这笔夫妻共同财产，但前提条件是周小姐放弃女儿的抚养权。为此，他们甚至可以连抚养费都不用周小姐负担。

面对董先生一方如此巨大的“让步”，案件的主审法官仿佛看到了调解的契机，也不断地劝说周小姐接受对方的调解方案，言明如果不接受调解的话，周小姐有可能面临既失去抚养权、又要支付巨额补偿款给对方的困难局面。

经过再三痛苦的思考，周小姐最终接受了董先生提出的调解方案，放弃了女儿的抚养权，保住了父母亲留给自己的遗产。

案例 33

如何证明我妈是我妈：独生子女的继承困境

出生于 20 世纪 90 年代的李梅是中国独生子女家庭的典型代表。

因为家里只有李梅这么一个孩子，所以父母时不时地都会给她灌输“我们的东西以后都是你的，没人会跟你争”的观念。所以无论是李梅本人、还是她的父母，从来也没想过还要为日后的财产继承提前做什么准备。

2016 年，李梅的父母先后过世。处理完父母的后事，李梅打算去房管局把父母名下的房屋过户到自己的名下。办理手续的时候，工作人员告知李梅要提供材料证明她是父母唯一合法的继承人，方才可以协助她办理房屋过户。李梅一下子就蒙了，父母过世前，爷爷奶奶、外公外婆早已去世多年，这是事实啊，怎么还要自己提供证明呢？况且，这么久远的证明，上哪里去找呢？

听了李梅的陈述，房管局的工作人员表示理解，但同时也明确，依照法律的规定，李梅和爷爷奶奶、外公外婆一样，都是父母的法定第一顺序继承人，尽管根据理论上的年龄推算，老一辈有可能都不在了，但办理法定手续，就一定要有法律上认可的证明材料来佐证才行。接下来，工作人员指引李梅可以到哪些部门搜集相关的证明材料。

根据房管局工作人员的指引，李梅跑遍了父母的单位及父母老家的户籍档案登记部门，但都没有办法把房管部门需要的材料收集齐全。直接过户不行，李梅想到了去打官司，经过向律师咨询，李梅才发现自己竟然找不到合适的人来做诉讼的被告，因为李梅是父母唯一在世的第一顺序法定继承人，其提起遗产继承或确认权利的诉讼，根本没有适合的被告，而法律规定李梅不能自己和自己打官司，这不符合法律规定的案件受理条件。

左也不行，右也不行，李梅不禁感慨：明明自己是独生子女，父母的意愿就是把遗产都给自己，为什么办理起来却这么艰难？

案例 34

遗产分散，继承人不知遗产情况

张慧与李毅结婚后生育了一对双胞胎，从此张慧便成了全职太太，在家照顾两个孩子。而李毅则负责在外拼搏，努力挣钱改善家庭生活条件。李毅固定每月都会给张慧生活费，其他的财产都是李毅在负责管理和投资，或理财或购买基金股票等。一家三口幸福美满，张慧觉得今后的生活一定会越来越好。

然而天有不测风云，2017 年春节期间，李毅在出差去往机场的路上遭遇交通事故，意外离世。巨大的变故击倒了张慧，但望着一对活泼可爱的儿女，张慧告诉自己要坚强。因为平时家庭的经济都是李毅在打理，自己手上的积蓄有限，于是张慧就向律师咨询该如何继承李毅的遗产。然而，当律师询问李毅的财产情况时，张慧才发现自己竟然根本不清楚。除了家里现在住的一套大房子和先生用来给自己转账的一个常用账户之外，张慧根本不知道李毅的公司经营情况、在哪些银行有开设账户，更别说购买的理财产品和基金股票了。

以上的案例是不是觉得十分熟悉？这样的家庭结构、这样的财产处理方式在我们的日常生活中可谓是非常常见了。

上面的案例都来自笔者所在的律师团队办理过的真实案例。因此，并不是只有家庭关系比较复杂的情况才需要考虑遗产处理规划的问题。如果没有在生前提早对遗产处理作出合理规划，那么每个人都可能遇到上述这些糟心事。根据笔者办理众多婚姻家事纠纷的经验，之所以家人之间会产生纠纷和争议，绝大部分并非当事人简单地本性好斗、贪恋财富，往往是因为各自的立场不同、早有隔阂或互相猜疑所导致的。在这些悲剧发生的时候，笔者无数次听到当事人感慨“要是早立一份遗嘱就好了”。是的，在许多情况下，如果能为自己所爱、所牵挂的家人立好一份遗嘱，这种纠纷和争端也许就不会发生了。

二、遗嘱订立的成本高吗

遗嘱订立的成本不高，对于家庭关系和财产类型不特别复杂的家庭而言，它甚至可以是免费的。因此，我们才说遗嘱是真正免费的好东西。

当然，我们说遗嘱是真正免费的好东西，并不等于遗嘱可以随意设立。有统计发现，有遗嘱的继承案件中，62% 的遗嘱因有瑕疵或重大缺陷，导致被继承人的遗嘱意愿全部或者部分落空。[①] 因此，遗嘱的订立绝对不能随意。未经专业指导的情况下撰写的遗嘱，很有可能存在各式各样的瑕疵，不但无法起到保护财产和维护家庭和睦的作用，反而会引起更大的纠纷和争端。

下面一节我们就来谈谈如何订立一份有效且完善的遗嘱。

第二节　写了不白写：遗嘱怎么立才有效

一、遗嘱的含义和特征

（一）遗嘱的含义

遗嘱，是公民个人于生前在法律允许的范围内，按照法律规定的方式对

① 微信公众号“继承法苑”，河北一公益律师团队发布《河北省 2016 年度继承判决大数据报告》，网址：https：//mp.weixin.qq.com/s？ src=11&timestamp=1555909436&ver=1561&signature=MrtnYMBQu4ZuhpbGreXUoYgTSyDEt4YYe3-zdS6uxFfRYDYloA7xK7E*RmZ1R7UFPsG2S7AsQsfgLYMfCR61sZpwOJWAOfOpnxmE93ECnvUyJm0pG6ExF2aagDeX7IYS&new=1，最后访问时间：2019 年 4 月 22 日。

其遗产的处理等事务所做的安排。遗嘱于设立遗嘱人死亡时发生法律效力。

（二）遗嘱的几个特征

1. 遗嘱是单方法律行为

即遗嘱是基于遗嘱人单方面的意思表示即可发生预期法律后果的法律行为。

笔者处理过很多案例，老人们在写遗嘱时往往要征询儿女的意见，甚至全家几口人都在遗嘱上签字。这其实都是不必要的。老人对自己身故之后财产的处分不必经过任何人的同意，而且子女亦非订立遗嘱合适的见证人。所以说，关于遗嘱，我们首先需要知道的是遗嘱是单方法律行为，订立遗嘱时不需要征询他人的意见，或让家人共同在遗嘱上签名。

2. 遗嘱人必须具备完全民事行为能力

限制行为能力人和无民事行为能力人不具有遗嘱能力，不能设立遗嘱。

这一点恰恰是社会大众在订立遗嘱时最容易陷入的误区。因为遗嘱的订立事关重大，千万不要认为订立遗嘱是年老的人才需要做的事情，因为年纪越大风险越大，一旦失能失智，就不可能再订立遗嘱了。所以，律师建议有资产的完全民事行为能力人可提前订立遗嘱以作保障。

3. 遗嘱在遗嘱人死亡时才发生法律效力

因为遗嘱是遗嘱人于生前对其死亡后的财产归属问题所作的处分。所以，遗嘱必须以遗嘱人的死亡作为生效的条件。遗嘱的这一特点也同时带来了实践当中的另外一个问题，那就是遗嘱人在生前有可能多次对遗嘱进行变更，甚至撤销遗嘱。当然，这同时也是遗嘱作为财富传承法律工具的一个重要特点：只要利用得当，遗嘱能够最直接地表达和实现遗嘱人的财富传承意愿。

二、遗嘱的合法形式

根据我国的法律规定及司法实践，遗嘱的订立有着非常严格的形式要求，如果不符合法律规定的形式要求，遗嘱将被认定为无效。因此，在订立遗嘱之前，我们首先有必要了解遗嘱的形式有哪些。

根据现行《继承法》[①] 第 17 条的规定，遗嘱的形式有如下五种：

（一）公证遗嘱

公证遗嘱是指遗嘱人生前订立并经公证机关公证的遗嘱。办理遗嘱公证需要遗嘱人亲自到公证机关申请办理，不能委托他人代理。如果遗嘱人因病或其他特殊原因不能亲自到公证机关办理遗嘱公证时，可要求公证机关派公证员前往遗嘱人所在地办理。原来已在公证处办过遗嘱公证的，如要变更或撤销原遗嘱公证的，也必须通过公证的方式办理。

优点：效力最高

不足：不易变更或撤销。[②]

（二）自书遗嘱

自书遗嘱必须由遗嘱人全文亲笔书写、签名，并注明制作的年、月、日。自书遗嘱不需要见证人在场见证即具有法律效力。

自书遗嘱的订立程序如下：

1. 遗嘱人书写遗嘱内容。遗嘱人应亲自书写遗嘱全文，这样既可以表达遗嘱人的真实意思，又可防止他人伪造、篡改或添加遗嘱内容。

2. 遗嘱人应在自己书写的遗嘱上写明书写的年、月、日和地点。订立遗嘱的时间对遗嘱的效力有重要的影响，如遗嘱人所立不同遗嘱的内容相矛盾时，应以时间在后的书面遗嘱为准。同时，订立遗嘱的时间有时也具有证明遗嘱内容真伪、确定遗嘱人的民事行为能力等作用。

3. 遗嘱人须亲笔签名。

---

①《中华人民共和国继承法》第 17 条："公证遗嘱由遗嘱人经公证机关办理。自书遗嘱由遗嘱人亲笔书写，签名，注明年、月、日。代书遗嘱应当有两个以上见证人在场见证，由其中一人代书，注明年、月、日，并由代书人、其他见证人和遗嘱人签名。以录音形式立的遗嘱，应当有两个以上见证人在场见证。遗嘱人在危急情况下，可以立口头遗嘱。口头遗嘱应当有两个以上见证人在场见证。危急情况解除后，遗嘱人能够用书面或者录音形式立遗嘱的，所立的口头遗嘱无效。"

②《中华人民共和国继承法》第 20 条第 3 款："自书、代书、录音、口头遗嘱，不得撤销、变更公证遗嘱。"

4. 自书遗嘱中如需涂改、增删内容，应当在涂改、增删内容的旁边注明涂改、增删的字数，且应在涂改、增删处另行签名。

自书遗嘱的形式比较适合具有一定法律知识的人使用。因自书遗嘱对遗嘱人的要求较高，如果书写人不具备法律知识，或是文字表达能力欠佳，都有可能影响到遗嘱的有效性。

优点：方便，容易操作；隐私性强。

不足：文字表达能力要求较高；因是在私密状态下形成的，利益相关人容易对草拟遗嘱时遗嘱人的精神状态提出质疑从而引发争议。

附：自书遗嘱样式

遗　嘱

遗嘱人：　　　　姓名　　　　性别　　　　民族

工作单位：

家庭住址：

身份证号：

我立此自书遗嘱，对我所拥有的财产作如下处理：

…………

我自愿将（所处分财产的详细信息和权属证书），由×××继承（继承人：姓名　　　，身份证号：　　　　　）。

本人申明：本遗嘱完全出于本人自愿，是本人的真实意思表示；本人意识清楚，具有完全民事行为能力；所处分的财产为本人所有。本遗嘱由本人全文亲笔书写、签名并注明年月日即予成立。本遗嘱一式×份，一份由本人收执，×份交（遗嘱继承人/接受遗赠人），一份交遗嘱执行人，具有同等法律效力。

自书遗嘱人：×××（签字/手印）

××××年×月×日

（地点）

（三）代书遗嘱

代书遗嘱，是指因遗嘱人不能书写而委托他人代为书写的遗嘱。我国《继承法》第 17 条规定："代书遗嘱应当有两个以上见证人在场见证，由其中一人代书，注明年、月、日，并由代书人、其他见证人和遗嘱人签名。"

代书遗嘱在生活中较为常见，特别是在遗嘱人因病卧床或者年老体衰、不识字等情形下经常使用。由于法律要求代书遗嘱应当有见证人在场方能有效成立，因此，见证人的选任将直接影响代书遗嘱的效力。如果见证人选任失当，即使代书遗嘱内容真实，也不能认定遗嘱有效。因此，代书遗嘱见证人的选任必须格外谨慎。

根据我国《继承法》的规定，不能作为遗嘱见证人的人员包括：

1. 无行为能力人、限制行为能力人；

2. 继承人或者受遗赠人；

3. 与继承人或者受遗赠人有利害关系的人，一般包括继承人、受遗赠人的债权人、债务人、共同经营的合伙人。

优点：有不同主体的参与，较难被推翻。

不足：容易因见证人的选任不够周全或不符合形式要件而无效。

实践中，笔者曾经接触过因老年人没有接受过教育、不会书写自己姓名的情况。对此，要根据个案的实际情况进行处理。条件允许的话，可以提前请老人家进行书写练习；如果条件不允许的，也可以尊重老人家的使用习惯，使用姓名章并加盖指模予以确认。同时，对于这种遗嘱人确实无法亲自签名的情况，为避免纠纷，可考虑采用同步录音录像或者直接采用公证遗嘱的形式。

下面，笔者通过法院审理的几个代书遗嘱的典型案例对这种遗嘱形式进一步地说明。

案例 35

殷某甲与殷某乙遗嘱继承纠纷[1]

案件概述

遗嘱上遗嘱人的签名是代书人代签的，遗嘱上只留有手印，原告声称此为遗嘱人手印却又无法向法院提供证据证明该手印确为遗嘱人手印，且他人对该份遗嘱存在质疑时原告无法解释，法院认定该遗嘱不产生法律效力。

法院查明

殷某深（2001 年去世）与杨某兰（2008 年去世）系夫妻关系，共育有四名子女分别为殷某梅（长女）、殷某英（次女）、殷某乙（长子）、殷某甲（次子）。殷某乙与殷某甲系兄弟关系。被继承人早年得到政府回迁的一些车库地产，在被继承人去世之前，两兄弟殷某乙和殷某甲各自占有一定范围的车库地产。另查，各方当事人均承认在 1997 年开过家庭会议，对家庭财产按兄弟俩一家一半分割。但是殷某甲认为父母在家庭会议上对房产没有作最终处理，相反提供一份由安永春代书的杨福兰遗嘱，认为车库上下二层全部归二儿子殷某甲继承。再查，殷某梅（长女）、殷某英（次女）都出庭表示放弃继承权。

法院判决

一审法院认为，本案殷某甲提供的代书遗嘱无效，对其提出的按遗嘱继承车库的主张不予支持。关于代书遗嘱效力问题，被继承人杨某兰在代书遗嘱上没有亲自签名，只有手印，杨某兰在遗嘱上的手印亦无从比对核实。按照继承法的规定，代书遗嘱应当由遗嘱人亲自签名，本案中杨某兰没有签名，代书遗嘱亦应认定无效。

一审判决后，殷某甲不服，提起上诉。二审法院审理认为：关于 2008 年 6 月 9 日的遗嘱，在一审时，双方都称杨某兰不会写字，代书人也承认是他代写的杨某兰的名字，继承人只留有一个手印，但该手印的真实性无法核实，

---

① 案号：（2014）沈中民再终字第 3 号。

殷某英和殷某梅在一审时对遗嘱的存在与否也持有不同的意见，故对该遗嘱法院亦不予采信。

案例 36

顾某某与姜某某、奚某某遗嘱继承纠纷①

案件概述

见证书上所载明的见证人与署名的见证人不符且见证书上的内容与代书遗嘱的实际内容相矛盾的，其遗嘱不具有效力。

法院查明

姜某某、奚某某是被继承人姜某的父母，顾某某为其妻子，姜某于2013年6月5日去世。顾某某提交立一份姜某于2013年3月25日在上海市国雄律师事务所所订立的一份代书遗嘱，代书人为郑亮律师，见证人为郑亮律师与刘宏蕾律师，遗嘱上载有被继承人姜某的签字。该代书遗嘱并另附《见证书》一页，该见证书载明的见证人为郑亮、傅令两位律师，并载明见证律师见证了姜某在遗嘱上签字和按拇指印，落款处的见证律师为郑亮律师及刘宏蕾律师。

法院（2014）沪二中民一（民）终字第2357号民事判决代书遗嘱无效。顾某某不服判决，向法院申请再审。

顾某某申请再审称，2013年3月23日上午，律师郑亮及刘宏蕾受姜某委托赴同济医院同济楼7楼为姜某进行遗嘱见证，根据姜某口述制作谈话笔录、代书遗嘱及见证书的整个过程是客观真实的，有经鉴定系姜某本人签名的谈话笔录、代书遗嘱及由录音笔留存的谈话录音可予佐证，遗嘱内容是姜某本人的真实意思，本案一、二审割裂证据链，以见证书上两处瑕疵否认遗嘱有效性，并按法定继承对姜某的遗产进行分割，判决有误；本案一审时因录音笔电路板被腐蚀内容无法提取，该原因非见证律师刻意隐瞒或主观意愿所致，应属客观上发现不能，本案二审期间录音笔通过国内权威公司恢复原始录音，该证据是一审后新发现的证据，本案二审对此未开庭质证亦未鉴定，

① 案号：（2014）沪二中民一（民）终字第2357号。

即以录音系经技术处理所得非原始录音不予采信，有违法律规定。

被申请人姜某某、奚某某称，有关代书遗嘱的效力，是本案争议焦点，本案一、二审均依法认真进行了审核，由于见证书上所载明的见证人与署名的见证人不符，且见证书称见证姜某在遗嘱上签字和按拇指印，而遗嘱上并没有捺印，因此本案一、二审未确认遗嘱效力，合法合理；顾某某所提供的谈话录音在本案一审前已形成、不是新证据，本案二审期间对该证据也进行了质证，谈话录音有拼接感且与谈话笔录内容不一致，谈话笔录制作时间正是他们照顾姜某的时间，他们没看到遗嘱见证之事，谈话笔录由律师郑亮记录并同步谈话，不具真实性；有关售房款的协议约定明确，100 万元并非对姜某的赠与，扣除医疗费后的余款理应各半分割。本案一、二审判决正确，请求驳回本案再审申请。

法院判决

法院认为，虽就涉案遗产继承，顾某某主张遗嘱继承，为此提供了由被继承人姜某签名的代书遗嘱、律师见证书、谈话笔录及谈话录音等证据，但两个以上见证人在场见证代书遗嘱的形成，并由在场人在代书遗嘱上签名是法律规定的形式要件，而涉案律师见证书专为证明代书遗嘱效力、却在两名见证人和被继承人签名形式上出现与代书遗嘱不一致内容，因该两项事关见证过程的真实性亦有法律明确规定，故笔误的说辞难以确立其效力。代书遗嘱、律师见证书、谈话笔录、谈话录音本是证明代书遗嘱效力的整体，谈话录音在此并非单立的录音遗嘱，而作为证据整体核心的律师见证书失效，即便有过谈话及录音也难以反映与见证书所匹配的特定时空下被继承人姜某的真实意思表示，法院一、二审依法认证，按法定继承就涉案遗产进行处置，并无不当。驳回顾某某的再审申请。

从上面的两个案例不难看出，代书遗嘱在实践的操作当中会因为案件具体情况的不同而发生各种各样的实际问题，因此我们在使用的时候一定要特别审慎，才能够确保遗嘱的法律效力，实现遗嘱人的财富传承目的。

（四）录音遗嘱

录音遗嘱，是指遗嘱人用录音的形式记录自己的遗产处理意愿。为防止录音遗嘱被人篡改或录制假遗嘱弊端的发生，《继承法》第 17 条第（四）项明确规定：“以录音形式设立的遗嘱，应当有两个以上的见证人在场见证。”见证可以采取书面或录音的形式，录音遗嘱制作完毕后，应当场将录音遗嘱封存，并由见证人签名，注明年、月、日。

优点：形成过程相对便捷。

不足：遗嘱人的意愿及精神状态在遗嘱当中没有直接的反映，日后容易受到挑战。

延伸——视频遗嘱

视频遗嘱并非我国《继承法》规定的五种法定遗嘱形式，但在实践当中也有不少的当事人运用视频的形式制作遗嘱。这也给司法实践提出了进一步的挑战，由于没有明确的法律规定，目前实践中倾向于将视频遗嘱也纳入录音遗嘱的形式，并按照录音遗嘱的法定要件对视频遗嘱的效力进行审查。下面，笔者给大家通过一个案例来了解一下法院对视频遗嘱的处理规则。

案例 37

视频遗嘱的运用①

郑某、颜某甲于 ×××× 年登记结婚，×××× 年 ×× 月 ×× 日生育一男孩，取名颜某乙。2002 年 4 月 9 日，郑某、颜某甲协议离婚。

2013 年 8 月 17 日，颜某乙与长沙市房地产开发公司签订《长沙市商品房买卖合同》，约定颜某乙购买长房 · 天翼未来城第 2 栋 N 单元 803 号房屋。

2015 年 5 月 28 日，颜某乙因患咽癌去世。颜某甲提供手机录像视频主张颜某乙于去世前几天即 5 月 23 日邀请朋友蒋涛、熊某、唐某作为其遗嘱见证人至其病房，并主张由蒋某负责用手机拍摄，唐某负责与颜某乙交谈，熊某旁听。视频中颜某乙表示其遗产分三部分，其中长房 · 天翼未来城第 2 栋 N 单元 803 号房屋出售处理后，20% 费用给公证机关，40% 费用给其乡

---

① 案号：（2016）湘 01 民终 3204 号。

下的颜姓亲戚，40%给颜某甲；车位如果生前未处理则留给颜某甲；其他公积金等财产亦归颜某甲。所有财产不给郑某。但从视频中能看到的只有唐某、颜某乙与颜某甲。

法院经审理认为：关于颜某甲提供的视频遗嘱效力的问题，（1）该视频遗嘱形式上不符合法律规定。《继承法》第17条规定了遗嘱有公证、自书、代书、录音及口头五种形式，并对上述五种形式的遗嘱作出了严格的规定。民事诉讼法规定，证据包括视听资料，故视频虽不是法律规定的严格意义上的遗嘱形式，但可以比照录音遗嘱处理，即应当有两位以上没有利害关系的见证人在场见证，但颜某甲提供的手机视频，显示在场的人只有颜某乙、唐某及颜某甲，颜某甲主张蒋某在场负责用手机拍摄，但不能提供证明蒋某在场且用手机拍摄的证据，即颜某甲不能提供证据证明其主张的视频遗嘱有两位以上无利害关系的见证人予以见证，故即使颜某乙以视频形式订立遗嘱，但该遗嘱因缺乏法定见证人人数这一必备的形式要件而无效。（2）该视频内容不能体现颜某乙要以视频形式订立遗嘱的意思表示。从该视频内容可知，在录制该视频时，颜某乙的谈话内容虽涉及房产、股票等财产的处理，但其并无以视频订立遗嘱的明确意思表示，而是表明日后进行公证遗嘱，故从内容上看，也不能得出该视频系颜某乙的遗嘱的结论。综上，本案颜某甲提供的视频不是有效遗嘱，案涉遗产应当按照法定继承进行处理。

（五）口头遗嘱

《继承法》第17条第（五）项规定："遗嘱人在危急情况下，可以立口头遗嘱。口头遗嘱应当有两个以上见证人在场见证。危急情况解除后，遗嘱人能够用书面或者录音形式立遗嘱的，所立的口头遗嘱无效。"

由于口头遗嘱容易被篡改和伪造，且有在遗嘱人死后无法查证的缺陷，所以《继承法》对口头遗嘱的使用做出了严格的限制性规定。

优点：便捷。

不足：基于危急情况才可以使用，且容易失效。

案例 38

口头遗嘱的运用[①]

一审法院查明，2014 年 8 月 20 日，被继承人季某庚因病死亡，留有位于西宁市城西区的房屋一套，就该套房屋的继承问题，季某甲与季某乙、季某丙、季某丁、季某戊、季某己发生争执，季某甲认为遗嘱人季某庚在危急情况下，实施了立口头遗嘱的民事法律行为，将位于西宁市城西区某房屋赠与其。因此，季某甲诉请依法认定已过世二伯父季某庚将位于西宁市城西区某房屋赠与其的遗赠行为有效；依法确认季某甲对该遗赠房屋具有所有权。

本案争议焦点为：被继承人季某庚是否立过口头遗嘱？如立有口头遗嘱，该遗嘱是否合法有效？

一审法院认为：遗嘱人在危急情况下，可以立口头遗嘱，口头遗嘱应当有两个以上见证人在场见证。本案季某甲所提交的证人证言无法证实遗嘱人季某庚在危急情况下，实施了立口头遗嘱的民事法律行为，故季某甲的诉求不能成立，不予支持。季某乙、季某丁、季某己关于被继承人季某庚生前将钥匙交给季某甲及曾亲口告知众多亲戚，房屋归季某甲管理，不构成口头遗嘱的辩解意见予以采信，遂判决驳回季某甲全部诉讼请求。

一审判后，季某甲上诉至二审法院。

二审法院经审理认为：首先，遗嘱必须以法律规定的形式，在被继承人意识清醒的情况下所立的自书遗嘱、公证遗嘱或者两个无利害关系人见证下的代书遗嘱、录音遗嘱等。季某甲提交证人证言，拟证实在探望季某庚时，季某庚曾表示将房产给季某甲，这种亲属、朋友间探望时的陈述与遗嘱必须以法律规定的形式形成相悖，证人证言的效力也仅证实季某庚有将房屋遗赠给季某甲的意愿表示，这种想法和意愿不构成法律规定的遗嘱要件。季某甲

---

① 案号：（2015）宁民一终字第 288 号。

诉称被继承人季某庚于2014年8月12日立有口头遗嘱，本案中所谓季某庚立口头遗嘱时的在场人季某丁、季某戊、季某己、张玉花等人对季某庚是否留有口头遗嘱说法不一，相互矛盾。现有证据，无法证实季某庚在危急情况下，实施了立口头遗嘱的民事法律行为。

其次，根据《继承法》第17条第（五）项之规定“遗嘱人在危急情况下，可以立口头遗嘱，口头遗嘱应当有两个以上见证人在场见证。危急情况解除后，遗嘱人能够用书面或者录音形式立遗嘱的，所立的口头遗嘱无效”。季某甲自述季某庚立口头遗嘱时，有季某乙、季某丁、张进德、季某戊、季某己、张玉花在场。根据《继承法》第18条规定，继承人、受遗赠人以及与继承人、受遗赠人有利害关系的人不能作为遗嘱见证人，季某甲所称季某庚立口头遗嘱时，在场见证人季某乙、季某丁、季某戊、季某己均为季某庚的继承人，张进德、张玉花是继承人的利害关系人，即均不符合法律规定的见证人资格，即使季某庚立有口头遗嘱，也不符合法律规定的口头遗嘱的形式要件，因此无效。

最后，被继承人季某庚于2014年8月20日凌晨去世，季某甲所述口头遗嘱的时间为2014年8月12日，与季某庚去世时间相差近8天，即使2014年8月12日季某庚因病情危重立有口头遗嘱，但其在2014年8月19日出院时病历记载其“神志清楚，精神欠佳”，季某甲亦自认2014年8月19日季某庚出院前大脑意识清晰，因此季某庚2014年8月12日所立“口头遗嘱”在危急情况解除后，应认定季某庚有能力采取其他方式订立遗嘱，因此2014年8月12日季某庚即使立有口头遗嘱也因危急解除导致无效。另外，当事人季某甲不属于被继承人季某庚的法定继承人，季某甲的诉讼请求亦要求确认季某庚的遗赠行为有效，因此本案案由应定性为遗赠纠纷，原判认定遗嘱纠纷不当，应予纠正。原判认定事实清楚，适用法律正确，上诉人季某甲的上诉理由不能成立，应予驳回，判决维持一审判决。

从上面这个案例我们不难看出，口头遗嘱虽然看似容易形成，但是法律却对其生效要件提出了严格的认定标准。根据笔者常年代理继承案件的经验来看，口头遗嘱被法院认定有效的概率并不高，因此我们在实践当中应当谨慎使用。

延伸——打印遗嘱的效力

我国现行的《继承法》是 1985 年 10 月 1 日开始施行的，受限于那个时代的科技水平，《继承法》仅规定了前述的五种遗嘱形式。近些年，随着电子科技的发展，电脑、网络、视频技术在家庭的普及和使用，以电脑打印的遗嘱、以电子邮件、视频形式订立遗嘱的案例逐年增多。怎么看待这些遗嘱形式的法律效力，是因为不具备法律认可的遗嘱形式，从而一概认定无效；还是尊重社会以及科技发展的新趋势，针对不同的具体案例进行审查认定？笔者通过下面的案例带大家一起来了解一下。

案例 39

打印遗嘱的运用[①]

张某生于 1919 年，有子张甲和张乙。自 2001 年丧偶后直至病逝，张某除随张甲生活两年外，主要由张乙负责照顾、护理。2005 年后，张某生活基本不能自理。2012 年年底去世时，张某留下遗产为个人房产一套。该房款原由张乙支付，市价约 10 万元。张甲因遗产分割问题与张乙发生纠纷，诉至法院。

庭审中，原告张甲提供一份纸质打印遗嘱，遗嘱人署名为张某，见证人署名为律师李某、陈某，注明时间为 2010 年 3 月 20 日；其主要内容为：张甲因照顾张某失去主要经济来源，从其遗产中扣除 6 万元补偿张甲。原告陈述，当天他用轮椅把父亲从被告家推至打印部打印了这份遗嘱，之后一起回家，由李某、陈某到场见证父亲签字确认过程；李某作证说：到原告家时，遗嘱已打印好，陈某将遗嘱内容念给张某听后，张某点头表示同意后签名。此外，张某曾于 1991 年自书遗嘱指定被告张乙为遗产唯一继承人。

一审法院经审理认为，2010 年打印遗嘱属自书遗嘱，其内容真实且时间在后，故判决按照该打印遗嘱分割遗产。被告不服提起上诉。二审法院经审

① 中国法院网：《打印遗嘱的法律属性与法律效力》，网址：https://www.chinacourt.org/article/detail/2014/10/id/1470877.shtml，最后访问时间：2019 年 3 月 4 日。

理认为，2010 年打印遗嘱是代书遗嘱，但因欠缺必要要件而无效，改判按 1991 年自书遗嘱分配涉案遗产。

法官回应：应比照书写遗嘱来认定打印遗嘱的法律效力。

遗嘱是指具有完全自由的遗嘱人在生前合法处分自己的遗产等事务，并于其死亡时发生效力的法律行为。因为遗嘱的特殊性和证明的高难度，继承法规定其必须符合基本的构成要件，即基础要件——立遗嘱时遗嘱人具有遗嘱自由；实质要件——遗嘱内容真实且合法；形式要件——遗嘱符合基本形式要求。

1. 打印遗嘱的法律属性和法定类型应当通过合理的法律解释来确认。学者与实务工作者对打印遗嘱的法律属性和类型多有争议，在为数不少的具体案件中，法律适用和裁判结果也不尽相同，甚至截然相反。“同案不同判”严重损害了司法的公正与公信。分歧的关键症结就在于，继承法（含司法解释）规定的遗嘱书写工具是“笔”而非电子打印系统，且打印遗嘱存在难辨真伪或何人所书之虞。但是，1985 年继承法制定、实施时，“笔”是当时的主流书写工具，打印系统非普通人所奢求；而时至今日，电子打印系统取代“笔”而成为绝大多数人生活中不可或缺的文书制作工具。技术的突飞猛进带动社会生活的日新月异，这已超出当时立法者的预料；而继承法也没有及时修订来消除法律漏洞。因此，法律适用应通过解释方法填补漏洞来回应并适应社会重大变化，以实现公正目的。

首先，要式遗嘱（满足一定的形式要件）的立法目的并不排除遗嘱书写工具的变化。遗嘱的要式性主要为了保真（确保遗嘱内容真实、合法）和保全（保证遗嘱人的遗愿尽可能得到全面尊重和遵守），其中，要式是手段，保真是中心，保全是目的，最终实现对死者人格尊严的维护。如果遗嘱内容的真实性与合法性能得到证实且具有关键性的形式构成要素，仅仅因为遗嘱书写工具不属于继承法明文规定的“笔”，从而认定其为非法定型遗嘱而降低其效力位阶，甚至被认定无效，这都明显与人权保护的时代精神不吻合。

其次，从制作书面文书的作用上，电子打印系统如同传统的“笔”，两者具有本质的一致性，都被用来将人的主观意思转化为文字并固定在特定介质上。打印或“笔”书遗嘱，都是为了记载、固定并保存遗嘱人的遗愿，都具备了法律规定的基本要式性，因此，将打印遗嘱比照“笔”书遗嘱来适用继承法的相关规定，更符合当下的实际情况。

最后，对于打印遗嘱是自书遗嘱还是代书遗嘱，关键要看遗嘱形成与固化受何人的意志所控制或主导。遗嘱人或亲自或主导他人操作打印工具，只要由其意志主导遗嘱的制作和固化，则该打印遗嘱应属自书遗嘱；相应地，遗嘱人仅对遗愿进行陈述并对遗嘱内容真实性予以确认，而书面遗嘱的制作和固化均由见证人主导完成，该打印遗嘱就是代书遗嘱。

2. 2010 年的打印遗嘱属于代书遗嘱，但其形式欠缺关键构成要素且没有得到有效弥补。首先，本案的打印遗嘱属于代书遗嘱而非自书遗嘱。非常明确的是，张某没有能力亲自操作电子打印系统来打印遗嘱。至于当时张某能否主导该打印遗嘱主文的形成过程，除作为最大受益人的原告本人单方陈述外，没有其他证据予以佐证；相反，当时张某不能自主行动，也仅能以点头回应他人，表明其当时基本丧失语言表达能力，这意味着，张某当时没有能力要求他人按照其意愿制作遗嘱。其次，作为代书遗嘱，该打印遗嘱没有适格的见证人。代书遗嘱的关键性形式要素之一就是：见证人现场见证并由其中之一代为制作，其意义在于事后更准确地还原立遗嘱时的实际状况和具体细节。但是，本案中，因主导该打印遗嘱的制作与完成的人没有署名而不确定，而原告是遗嘱继承人，他们不是继承法规定的适格见证人。而两个署名律师，他们没有现场见证并主导遗嘱主文形成过程；在原告家没有见证遗嘱人对遗愿的有效表述并重新主导制作书面遗嘱；没有基于张某的特殊情况对当时张某的神志是否清醒以及是否具有意思表示能力进行必要的核实，说明他们没有尽到足够的注意义务，因此，他们也不是适格的见证人。没有适格见证人的代书遗嘱不具备必要的形式要件。

3. 现有证据难以证明 2010 年的打印遗嘱是张某真实意思表示。遗嘱内容的真实与合法，是遗嘱有效的核心要件。但本案中，打印遗嘱内容的真实性没有得到必要的证明。其一，虽然张某和两律师对打印遗嘱进行了签名，但遗嘱人仅能点头回应，这表明当时遗嘱人不能口头表达或不能口头清晰表达自己的遗愿，该遗嘱也就不可能是根据遗嘱人自己的表述来制作的。其二，原告仅照顾张某两年，并没有证据显示其因此而失去经济收入和来源，打印遗嘱中的内容“张甲为照顾张某而失去主要经济来源”就颇显突兀；与被告相比，原告对张某所尽赡养义务较少，遗嘱人放弃原来有利于被告的自书遗嘱而重新设立有利于原告的遗嘱，明显欠缺动机。据此，2010 年打印遗嘱不可能是遗嘱人的真实意思表示。

4. 2010 年的打印遗嘱设立时遗嘱人是否具有遗嘱自由不能确定。遗嘱自由包括遗嘱能力（民事行为能力、神志清醒和必要的语言表达能力）和意思表示与行为自由（不受外来不法干预）。本案中的打印遗嘱设立时，如前所述，张某已高龄九十一，生活基本不能自理且丧失必要的语言表达能力，仅凭原告的单方陈述也不足以证明张某的神志清醒，因此，虽然理论上张某是完全民事行为能力人，但当时并不具备应有的遗嘱能力。尤为重要的是，原告主导了这份打印遗嘱的整个形成过程，张某不是通过法律认可的方式，如口头表达或简单书写等方式来与律师交流，而是仅仅对他们的询问作点头示意，这都表明当时的张某根本不具备意思表示与行为自由所必需的身体条件和精神状态。事实上，打印遗嘱主文何时形成，如何形成，遗嘱人有无进行意思表示，其意思表示与该遗嘱内容是否一致，其意思表示和遗嘱行为是否受到胁迫等，都存在重大疑点。

综上，2010 年打印遗嘱不是一份合法、有效的代书遗嘱，不能排除 1991 年自书遗嘱的法律效力，因此，本案应按 1991 年的自书遗嘱内容对张某的遗产进行分配。

本案中的主要争议焦点是涉案打印遗嘱的法律属性及其效力问题。在审理过程中，存在明显的争议，主要有三种观点：

第一种观点认为：本案中的打印遗嘱虽非张某亲笔书写，但鉴于立该份遗嘱时张某已年逾九十一，亲自书写有一定困难；书面文书经打印后由其本人签名或按捺手印是现代社会的惯常方式，涉案打印遗嘱经张某签名后，应视为张某的自书遗嘱。张某对该打印遗嘱签字确认的过程经两名律师见证，这表明该打印遗嘱是张某的真实意思表示。因此，涉案打印遗嘱应认定为自书遗嘱且有效，可以排除 1991 年在先自书遗嘱的法律效力。

第二种观点认为：关于打印遗嘱的法律属性及其类型，应当考虑继承法相关条文的立法本意，合理解释相关规定，以便适应社会的不断发展变化，最大限度地实现公平正义。从作为书面文书形成工具来看，电子打印系统与传统书写工具本质上并无二致，但在确定打印遗嘱具体类型时，还须考察遗嘱人是否对书面遗嘱的形成与固定具有控制力或主导力。本案的打印遗嘱在表象上更符合代书遗嘱而非自书遗嘱；但因欠缺关键性的形式构成要素且不能通过证据进行弥补，同时基础要件与实质要件也不能得到有效证明，所以该代书遗嘱应当被认定为无效。

第三种观点认为：本案的打印遗嘱并不属于法定型的代书遗嘱或自书遗嘱，而是没有类型化的其他遗嘱，可以类推适用自书遗嘱的规定，但其效力位阶明显低于法定型遗嘱。本案中，1991年的“笔”书遗嘱属于法定型的自书遗嘱，其内容真实、合法；而2010年的打印遗嘱属于非法定型，两者相比，应当适用法定型遗嘱效力优先原则，认定1991年自书遗嘱继续有效；相应地，不再考虑2010年打印遗嘱的在后优先性和构成要件是否完备，认定该打印遗嘱无效。

对于打印遗嘱在司法实践当中的效力认定，上面的这个案例解释得可谓非常清晰了。不难看出，由于没有法律的明确规定，即使针对同一个案件，不同的裁判者也会有不同的观点。因此，笔者建议：在我国现行继承法还没有修改的前提下，为避免风险，我们在草拟遗嘱时应尽量采用现行法律规定的形式。

三、遗嘱有效的实质要件

（一）遗嘱人须为完全民事行为能力人

根据我国《继承法》第22条的规定，无行为能力人或者限制行为能力人所立的遗嘱无效。遗嘱人是否具有遗嘱能力，以遗嘱设立时为准。在设立遗嘱时，遗嘱人有立遗嘱能力的，其后虽丧失立遗嘱能力，其所立遗嘱也不因此失去效力。

（二）遗嘱须是遗嘱人的真实意思表示

意思表示真实是民事法律行为有效的必要条件要件之一。遗嘱人先后立有多份遗嘱的，原则上应以遗嘱人在最后的遗嘱中作出的意思表示为准。如果遗嘱人所立遗嘱是违背遗嘱人真实意愿的，如是基于被胁迫或被欺骗而订立的，则该遗嘱全部无效。

（三）遗嘱不得取消缺乏劳动能力、没有生活来源的继承人的继承权

我国《继承法》第19条规定，遗嘱应当为缺乏劳动能力又没有生活来源的继承人保留必要的遗产份额。这一规定属于强行性规定。

实践中，若没有为缺乏劳动能力又没有生活来源的继承人保留必要的遗产份额的，法院可能会从遗产中酌定适当的份额分配给该继承人，有时甚至可能会因此判决遗嘱全部无效，因此，在立遗嘱时应注意对这些人保留合适的遗产份额。

（四）遗嘱中所处分的财产须为遗嘱人的个人合法财产

遗嘱是遗嘱人处分其个人财产的民事行为，遗嘱仅能就遗嘱人的个人合法财产作出处置。遗嘱人以遗嘱处分了属于国家、集体或者他人所有的财产的，遗嘱的该部分内容无效。

四、导致遗嘱无效的常见情形

前面我们提到，实践当中经常发生因为各种各样的原因导致所立的遗嘱部分无效或者全部无效的情形，造成遗嘱人的传承意愿部分或全部不能实现，我们带大家一起来了解一下容易导致遗嘱无效的常见情形。

（一）在遗嘱中处分了属于他人的财产

公民立遗嘱时只能对自己的合法财产享有处分权，如果对不属于个人的财产进行处分的，会引起该部分内容无效。常见的在遗嘱中处分他人财产的情况有：

1. 夫妻的共有财产。一般来说，除夫妻间有特别的约定，否则婚后所取得的财产不管登记在谁的名下，均应属于夫妻共同财产，在立遗嘱时，应当先将共同所有的财产的一半分出为配偶所有，剩余的部分才能视为立遗嘱人

的个人财产在遗嘱中进行处分。

2. 抚恤金。抚恤金是对逝者家属的精神关怀和物质帮助，不是被继承人生前的个人财产，也不能依遗嘱人的意思进行处分。

3. 保险金。如果在人身保险合同中已指定了受益人，遗嘱人就不得以遗嘱的方式再次处分。

一般而言，对不属于自己的财产进行遗嘱处分会导致该部分遗嘱内容失效，并不影响遗嘱其他内容的效力。

案例 40

处分了配偶或不属于自己的财产导致遗嘱无效[①]

被继承人张某清与仇某英系夫妻关系，二人育有五个子女：长子张新某、次子张某丙、三子张平某、四子张某甲、女儿张某戊。仇某英于 2003 年亡故，张某清于 2013 年 3 月 23 日亡故。三子张平某亦于 2003 年死亡，其育有子女张某丁、张某己。继承人因张某甲持有的一份《遗嘱》产生争议，形成诉讼。

张某甲于庭审中提供落款时间为 2012 年 5 月 10 日的《遗嘱》一份，该遗嘱主要内容如下："立嘱人张某清。为了防止遗产继承纠纷，特请刘某乙和刘某义作为见证人。一、由于本人身体心脏不好，为防止意外死亡和遗产纠纷，特立本遗嘱。二、本人现楼房壹套，坐落于张一村怡香家园 11 号楼 × 单元 × 楼西户约 75 平方米。三、对于上述财产，本人如遇突发疾病去世，所有遗产即楼房全部赠予四子张某甲所有。因几次住院费都是四子张某甲负担。四、希望大家尊重本人的遗愿，和平处理遗产的继承事宜。五、本遗嘱一式三份，由张某清、刘某乙、刘某义三人各保存一份，并具有同等法律效力。见证人：刘某乙、刘某义"；张某甲还提供由沣水镇张一村村委会于 2013 年 12 月 12 日出具的《证明》一份，内容为："兹证明我村怡香家园 11# 楼 × 单元 × 楼西户，户主为张某清，房屋面积为 75 平方米，该楼房为旧房置换。特此证明。"张某甲要求确认上述《遗嘱》合法有效并要求确认《遗嘱》所载房屋的所有权

---

① 案号：（2015）淄民一终字第 169 号。

归其所有。其余继承人均不认可《遗嘱》有效，其四人认为张某甲所提供的《遗嘱》不符合“代书遗嘱”的形式且处分了房屋共有人仇某英的份额，应为无效遗嘱，因此张某甲诉求的房屋应当按照法定继承进行分割。被告对其主张提供由沣水镇张一村于2014年6月27日出具的《证明》一份予以佐证，该《证明》内容为：“兹证明我村怡香家园十一号楼 × 单元102室（73.47平方米）是在旧村改造时于2010年8月用原张某清老宅基所换，特此证明。”张某甲对该证据的真实性无异议，但认为与本案无关。

法院认为，根据沣水镇张一村村委会对于《遗嘱》中所称的怡香家园11号楼 × 单元 × 楼西户房屋所出具的《证明》来看，该房产系用原张某清名下宅基地老房拆迁置换所得的楼房，该房产应视为被继承人张某清与其配偶仇某英生前的夫妻共同财产，故该房产不属于张某清个人的遗产，张某清对该房产并无全部的处分权，其无权处分其本人享有份额之外的部分，故原告张某甲要求确认《遗嘱》合法有效以及涉案楼房所有权全部归其所有的诉求均不能成立，不予支持。

（二）遗嘱内容违反社会公共利益和社会公德

我国《民法总则》第8条规定，民事主体从事民事活动，不得违反法律，不得违背公序良俗。因此，违反社会公共利益和社会公德的民事行为无效。遗嘱若损害了社会公共利益或者其内容违反社会公德，则也不能有效。比如说，曾经有过案例，遗嘱人通过遗嘱把其遗产留给自己婚外同居异性，最终因有悖公序良俗，该遗赠的内容被法院判定无效。

（三）多份遗嘱内容冲突导致遗嘱无效

上文当中我们谈到过，根据《继承法》第20条的规定，遗嘱的法定形式有五种：公证遗嘱、自书遗嘱、代书遗嘱、录音遗嘱和口头遗嘱。因遗嘱是于遗嘱人死亡时才开始发生法律效力的单方民事法律行为，在遗嘱发生效力之前，遗嘱人可以随时变更或撤销其所立的遗嘱，因此，理论上一个人可以留有多份遗嘱，而且这样的情形在现实当中并不少见。

同一位遗嘱人所立的多份遗嘱如果处分的财产内容并不冲突，就不存在无效的问题，反而可以互补；但如果多份遗嘱之间内容存在冲突，那就必然会导致效力较低遗嘱的相应内容失效。那么该如何衡量多份遗嘱之间的效力高低呢？

1. 根据现行《继承法》的规定，公证遗嘱优先于一般形式的遗嘱，遗嘱人如欲撤销或变更公证遗嘱必须采取公证的形式，数份内容相抵触的遗嘱中有公证遗嘱的，以最后所立的公证遗嘱为准。

2. 后遗嘱优先于前遗嘱，即在没有公证遗嘱的情况下，以最后所立的遗嘱为准。实践当中，笔者所处理的不少案件当中均出现过多名继承人手持不同的遗嘱版本要求对遗产进行继承的情形。对于这种情况，处理的原则是：若这些遗嘱都是遗嘱人所立，应以设立时间最晚的那份遗嘱为准。这也是我们在前文中反复强调遗嘱必须书写订立时间的原因。

（四）遗嘱人生前对自己财产的处分导致遗嘱无效

比如说，遗嘱人在遗嘱中明确，其名下的某房屋在其身故后归大儿子所有。但由于遗嘱人晚年得病，为筹集医疗费，便把该房屋出售了，将所得房款用于治病，那么原遗嘱内容就因房屋已被出售而无效。再比如，出售房屋所得的房款除了用于治病之外还有剩余，若遗嘱人想将所剩售房款留给大儿子，则需重新订立遗嘱，因为这个时候原遗嘱当中写明的某房屋已经不存在了，而所剩余的售房款是另外一种形态的遗产，遗嘱人要想实现将售房款留给大儿子的愿望，就必须重新订立遗嘱了，否则，对这笔售房款将按照法定继承的方式进行继承。

每个人的生命都是有限的，在生命的大限来临之际，我们唯一的愿望就是留下美好、不带走遗憾。而作为家事律师，时常在案件的处理过程当中，目睹客户因为未提前做出有效的安排而令后代陷于争议当中，甚至导致整个家庭的分崩离析。为此，我们不断对案件的代理经验进行总结，并将这种观念贯穿在为客户提供法律服务的过程当中。那么结合我们在本章节当中所讲的内容，笔者对各位读者朋友提出如下的实操建议：

第一，根据自己的情况，选择合适的遗嘱形式。

具体的遗嘱形式我们在前面的章节中已经做了明确解读，这里要重点强调的是，随着我们的年龄越来越大、身体状况越来越不好，可供我们选择的有效遗嘱形式也会越来越少，因此，笔者建议：遗嘱，早订立比晚订立好。

第二，在订立遗嘱时，不要嫌麻烦，尽可能把自己的财产内容进行详细、清晰的罗列。

在订立遗嘱的时候，我们当然可以笼统地描述“去世之后，自己的所有遗产如何处置”，这些好处在于清晰明了，但弊端在于继承人可能并不清楚了解遗嘱人的遗产到底有哪些、存放于何处，以及由谁进行保管等。相比之下，一份对财产内容罗列清晰的遗嘱会给继承人带来大大的便利。当然，除了在遗嘱正文当中对财产内容进行罗列之外，我们还可以选择在遗嘱后面附财产清单的方式。

第三，遗嘱订立之后，在有条件的情况下，笔者还建议定期、及时地更新遗嘱。

我们前文提到过，相比起其他的财富传承工具而言，遗嘱可以说是相对便捷、高效和低成本的。相比起其他的财富传承工具，遗嘱更加私密、修改和变更起来也相对容易。在此，笔者建议大家利用好遗嘱的这个优势，在遗嘱人主要财产情况发生变动、婚姻状况等家庭关系发生变动，以及继承人情况发生变化等情形发生的时候，及时对已经设立的遗嘱进行调整和修改。此外，如果遗嘱人的财产涉及的种类庞杂、遗产分配方案较复杂的，建议应该聘请专业的家事律师来协助设立，以确保遗嘱本身合法有效。

第四，在条件允许的情况下，笔者建议大家随时关注与财富传承、遗嘱设立等内容密切相关的政策和法律动态，以便及时掌握和运用最新的政策和法律工具。

近两年，举国上下都在热切关注民法典的立法进程，可以预见，这部法律的出台必将会对民事法律的各个领域、包括婚姻和继承领域带来重大的影响。又比如，和我们的经济生活息息相关的税务法律和政策的变化，都有可能直接影响到我们每个家庭的财富传承安排，需要我们及时地予以关注。

第三节　多管齐下，完善遗产保管和遗嘱执行

立遗嘱，是为了更好地管理身后事。这一点上，在古代帝王的眼中显得尤其重要，也因此历代王朝均可见一个特殊的官职——顾命大臣。“顾命”一词出自尚书《顾命》篇，讲的是周成王将死，恐怕太子钊不能胜任，命令大臣召公和毕公辅佐太子。在中国古代的君权政治中，父辈们为了帮助子嗣顺利过渡、执掌皇权，发明了一系列的制度，其中最常见的就是这种“顾命大臣”体制，帮助小皇帝完成过渡。[①] 在这个意义上，如果我们把上一代帝王留下的江山基业看作遗产的话，那么“顾命大臣”这个角色就应当是当时时代背景下的遗产管理人和遗嘱执行人了。

说回到今天，我国《继承法》是1985年六届全国人大三次会议通过的。关于遗产保管和遗嘱执行的问题在继承法当中已经有初步的规定。关于遗产保管，《继承法》规定：“存有遗产的人，应当妥善保管遗产，任何人不得侵吞或者争抢。”[②] 关于遗嘱执行，在《继承法》当中也有提及：“公民可以依照本法规定立遗嘱处分个人财产，并可以指定遗嘱执行人。”[③] 这一节中，我们将分别就遗产管理和遗嘱执行这两个内容进行探讨。

一、遗产管理

（一）释义

遗产管理人，顾名思义，是由被继承人提前选定或者由继承人推选产生的，在被继承人去世后，按照遗嘱或者法律的规定，负责保管和分割遗产，

---

① 唐元鹏：《顾命大臣：帝制打不开的死结》，载《领导文萃》2014年第14期。

②《中华人民共和国继承法》第24条：“存有遗产的人，应当妥善保管遗产，任何人不得侵吞或者争抢。”

③《中华人民共和国继承法》第16条：“公民可以依照本法规定立遗嘱处分个人财产，并可以指定遗嘱执行人。公民可以立遗嘱将个人财产指定由法定继承人的一人或者数人继承。公民可以立遗嘱将个人财产赠给国家、集体或者法定继承人以外的人。”

完成被继承人遗愿的个人或机构。

案例 41

侯某文遗产案

侯某文是我国著名的相声作家、表演艺术家、国家一级演员。自幼受其父侯某林先生的熏陶，1960年开始登台，有47年的艺龄。生前任中国曲艺家协会理事，中国铁路文工团总团副团长、说唱团团长，主管曲艺说唱业务。侯某文的表演幽默、生动，刻画人物栩栩如生，门生有郭德纲、陈寒柏、常宽等，其相声作品在海内外有广泛影响。

2007年6月，侯某文突发心脏病猝死，由于生前并未订立遗嘱，自2007年7月出殡火化后，侯某文的骨灰长时间寄存在八宝山骨灰堂，因亲属之间的遗产分配问题，而无法入土安葬。

认为伯父侯某华等三人侵占自己父亲的遗产，2009年7月，侯某文女儿侯某及其妹妹将对方告上法院。侯某诉称，她和妹妹是遗产的第一顺序继承人。因客观上无法获知父亲有多少遗产，希望法院通过此案调查侯某文名下的银行存款和交易记录，并进行分割。而后，侯某又提出申请，要求变更、追加被告。新的诉状中，侯某及其妹妹为原告；侯某华为第一被告，侯某文的生前好友牛某志为第二被告，侯某文弟子郭某小则为第三被告。

侯某在申请中称，父亲去世后，侯某华第一时间赶到父亲生前居住的玫瑰园，主持料理后事，并实际控制玫瑰园的所有遗产和证件。两年来，侯某华从没主动邀请两位继承人清点、封存遗物。除了一部由侯某华使用近一年后才交付给妹妹的监护人的汽车外，侯某华没有将剩余遗产分配给两位继承人的意图。侯某还称，她从法院的调查取证中得知，牛某志取走其父名下多笔银行巨款，郭某小夫妇二人使用私家车辆和搬家公司，先后拉走了玫瑰园别墅的所有物品。

侯某认为，上述遗产和物品，均属遗产范围。三被告未经其同意就擅自处分，涉嫌侵权；遗产的实际控制人侯某华不履行确定遗产范围和分配的义务，并同他人擅自处分遗产，侵害了其姐妹的财产继承权。她们请求法院责令侯某华等三人返还相应遗产，并承担侵权责任。

但随后，“侯某文遗产案”因管辖权异议被“搁浅”，4 个月后，案件进入漫长的实体审理阶段，直到 2010 年 6 月 4 日，“侯某文遗产案”终于公开审理。

庭审中，侯某和妹妹要求侯某华返还钱款 130 余万元、礼金和墓地费 50 余万元；而侯某华则拿出大量证据证明，自己并没有侵占弟弟任何款项，并表示由于侯某曾经向自己借款未遂而引发不满，称侯某一直希望自己能够分配到更多遗产。

在最后的法院调解环节：侯某华认为此案是家务事，倘若侯某等能撤销对除侯某华外其他被告的诉讼，其他事情可以商量，但侯某方面不同意撤销侯某华之外的其他被告，审判长宣布当庭调解失败，最终结果改日宣判。

8 月 20 日，峰回路转，侯某文遗产纠纷案正式和解，遗产处理达成一致。侯某华与侯某正式在西城法院签字和解，双方就侯某文骨灰何时安葬、遗产如何处理等关键问题达成一致意见。至于和解协议的内容，双方同意凡是本案所涉事实双方不再具有权利和义务的纠纷，而双方此前争议一直较大的骨灰如何处理、何时下葬，遗产如何处理等问题，最终达成了一致意见。这个案子最终能以和解方式结案，是亲情和理性最终平息了这场风波。①

案件尘埃落定不易，其中必然有理性与亲情的碰撞，有法律与道德的博弈。纵观整个案件，我们会发现：侯某华先生在整个案件的发生发展过程中扮演的角色，恰恰非常接近一个“遗产管理人”。当然，相比而言，侯某华先生担任的这个角色存在诸多粗糙之处：首先，他的角色承担，并非被继承人侯某文先生任命或者继承人们推荐，更多的是出于手足亲情或者是作为家族长辈的担当，从法律上讲，多少有些“师出无名”的遗憾；其次，他针对侯某文遗产的一系列管理和处置行为，也大多能够落入遗产管理人的职责范围内，但因为其“遗产管理人”的身份无从得到确认，其行为，在继承人的

① 孟庆瑜：《侯某文案例》，载《民法案例教程》，中国民主法制出版社 2015 年版，第 183~184 页。

眼中，也多有越俎代庖之嫌。

如果时光能够重来，如果当时法律上已经有完善的遗产管理和遗嘱执行制度，如果侯某文先生明确指定哥哥侯某华担任遗产管理人，如果侯某华先生在清理、保管和处置遗产的过程中能够充分听取继承人的意见，或许不致发生纠纷至此。

（二）遗产管理人的具体职责

按照全国人大 2018 年 9 月 5 日发布的《民法典各分编（草案）》第 926 条的规定，遗产管理人的职责包括以下几个方面：

1. 清理遗产并制作遗产清单；
2. 保管遗产；
3. 处理债权债务；
4. 按照遗嘱或者依照法律规定分割遗产。

此外，根据民法典上述草案第 928 条的规定：遗产管理人可以依照法律规定或者按照约定获得报酬。

（三）遗产管理人的选任

关于遗产管理人的确定，从各国、各地区的立法例来看，主要有以下几种方法：

1. 由法院或者政府主管部门作为遗产管理人。例如，根据《德国民法典》第 1960、1961 条的规定，在继承人不知名或不确定时，遗产法院负有注意保全遗产的职责，并可指定遗产保佐人。如利害关系人申请，法院应当指定遗产保佐人。《瑞士民法典》第 554 条规定，继承人旷缺情况下由主管官厅负责管理遗产，但主管官厅通常委托公证人或私人承担此项职责，被委托者称为遗产管理人。

2. 由法院指定相关人员作为遗产管理人。根据《日本民法典》第 951、952 条的规定，继承人有无不明时，家庭法院因利害关系人或检察官的请求，应选任遗产管理人，并须毫不迟疑地将遗产管理人的选任情况进行公告。

3. 由亲属会议选定遗产管理人。例如，依我国台湾地区“民法”第 1177

条的规定，继承开始时，继承人之有无不明者，由亲属会议于 1 个月内选定遗产管理人，并将继承开始及选定遗产管理人之事由，向法院报明。[①]

在我国，遗产管理人尚属新事物，之前的法律当中关于遗产管理人的选任并没有明确规定。按照全国人大 2018 年 9 月 5 日发布的《民法典各分编（草案）》第 924 条的规定，遗产管理人的选任按照以下方式进行：

首先，由被继承人选任。

"继承开始后，遗嘱执行人为遗产管理人。"[②] 也就是说，遗产管理人首先是由被继承人选任的，具体的方法是，被继承人在遗嘱中明确指定遗嘱执行人。在继承开始后，遗嘱执行人就当然地成为遗产管理人。

其次，被继承人没有指定遗嘱执行人的，遗产管理人由继承人推选或共同担任。

再次，没有继承人或者继承人均放弃继承的，由被继承人生前所在地的民政部门担任遗产管理人。

最后，对遗产管理人的确定有争议的，利害关系人可以向人民法院申请指定遗产管理人。

二、遗嘱执行

（一）释义

遗嘱执行，顾名思义，是接受被继承人的指定，或者经继承人推选产生的遗嘱执行人，在继承开始以后从事的包括查明遗嘱效力，公开遗嘱内容，清理和管理遗产，确保达成遗嘱人意愿的一系列民事法律行为。

需要厘清的是，在遗嘱继承当中，遗产管理人与遗嘱执行人两者是什么关系？对此，我国《继承法》未作明文规定。然而这是司法实践中经常会遇到的一个重要问题。根据《继承法》第 16 条规定的精神，遗嘱人可以指定遗嘱执行人。而对遗嘱执行人的范围未作限制性的规定，完全听任于遗嘱

---

① 最高人民法院民事审判第四庭编著：《中华人民共和国涉外民事关系法律适用法条文理解与适用》，中国法制出版社 2011 年版，第 252 页。

② 全国人民代表大会：《民法典各分编（草案）》第 924 条，2018 年 9 月 5 日发布。

人的自由意志。遗嘱执行人既可以是法定继承人或遗嘱继承人，也可以是继承人以外的其他公民或遗嘱人生前所在单位、基层组织。而遗产管理人是存有死者遗产的人。然而，在现实生活中，遗嘱执行人不一定都是存有死者遗产的人，而存有死者遗产的遗产管理人又不一定会被指定或选任为遗嘱执行人。当同一个遗产继承案件中既有遗嘱执行人，又存在遗产管理人的情况下，他们各自的权利义务、职责范围，应当有所区分。

（二）遗嘱执行人的选任

案例 42

霍某东遗产案

霍某东家族在香港一直是传奇般的存在。霍某东先生纵横一生，积累了大量的财富，也建立了一个庞大的家族，三房太太共生育了 13 个子女。霍某东留下的巨额遗产，据香港《新报》估计约在 300 亿港元。由于霍某东遗下的核心资产并未上市，所以外界无法准确评估其资产价值。

2006 年 10 月，霍某东病逝，享年 83 岁，或许早就料到家族会有遗产之争，霍老先生早在 1978 年 5 月便已立下遗嘱。家族三大事业由长房三子继承：长房长子霍某霆继承体育事业；长房次子霍某寰接掌家族生意；长房三子霍某宇接掌内地南沙开发计划。二房、三房子女遵从霍老“不能靠家业，不得从商”的遗训，主要在律师、医生等方向发展。按霍老遗嘱，胞妹霍某勤、蔡某霖夫妇，霍某寰及霍某宇为遗嘱执行人。然而，遗嘱指定的执行人之一蔡某霖先生早在 1993 年已经去世，执行人实际变成 3 个，但由于姑姑霍某勤年事已高，实际上，遗产执行人就是霍某寰和霍某宇两兄弟。

从遗嘱本身来看，霍某东算无遗策。2006 年霍某东病逝时，霍家兄弟就对媒体表示，家业的继承已被“妥善安排”。但纵使没有其他两房争产，长房自己却乱了起来。

据称 2008 年 8 月至 10 月期间，霍某寰将霍某东生前与霍某寰联名持有的三个银行户头存款 7.36 亿港元转到自己银行户口；变卖霍兴业堂置业 350

万股（约占46%）股权，价值约50亿港元；变卖霍某东生前成立的三家离岸公司的全部股份，价值约7亿港元。霍某震将出售所得存入自己户头。

2011年12月19日，霍某东的长房三子霍某宇，以霍家遗产执行人身份在香港高等法院起诉其二哥霍某震，指控霍某震擅自分配遗产并强迫家族其他成员同意分配，同时私吞约64亿港元资产及现金。同时要求撤换另外两名执行人，包括其胞兄霍某震及姑母霍某勤，并改由退休法官罗某志与他共同管理霍某东的遗产。而作为霍家长房长子的霍某霆，在争产案中却并非主要角色。他不是霍某东遗产的执行人，并且也不讳言，希望家和万事兴。

最终，这次的争端历时7个多月，终在董某华等多位霍某东先生生前好友的斡旋下达成一致意见，最后以和解告终。

当然，大家也都知道霍某东家族的遗产之争不久之后即烽烟再起，至今仍未有定论。对后续进展我们且按下不表，单看看霍先生关于遗嘱执行人的设定存在的问题。

本案中，霍某东先生指定的遗嘱执行人要么是法定继承人（霍某震、霍某宇），要么是其至亲如胞妹霍某勤及妹夫蔡某霖。根据华人传统习惯，及霍某东先生对妹妹妹夫的信任程度，我们可以推测两位至少是接受部分遗产赠与的受益人。因妹夫蔡某霖早于被继承人过世，自然失去遗嘱执行人资格；妹妹霍某勤也因85岁高龄而难以承担遗嘱执行人这份重托。因此真正在行执行人之实的只有其两个儿子霍某震和霍某宇。遗产受益人和遗嘱执行人的双重身份为遗产之争埋下隐患，尤其在遗产范围不明确的情况下，极易出现遗产被占有方隐匿的情况。实际上，案件中事态的发展也一步步印证了这一点。[①]

那么，到底应当如何选任遗嘱执行人呢？

1. 由遗嘱人指定

遗嘱人可以指定遗嘱执行人，或者委托他人指定遗嘱执行人，这是各国通例。由遗嘱人自己选任信任的人执行遗嘱，能使其遗愿得到充分实现。遗

① 段凤丽新浪博客：《从“霍某东遗产纠纷”看遗嘱执行人的选任》，网址：http://blog.sina.com.cn/s/blog　637616b70101350p.html，最后访问时间：2019年3月4日。

嘱中指定的执行人既可以是法定继承人，也可以是法定继承人以外的人；既可以是自然人，也可以指定法人机构。遗嘱执行人既可以指定由一人担任，也可以指定由数人担任。①

2. 在遗嘱人生前没有指定遗嘱执行人的情况下，由保存遗产的继承人担任遗嘱执行人。

3. 在没有继承人的情况下，则由死者生前所在工作单位或基层组织担任遗嘱执行人。

（三）遗嘱执行人的权利

1. 查明遗嘱效力

只有有效遗嘱才能得以执行，因此，查明遗嘱的效力应是遗嘱执行人的首要任务。

2. 召集全体继承人、受遗赠人、债权人，公开遗嘱内容

继承人、受遗赠人、债权人应有权知晓遗嘱内容，且只有他们知晓遗嘱内容，才可能配合遗嘱执行人执行遗嘱。因此，遗嘱执行人应当有权召集以上人员参加会议，明确放弃继承、放弃受遗赠，或者放弃债权的人士除外。

3. 清理遗产，排除执行遗嘱的妨碍

确认遗嘱合法有效，并通知继承人、受遗赠人、债权人后，遗嘱执行人有权清理遗产，查明财产的数量、所在地、是否负担其他义务等。如果遇到其他妨碍遗产执行的情况，遗嘱执行人有权排除妨碍，并有权参加涉及遗产的诉讼。

4. 管理遗产

在继承开始后，遗嘱执行完毕之前，遗产并未完全转移。此时，遗嘱执行人有权管理遗产，防止他人侵害遗产。当然，遗嘱执行人管理遗产应以遗嘱人的指示而为之，无指示时，其管理权以执行遗嘱之必要者为限。具体而言，遗嘱执行人应当可以占有遗产，并收回他人占有的遗产。

前面我们在提到遗产管理人的职责时，明确遗产管理人有保管遗产的责任。但应当明确的是，在设立有遗嘱执行人的情况下，保存有遗产的人不具有遗产

---

① 房绍坤、范李瑛、张洪波：《婚姻家庭与继承法》，人民大学出版社 2015 年版。

管理人的下列职权，以防止在遗产处置的过程中出现不必要的矛盾和冲突：

（1）不经遗嘱执行人的同意，不得对遗产采取必要的处分措施；

（2）不负有对死者债权人、受遗赠人公告及通知的义务；

（3）不负有直接清偿债务和交付遗赠物以及向继承人移交遗产的义务。

上述职责一并由遗嘱执行人直接承担。遗产管理人如果发现自己所保存的遗产有不适于继续保存易于腐败、变质等情况，应立即报告遗嘱执行人，由遗嘱执行人决定采取何种必要的处分措施。①

5. 获得报酬的权利

我国《合同法》第 405 条规定："受托人完成委托事务的，委托人应当向其支付报酬。因不可归责于受托人的事由，委托合同解除或者委托事务不能完成的，委托人应当向受托人支付相应的报酬。当事人另有约定的，按照其约定。"参考这一规定，遗嘱执行人应当有权按照遗嘱人的指定，或者与继承人、受遗赠人的约定获得报酬。

对此，最高人民法院曾于 2003 年 1 月 29 日向陕西省高级人民法院就《关于向美琼、熊伟浩、熊萍与张凤霞、张旭、张林录、冯树义执行遗嘱代理合同纠纷一案的请示报告》作出〔2002〕民一他字第 14 号复函，复函称：经研究认为，目前，《民法通则》《继承法》对遗嘱执行人的法律地位、遗嘱执行人的权利义务均未作出相应的规定。只要法律无禁止性规定，民事主体处分自己私权利的行为就不应当受到限制。张凤霞作为熊毅武指定的遗嘱执行人，在遗嘱人没有明确其执行遗嘱所得报酬的情况下，与继承人熊伟浩、熊萍等人就执行遗嘱相关的事项签订协议，并按照该协议的约定收取遗嘱执行费，不属于《律师法》第 34 条禁止的律师在同一案件中为双方当事人代理的情况，该协议是否有效，应当依据《合同法》的规定进行审查。只要协议的签订出于双方当事人的自愿，协议内容是双方当事人真实的意思表示，不违反法律和行政法规的禁止性规定，就应认定为有效。

6. 获得执行遗嘱产生费用的权利

我国《合同法》第 398 条规定："委托人应当预付处理委托事务的费用。

---

① 刘春茂：《中国民法学·财产继承》，人民法院出版社 2008 年版，第 416 页。

受托人为处理委托事务垫付的必要费用，委托人应当偿还该费用及其利息。”参考这一规定，如果遗嘱执行人系无偿执行遗嘱，或者遗嘱人、继承人均未与其签订遗嘱代理协议，对遗嘱执行人的报酬或者执行遗嘱的费用进行约定，遗嘱执行人可以享有要求继承人支付执行遗嘱的合理费用，或者直接从遗产中扣除该笔费用的权利。

（四）遗嘱执行人的义务

1. 遵照有效遗嘱的规定，将遗产转移给继承人和受遗赠人

这应当是遗嘱执行人的首要义务，只有完成这一义务，遗嘱人的意愿才能实现。

2. 亲自执行遗嘱

一般情况下，遗嘱执行人应当亲自执行遗嘱。但是，也有法律规定，遗嘱执行人享有复任权。如日本民法规定，符合以下两个条件时，遗嘱执行人享有复任权：一是遗嘱人在遗嘱中未明确表示不得委托第三人；二是遗嘱执行人有不得已的事由。我国法律未对此进行规定，但是我国《合同法》第 400 条规定：“受托人应当亲自处理委托事务。经委托人同意，受托人可以转委托。转委托经同意的，委托人可以就委托事务直接指示转委托的第三人，受托人仅就第三人的选任及其对第三人的指示承担责任。转委托未经同意的，受托人应当对转委托的第三人的行为承担责任，但在紧急情况下受托人为维护委托人的利益需要转委托的除外。”因遗嘱执行人系遗嘱人，或者继承人、受遗赠人的代理人，故遗嘱执行人也应遵照这一规定行事。

3. 其他义务

遗嘱执行人还应当本着诚实信用的原则，履行其他与有效执行遗嘱相关的义务，以尽可能地实现遗嘱人的意志，保护继承人和受遗赠人的权利。①

---

① 江必新、何东宁等：《最高人民法院指导性案例裁判规则理解与适用（婚姻家庭卷）》，中国法制出版社 2013 年版。

第三章
为你的财富人生加重保险

第一节　如何正确看待保险

一、人们针对保险的两个常见误区

说到保险，人们一般会存在两个比较明显的认识误区：其一是保险无用论，持这种观点的人有可能对保险制度并不了解，也有可能出于对早些年死缠烂打的保险营销方式的抗拒，或者是曾经有过保险理赔不顺畅的经验所导致；其二是保险万能论，这种观点存在夸大保险功能的嫌疑：认为保险能够起到“有债不还、离婚不分、执行不给”的作用。

客观地来讲，这两种观点都是片面的。在讨论如何正确地看待保险之前，我们先仔细思考一个问题，那就是：我们为什么需要保险？

让我们先来回顾一下那些曾经牵动亿万国人的意外事故：

2011 年 7 月 23 日 20 时 30 分 05 秒，甬温线浙江省温州市境内，由北京南站开往福州站的 D301 次列车与杭州站开往福州南站的 D3115 次列车发生动车组列车追尾事故，造成 40 人死亡、172 人受伤，中断行车 32 小时 35 分，造成直接经济损失 19371.65 万元。

马来西亚当地时间 2014 年 3 月 8 日凌晨 1 时 22 分（世界标准时间 2014 年 3 月 7 日下午 5 时 22 分），一架马来西亚航空公司机型为波音 777-2H6ER、呼号为 MH370 的航班，在飞往北京途中，经马来西亚与越南空域交界处 IGARI 导航点后，与空中交通管制失去联系。机上有 227 名乘客、2 名飞行员和 10 名乘务人员。马来西亚、中国、澳大利亚政府不惜一切代价投入了大量资源搜寻 MH370 航班客机。令人遗憾的是，经过 327 天（截至

2015 年 1 月 28 日）的努力，仍未找到失踪客机的位置。至此，马来西亚政府正式宣布，马来西亚航空公司 MH370 航班失事，并推定机上所有乘客和机组人员已遇难。

事故、灾难，每天都在我们的身边发生着。面对这样的天灾人祸，个体的力量显得是如此的渺小和微不足道。

然而，对于身处其中的每一个个体而言，一场灾祸所带来的伤害远非一串串数字可以衡量。每一个逝去的鲜活生命背后，都代表着一个支离破碎的家庭：或是亲密的爱人失去了伴侣，或是年幼的孩子失去了父母，或是白发苍苍的父母失去了自己的孩子。在沉痛缅怀逝者的同时，家人的生活还将要继续，此时保险在经济补偿方面的作用就凸显出来。有了这份保障，才能令我们在痛失亲人的时候，不会因为经济支柱的轰然倒塌而手足无措，支持我们让年幼的孩子健康快乐地长大，让白发苍苍的父母安度晚年，让亲密的爱人有足够的资金可以支持他（她）重新踏入社会、找到合适的工作。

二、该如何正确看待保险

如上所述，保险既不像有些人所说的那样一无是处，也并非万能的。那么，部分保险从业人员所描述的保险可以起到“离婚不分、欠债不还、执行不给”的作用，是不是真的存在呢？下面，笔者就为大家一一解析。

（一）离婚时保险到底分不分？

根据我国《婚姻法》的规定，我国实行的是婚姻关系存续期间的夫妻财产共有制。根据这一制度，除非夫妻双方另有约定，否则在婚姻关系存续期间的财产、无论它的存在形态如何，都将被视为夫妻共同财产，在离婚的时候都要予以分割。

从笔者所在的律师团队经办的大量离婚纠纷的案例来看，保险如果是婚姻关系存续期间所购买，同时保险利益归属于夫或妻一方所有的，在离婚诉讼中一般是需要进行分割的。具体而言，婚姻关系存续期间以夫妻共同财产投保，投保人和被保险人同为夫妻一方，离婚时处于保险期内，投保人不愿意继续投保的，保险人退还的保险单现金价值部分应按照夫妻共同财产处理；离婚时投保人选择继续投保的，投保人应当支付保险单现金价值的一半给另一方。可见，传说中的保险“离婚不分”是没有法律依据的。

（二）购买的保险真的可以欠债不还？

保单架构主要涉及投保人、被保险人、受益人以及保险人，其中有可能涉及债务问题的主要有投保人、被保险人和受益人，而且还要视保险事故是否发生而定，我们可以从不同角度来做以下分析：

1. 债务人是投保人

（1）发生保险事故

①指定受益人：保险理赔金给付至指定受益人，此时保险理赔金不作为投保人的责任资产而不用承担偿还责任；

②未指定受益人：保险理赔金作为被保险人的遗产，此时保险理赔金不作为投保人的责任资产而不用承担偿还责任。

结论：无论是否指定受益人，保险理赔金都不作为投保人的责任资产而承担偿还责任。

（2）未发生保险事故

投保人享有的保险合同权益作为其责任资产需要对其债务承担偿还责任。但是相对于其他诸如银行存款、车辆、房产等资产形式，保险在信息公开层面存在一定程度的隐蔽性，加上各个法院以及经办法官的认识不同，会存在同案不同判的情况。

2. 债务人是被保险人

（1）发生保险事故

①指定受益人：保险理赔金不作为被保险人的遗产，因而不作为责任资产承担偿还责任；

②未指定受益人：保险理赔金作为被保险人的遗产，需要作为责任资产在对债务承担偿还责任之后，如果仍有剩余才由被保险人的继承人按照我国《继承法》的相关规定来继承。

（2）未发生保险事故

这种情况需要区分保险的种类而定，如重疾、寿险、意外、健康保险等产品的保单权益归属于投保人，被保险人只是保险标的，不具有保险合同的权益，因此保单不作为被保险人的责任资产而不需要承担偿还责任；年金产品因为定期有年金收益转至被保险人账户，所以这部分收益作为被保险人的责任资产，应当对其债务承担偿还责任。

3. 债务人是受益人

（1）发生保险事故

①受益人在取得保险理赔金之前

根据《保险法》第23条①的规定，受益人依法享有保险理赔金的请求权。其中，当人寿保险合同的受益人怠于行使保险理赔金的请求权时，其债权人无法行使代位权②，即无法越过受益人直接向保险公司请求给付保险理赔金。《保险法》第26条第2款③规定，人寿保险合同的保险理赔金请求权的期限是五年。如果受益人在五年的法定期间内未向保险公司申请理赔，那么五年之后其对保险理赔金的请求权就丧失了胜诉权，无法得到法律的保护，而受益人本身的债务并未消灭、依然存在，其仍应承担债务的偿还责任。

②受益人在取得保险理赔金之后

保险理赔金作为受益人的责任资产需要为其债务承担偿还责任。

（2）未发生保险事故

保单的现金价值归属于投保人，受益人所享有的仅仅是期待权。保单的

---

①《中华人民共和国保险法》第23条第3款："任何单位和个人不得非法干预保险人履行赔偿或者给付保险金的义务，也不得限制被保险人或者受益人取得保险金的权利。"

②《最高人民法院关于适用〈中华人民共和国合同法〉若干问题的解释（一）》第12条"同法第七十三条第一款规定的专属于债务人自身的债权，是指基于扶养关系、抚养关系、赡养关系、继承关系产生的给付请求权和劳动报酬、退休金、养老金、抚恤金、安置费、人寿保险、人身伤害赔偿请求权等权利。"

③《中华人民共和国保险法》第26条："人寿保险以外的其他保险的被保险人或者受益人，向保险人请求赔偿或者给付保险金的诉讼时效期间为二年，自其知道或者应当知道保险事故发生之日起计算。人寿保险的被保险人或者受益人向保险人请求给付保险金的诉讼时效期间为五年，自其知道或者应当知道保险事故发生之日起计算。"

现金价值并不是受益人的责任资产，因此无须承担偿还责任。

综上可见，现实情况千差万别，所谓的“欠债不还”，准确来说，是指在某些特定的情况下，保险关系的法律架构设计可以起到的风险隔离和财富传递的作用。但如果不分场合、不区分具体情况地说保险可以起到“欠债不还”的作用，实在是有些夸大其词了。

（三）面对法院的生效裁判，保险到底还灵不灵？

能够对抗法院的强制执行，也一直是保险被反复强调的重要作用之一。那么，保险到底能不能够对抗法院的生效裁判？法院会不会对保单采取强制执行措施？对于这个问题，在国家层面上尚没有一个明确统一的规定，现实当中，各个地方的做法也不完全一致。但是从总体的趋势上看，保单能够对抗法院强制执行的说法，越来越受到挑战了。

比如，江苏省高级人民法院于 2018 年 7 月 9 日发布了《关于加强和规范被执行人所有的人身保险产品财产性权益执行的通知》，明确规定人身保险产品可以被强制执行，通知的主要内容如下：

第一，保险合同存续期间，人身保险产品财产性权益归属于被执行人的，人民法院可以执行。人身保险产品财产性权益包括依保险合同约定可领取的生存保险金、现金红利、退保可获得的现金价值（账户价值、未到期保费），依保险合同可确认但尚未完成支付的保险金，及其他权属明确的财产性权益。

第二，人民法院可以要求保险公司协助查询、冻结、处置被执行人所有的人身保险产品及其财产性权益。申请执行人无法提供被执行人所有的人身保险产品所属保险公司或保险合同编号的，人民法院可以到相关保险行业协会进行查询。

第三，投保人为被执行人，且投保人与被保险人、受益人不一致的，人民法院扣划保险产品退保后可得财产利益时，应当通知被保险人、受益人。被保险人、受益人同意承受投保人的合同地位、维系保险合同的效力，并向人民法院交付了相当于退保后保单现金价值的财产替代履行的，人民法院不得再执行保单的现金价值。

第四，被保险人、受益人未向人民法院交付相当于退保后保单现金价值财产的，人民法院可以要求投保人签署退保申请书，并向保险公司出具协助扣划通知书。投保人下落不明或者拒绝签署退保申请书的，人民法院可以直接向保险公司发出执行裁定书、协助执行通知书，要求保险公司解除保险合同，并协助扣划保险产品退保后的可得财产性权益，保险公司负有协助义务。

第五，投保人未签署退保申请书，保险公司依人民法院执行裁定解除保险合同、协助执行后，相关人员因此起诉保险公司的，人民法院不予支持。

当然，根据《保险法》的规定，保险合同成立之后，投保人享有任意解除权，保险公司非依据保险法以及保险合同的约定不得解除保险合同[①]。此外，任何单位和个人不得非法干预保险人履行赔偿或者给付保险金的义务，也不得限制被保险人或者受益人取得保险金的权利[②]。浙江高院发布的地方法规是否违反保险法的相关规定，需要最高人民法院出台相应的司法解释予以明确。但是，考虑到保险的金融资产属性，在被执行人拒不履行法律规定的义务时，也不排除会有越来越多的高级法院选择跟进，对商业保险采取查封、扣押、冻结甚至强行退保并执行保险现金价值等强制措施。在这样的大背景下，传说中的执行不给的观点也越来越值得商榷。

综上所述，对于保险，笔者认为正确的看法是：保险的本质是转移风险、弥补损失，合法地保障自己和家人，同时不应当损害包括债权人在内的他人的利益。保险本身并不具有天然的债务隔离、诉讼隔离等功能，传说中的保险的各种用途，只有在妥善地运用保险产品、选择投保时机、搭建保险法律架构的综合考量之下，才有可能达到相应的法律效果，从而实现相对“隔离”

---

①《中华人民共和国保险法》第 15 条：“除本法另有规定或者保险合同另有约定外，保险合同成立后，投保人可以解除合同，保险人不得解除合同。”

②《中华人民共和国保险法》第 23 条：“保险人收到被保险人或者受益人的赔偿或者给付保险金的请求后，应当及时作出核定；情形复杂的，应当在三十日内作出核定，但合同另有约定的除外。保险人应当将核定结果通知被保险人或者受益人；对属于保险责任的，在与被保险人或者受益人达成赔偿或者给付保险金的协议后十日内，履行赔偿或者给付保险金义务。保险合同对赔偿或者给付保险金的期限有约定的，保险人应当按照约定履行赔偿或者给付保险金义务。保险人未及时履行前款规定义务的，除支付保险金外，应当赔偿被保险人或者受益人因此受到的损失。任何单位和个人不得非法干预保险人履行赔偿或者给付保险金的义务，也不得限制被保险人或者受益人取得保险金的权利。”

的目的。如果无视这些前提条件，只是一味地奔着所谓“隔离”功能去购买保险的话，无异于舍本逐末。其结果，极可能非但达不到所谓的“隔离”目的，反而有可能最终被法律所击穿。①

第二节　保险如何买，是门大学问

在现代经济生活当中，保险可以说具有举足轻重的作用，它一方面分散风险，为我们的家庭生活提供短期甚至是长期保障；另一方面保险在家庭财富管理和传承当中的作用也越来越受到人们的重视。通过上面一节的内容，我们了解到保险是个好工具，关键看我们怎么利用它。那么，保险该如何买，购买保险时我们应当主要考虑哪些因素呢？

一、购买保险的目的

看到这里，可能有读者会有疑问：买保险就是买保险，至于是为了什么而买，这重要吗？当然重要。

根据我国法律规定，保险合同是投保人与保险人双方在公平诚信的基础上建立的。任何以合法形式掩盖非法目的，以欺诈、胁迫手段订立的合同，损害国家利益的合同都有可能会被认定为无效合同②。因此，那些明知债务已经产生，债务人希望通过购买保险来达到转移财产、逃避债务的目的而形成的保险合同，有可能被法院认定为无效。另外在离婚纠纷中，一方当事人希望通过购买大额保单来转移夫妻共同财产的做法同样不可取，因为在这种情况下，夫或妻一方单方面处分大额财产的行为，包括购买保险，都有可能被法院认定为转移、隐匿夫妻共同财产，从而在分割夫妻共同财产时判决对其不分或者少分。

---

① 曾祥霞、贾明军等：《大额保单操作实务》，法律出版社2017年版。

②《中华人民共和国合同法》第52条：“有下列情形之一的，合同无效：（一）一方以欺诈、胁迫的手段订立合同，损害国家利益；（二）恶意串通，损害国家、集体或者第三人利益；（三）以合法形式掩盖非法目的；（四）损害社会公共利益；（五）违反法律、行政法规的强制性规定。”

二、购买保险的种类

在保险业内曾经流行这样一种言论：从保险的种类来看，年金保险不具有人身属性，因此极有可能被法院强制执行；而终身寿险因为具有人身属性，所以不会被强制执行。部分从业人员鼓吹这种观点的原因，一方面，也许是对保险产品法律性质上存在误解；另一方面，也不排除以此作为一种营销手段，增加客户对终身寿险产品的购买意愿。不管是出于哪种原因，在笔者看来，上述观点都是不可取的。因为，无论是年金保险还是终身寿险，都存在被强制执行的可能性。因此，笔者并不赞同这种将产品种类与风险规避强行挂钩的营销方法。

具体而言，终身寿险虽然是以人的生命和身体作为保险标的，但保单本身具有储蓄性和有价性，这两个特性可以通过解除保险合同、提取保单的现金价值来实现。这种保单的现金价值系基于投保人所缴纳的保费形成，是投保人依法享有的财产权益，在没有发生保险事故之前都属于投保人的责任资产。[①] 而且，保单现金价值在没有发生保险事故之前不具有人身依附性和专属性，不属于投保人及其所抚养家属必需的生活物品和生活费用，不属于《最高人民法院关于人民法院民事执行中查封、扣押、冻结财产的规定》第5条规定的不得执行的财产[②]。因此，无论是年金保险、重疾保险以及终身寿险，作为投保人的责任财产，在其不履行法律文书确定的义务的情况下，都存在被法院强制执行的可能性。

---

① 案号：(2016)鲁执复291号。

②《最高人民法院关于人民法院民事执行中查封、扣押、冻结财产的规定》第5条规定："人民法院对被执行人下列的财产不得查封、扣押、冻结：(一)被执行人及其所扶养家属生活所必需的衣服、家具、炊具、餐具及其他家庭生活必需的物品；(二)被执行人及其所扶养家属所必需的生活费用。当地有最低生活保障标准的，必需的生活费用依照该标准确定；(三)被执行人及其所扶养家属完成义务教育所必需的物品；(四)未公开的发明或者未发表的著作；(五)被执行人及其所扶养家属用于身体缺陷所必需的辅助工具、医疗物品；(六)被执行人所得的勋章及其他荣誉表彰的物品；(七)根据《中华人民共和国缔结条约程序法》，以中华人民共和国、中华人民共和国政府或者中华人民共和国政府部门名义同外国、国际组织缔结的条约、协定和其他具有条约、协定性质的文件中规定免于查封、扣押、冻结的财产；(八)法律或者司法解释规定的其他不得查封、扣押、冻结的财产。"

三、购买保险的时机

与购买保险的种类相类似，社会公众当中还存在对于保险购买时机的误解。比如，有人会认为如果保险是在债务发生之前购买的就不会被执行。笔者认为，之所以产生这样的误区，原因在于混淆了保险与信托的不同。

在信托法律关系当中，如委托人的资产在债务产生之前已经注入信托，完成了所有权的转移，即财产的所有人从委托人变更至信托公司名下的话，即使之后委托人产生债务纠纷，其之前投入的财产也因为变更了所有权，不属于委托人的责任资产，一般不会被执行。但是，保险并非如此，因为保单的现金价值自始至终都是投保人的资产，即便债务是在保险合同成立之后产生的，该保单同样会作为投保人的责任资产而被波及，此时的保单与一般的金融资产一样，存在被执行的风险。

离婚纠纷案件财产分割时情况略有不同，无论是夫妻哪一方购买的保险，都会被作为家庭的金融资产予以分割；区别仅在于，如果保险是在夫妻双方矛盾激化之前购买的，仅需按照夫妻财产分割的一般原则处理即可；如果保险是在夫妻双方矛盾激化之后单方面购买的，那么除了按照夫妻财产分割的一般原则进行处理之外，还可能因为购买的时机问题，存在被认定为转移、隐匿夫妻共同财产的可能性。

四、保单架构的设计

如果说在如何买保险的问题上有什么秘密或者诀窍的话，保单架构的设计应该算是其中之一。在考虑如何搭建保单架构的时候，我们首先要明确购置这份保单的目的，不同的目的需要搭建相应的保单架构，那种期望以一份保单解决所有问题的想法是不切合实际的。我们归纳出客户在实践中购置大额保单的目的一般有以下几种：

（一）规避本人的债务风险，搭建资产安全池以备不时之需

保单架构设计原则：债务风险较大的家庭成员都不适合做投保人与受益人。

案例 43

企业主如何通过购置保险规避债务风险

企业主金总从事布匹批发生意多年，积攒了一定的家庭资产。但近期生意不好做，客户拖欠货款的情况比较严重，导致企业的资金周转一度比较困难。金总想通过配置保单来规避今后可能产生的债务风险。

一般情况下，企业主会习惯于用本人或者配偶作为投保人购买大额人身保险。这样的保单架构设计，好处在于其本人对于保单的控制力较强；但其弊端也是极为明显的，那就是企业主本身的经营风险以及配偶的连带责任风险，会随时影响保单的安全性和稳定性。一旦相关债务被认定为夫妻共同债务，保单无论是在夫或妻哪一方的名下，都有可能涉及被执行的风险，从而给企业主的家庭生活造成极大的影响。针对这个问题，我们可以考虑选择债务风险可能性较低的企业主的其他亲属，如企业主的父母一方作为投保人，以企业主本人为被保险人，指定子女作为受益人，这样的保险架构在一定程度上能够规避企业主夫妻可能涉及的债务风险。

（二）规避自身婚姻变动风险，提前做好资产保全的安排

保单架构设计原则：本人可以做投保人，子女为被保险人，受益人可以为本人及其配偶；在夫妻矛盾未激化时提早配置，避免矛盾公开后有转移夫妻共同财产的嫌疑。

案例 44

通过保险进行资产保全

公司高管张女士与配偶王先生的关系一直不太好。王先生在外经商，常年不回家也不给家用，且与其他异性长期保持不正当男女关系。张女士多次劝说无果，夫妻感情早已名存实亡。只是考虑到孩子尚且年幼，张女士一直

没有下定决心与王先生离婚。

张女士的收入可观，在与王先生的矛盾尚未公开激化的情况下，可以以张女士本人作为投保人，以孩子作为被保险人配置大额年金保险产品，指定受益人为自己和王先生。这样，即使今后张女士与王先生的夫妻感情破裂而导致离婚，那么张女士为子女购买的保险产品在司法实践中一般会认定为父母对于子女的赠与而不作为离婚纠纷中的夫妻共同财产来分割；退一步来讲，即使法院经审理认定该保险属于夫妻共同财产而予以分割，一般也会按照保单的现金价值予以分割。而保单的现金价值一般会远远低于实际的已缴保费，那么张女士则可以通过支付保单现金价值的一半金额就可以保全这份保单，从而拥有已交保费的保单利益。

（三）规避子女婚姻变动风险，搭建专属于子女的个人资产账户

保单架构设计原则：本人可以做投保人与受益人，子女为被保险人，配置大额年金保险产品。

案例 45

通过保险为子女搭建个人资产账户

企业主黄总与太太离婚时，家庭财产被分走了一半，还好宝贝女儿由他携带抚养。现在女儿已经成年，也到了谈婚论嫁的年龄。黄总不希望自己的事故在女儿身上重演，于是想借助法律＋金融工具来实现这一目的。保险就是比较好的金融工具，其中年金保险可以为女儿提供源源不断的现金流。在年金保险架构中，存在投保人、被保险人以及受益人三方，那么资金即保费也通过保险架构合法地在三方之间流转。黄总可以自己作为投保人，女儿作为被保险人，黄总自己作为受益人来搭建保险架构。这样做的原因是年金产品中主要解决三个方面资金的问题：

其一是被保险人的生存金问题，这部分资金是用来保障被保险人的生存利益，保险公司在被保险人生存的时候可以为其提供源源不断的现金流。因

此，黄总以女儿作为被保险人，这样就能够照顾到女儿、为女儿搭建与其生命等长的现金流，只要女儿仍在世就可以定期领取生存金，而且这部分生存金的金额足够大的话，那么黄总无论在与不在，都能够确保女儿定期从保险公司领取一定的资金以保证其生活品质不至于下降。此外，这种生存金从法律性质来讲是黄总在女儿婚姻关系存续期间的赠与行为，如果黄总没有明确赠与的对象，那么还是有可能被认定为女儿与女婿的夫妻共同财产[①]。为避免这种情况发生，黄总需要明确赠与的对象系女儿一人，与其配偶无关，这样就可以将生存金作为女儿的个人专属财产。

其二要解决保险理赔金的问题，保险理赔金是保险事故发生时，保险公司依据保险合同赔付给保险合同受益人的资金。在年金保险中，一般要考虑被保险人也就是女儿发生身故的风险时，保险理赔金由谁受益的问题。如果女儿没有指定受益人，那么按照继承法的规定由女儿的法定继承人共同领取保险理赔金，女儿的法定继承人又包括配偶、父母和子女[②]。那么黄总自己的家族资产很可能因为女婿的存在从而导致分流，因此黄总需要在投保的时候征得女儿的同意指定身故保险理赔金的受益人为黄总本人，这样就避免黄总家族财富的外流。

其三要解决投保人享有的保单现金价值问题，黄总作为保险合同的投保人享有保单的现金价值，这部分资金是投保人退保的时候可以从保险公司领取的资金，如果发生投保人身故风险时，那么现金价值就作为投保人的遗产

---

①《婚姻法》第 17 条第 4 款："夫妻在婚姻关系存续期间所得的下列财产，归夫妻共同所有：（一）工资、奖金；（二）生产、经营的收益；（三）知识产权的收益；（四）继承或赠与所得的财产，但本法第十八条第三项规定的除外；（五）其他应当归共同所有的财产。"

②《最高人民法院关于适用〈中华人民共和国保险法〉若干问题的解释（三）》第 9 条规定："投保人指定受益人未经被保险人同意的，人民法院应认定指定行为无效。当事人对保险合同约定的受益人存在争议，除投保人、被保险人在保险合同之外另有约定外，按照以下情形分别处理：（一）受益人约定为"法定"或者"法定继承人"的，以继承法规定的法定继承人为受益人；（二）受益人仅约定为身份关系，投保人与被保险人为同一主体的，根据保险事故发生时与被保险人的身份关系确定受益人；投保人与被保险人为不同主体的，根据保险合同成立时与被保险人的身份关系确定受益人；（三）受益人的约定包括姓名和身份关系，保险事故发生时身份关系发生变化的，认定为未指定受益人。"

按照继承法的规定来继承，黄总如果没有明确这部分资金由谁来继承的话，女儿继承黄总的遗产之后，会作为与女婿的夫妻共同财产[1]从而不能实现黄总为女儿搭建专属个人财产的初衷。

综上所述，黄总以自己作为投保人，以女儿作为被保险人购买年金保险的同时，需要指定黄总自己作为受益人；黄总需要与女儿订立协议，明确约定包括保单生存金等保险合同权益系黄总赠与女儿一人所有，与其配偶无关；最后黄总自己订立遗嘱，明确包括保单现金价值在内的保险合同权益由女儿一人继承，与其配偶无关。如果黄总能够运用上述三个法律安排，那么他基本上就可以把保费通过保险这个金融工具合法地转化为女儿的个人财产，最大可能规避女儿的婚姻变动产生的风险。

黄总以此保单作为给女儿的专属个人资产账户，该账户的资金与女儿的婚内收入分离，可以有效避免赠与女儿的现金与女儿自己的自有资金发生混同的风险。将来即使女儿婚姻发生变动，那么这份保单也将作为女儿的个人财产得以保全。

（四）规避复杂家庭关系中多子女争产的风险，通过保单定分止争

保单架构设计原则：本人可以做投被保人，分别配置多单大额寿险保险产品，同时分别指定不同的子女作为受益人。

案例 46

通过保险规避争产风波

画家李先生与前妻离婚后，婚生儿子由前妻携带抚养。后李先生又与蔡小姐登记结婚并先后生育两个女儿。时至今日，李先生的三个子女都已成年，

---

①《婚姻法》第 17 条：“夫妻在婚姻关系存续期间所得的下列财产，归夫妻共同所有：（一）工资、奖金；（二）生产、经营的收益；（三）知识产权的收益；（四）继承或赠与所得的财产，但本法第十八条第三项规定的除外；（五）其他应当归共同所有的财产。”

但是大儿子与蔡小姐及两个同父异母的妹妹之间关系并不是很融洽。李先生担心在自己百年之后，三个子女会争夺遗产而闹得不可开交。

为定分止争，李先生可以自己为投被保人，分别配置多笔人寿保险产品，同时分别指定三个子女为受益人，而三个子女之间互不知情。这样就确保了保单的私密性。即使自己百年之后，三个子女也可以分别向保险公司申请保险理赔金。大额寿险保单在财富传承方面具有私密性和指向明确的特征，被保险人通过指定受益人的方式将财富定向传递给自己关爱的人，最大程度上避免遗嘱继承或者法定继承存在的因继承人之间难以协商达成一致，而被迫通过冗长的司法程序解决继承争议的困境。

综上所述，任何一种保单架构的设计都应当依据当事人的家庭人身关系、财产关系以及风险承受能力的具体情况而定。当然，与其他法律、金融工具相比，单一的保险工具无法单独解决所有的问题。比如在上述的这种保单架构当中也会存在投保人身故的风险。一旦投保人身故，其投保的保单现金价值有可能会被认定为其遗产而发生继承。如果处置不当，会直接影响到这份保单能否存续的问题。因此，除了重视保单架构的设计之外，我们还要综合运用协议、遗嘱等法律工具，构建一个完整的保护体系。

五、重视多种法律工具的配套使用

保险作为财富管理的工具之一，其私密性较强、效率较高、财富传承的指向明确而且不易引起纷争，且具有杠杆的作用，可以通过时间将投入的保费进行缩小与放大，这些是其他财富管理与传承工具如协议、遗嘱、信托等所不具有的。但是，我们也要认识到，现在的财富管理与传承是一门综合性学科，并非某单一工具所能够完全匹配的，我们一定要从客户的风险和需求出发，综合判断客户所面临的法律风险，综合运用上述多种法律、金融工具，才能帮助客户达成心愿。

以上述案件为例，企业主的资金通过父母一方作为投保人购买大额保单的时候，需要对交付给父母保费的资金性质做出明确的约定。其一可以约定为赠与，此时需要企业主与父母一方签订赠与协议，明确约定父母一方接受企业主的资金赠与，并以此作为购买保险的专项资金，同时考虑父母年龄较大，需要针对该保单的财产性权益订立遗嘱，且最好能够进行公证，指定企业主为该财产性权益的继承人，以确保该笔资金在父母一方身故后能够回流至企业主；其二可以约定为代持，此时企业主与父母一方务必签署书面代持协议，明确约定该份保单系父亲或母亲为企业主代持，而且最好要求配偶及其他子女作为见证人签名确认，以免该保单的财产性权益被认定为遗产或者因父母的婚姻变动而遭到分割。

第三节　人身保险在资产保全方面的作用

前两节我们简单介绍了保险在私人财富管理中的作用，那么保险在资产保全方面的具体作用有哪些呢？

在具体介绍之前，要先明确一下我们在下面的章节中所称的保险，主要是指人身保险，人身保险这个概念是与财产保险相对应的；同时，在人身保险这个大的范畴之内，又可以再细分为人寿保险、健康保险、年金保险以及意外保险。具体到谈财富传承的时候，我们经常使用的是人身保险当中的人寿保险和年金险。

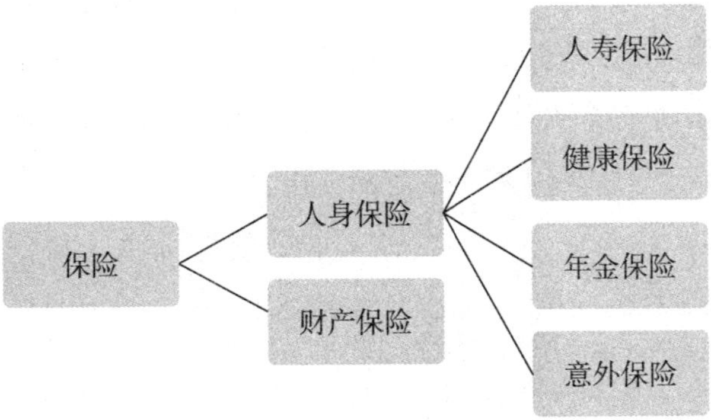

一、保险在阻断债权人代位求偿权方面的作用

债权人的代位权，是指因债务人怠于行使其到期债权，对债权人造成损

害的，债权人可以向人民法院请求以自己的名义代位行使债务人的债权，但该债权专属于债务人自身的除外[①]。

举例来说明，金总欠银行100万元，该债务合法且已到期，金总一直未偿还。金总虽然名下没有什么资产，但是王总却欠金总100万元款项已经到期且没有偿还。金总考虑到即使向王总追索100万元之后还是要向银行偿还自己的债务，于是就不主动甚至借故推诿王总的还款。此时，银行便可以依据上述法律规定行使债权人的代位求偿权，即以自己作为原告向法院起诉，要求王总将对于金总的100万元债务直接向自己偿还。银行的这种主张是有法律依据的。

但是，如果金总没有享有对王总的债权，但是购有一份同样价值100万元的人寿保险，且在此期间已经发生了保险事故，尚没有向保险公司索赔。那么在这种情况下，银行是不能依据上述法律规定直接向保险公司行使债权人的代位求偿权的。

因为《合同法》已经明确规定，在债权人的代位求偿权中，专属于债务人的债权除外。而专属于债务人自身的债权，是指基于扶养关系、抚养关系、赡养关系、继承关系产生的给付请求权和劳动报酬、退休金、养老金、抚恤金、安置费、人寿保险、人身伤害赔偿请求权等权利[②]。因此，本案中金总基于人寿保险合同而享有的请求保险公司给付保险理赔金的债权就是专属于其本人的债权。银行是不能依据债权人的代位求偿权要求保险公司直接将保险理赔金偿还给银行的。这就是保险在债权人代位求偿权的阻断方面的作用。不难看出，同样是债务人的资产，有了人寿保险这样一个法律架构的设置，确实可以有效起到对债权人权利的阻断作用。

---

①《中华人民共和国合同法》第73条："因债务人怠于行使其到期债权，对债权人造成损害的，债权人可以向人民法院请求以自己的名义代位行使债务人的债权，但该债权专属于债务人自身的除外。代位权的行使范围以债权人的债权为限。债权人行使代位权的必要费用，由债务人负担。"

②《最高人民法院关于适用〈中华人民共和国合同法〉若干问题的解释（一）》第11条："债权人依照合同法第七十三条的规定提起代位权诉讼，应当符合下列条件：（一）债权人对债务人的债权合法；（二）债务人怠于行使其到期债权，对债权人造成损害；（三）债务人的债权已到期；（四）债务人的债权不是专属于债务人自身的债权。"

当然，上面的案例当中，如果金总一直不主动请求保险公司给付保险理赔金，是否就能一直拖下去呢？答案是否定的，因为这当中还有一个时效的问题。根据法律规定，人寿保险的被保险人或者受益人向保险人请求给付保险金的诉讼时效期间为 5 年，自其知道或者应当知道保险事故发生之日起计算。[①] 因此，金总如果一直没有向保险公司提出索赔，那么自其知道保险事故发生之日起 5 年之后，其请求保险公司给付保险理赔金的诉讼时效就经过了。

二、保险理赔金的债务隔离功能

保险理赔金的债务隔离功能，是特指受益人与被保险人并非同一民事主体，在保险事故发生之后，受益人是依据保险合同、而非依据继承法律关系取得保险理赔金，此时的保险理赔金不作为被保险人的遗产、从而不用对被保险人的债务承担偿还责任。

案例 47

保险理赔金非遗产，无须对债务承担清偿责任

陈某系罗某之女，罗某生前系黔西南州职业技术学院职员。2014 年 10 月 1 日，罗某作为投保人和被保险人向太平洋人寿保险黔西南支公司投保“安行宝两全保险”一份，保险合同约定的身故受益人及分配方式均为“法定”。罗某生前于2015年3月17日向刘某借款本金14万元,2015年5月3日，罗某再次向刘某借款本金 3.3 万元，两次借款共计 17.3 万元，至案发时尚未偿还前述借款本金。2015 年 5 月 21 日，罗某因交通事故受伤经抢救无效死亡，陈某是罗某遗产的唯一继承人。罗某死亡后，陈某向太平洋人寿保险黔西南支公司提出保险金理赔申请，经其与该支公司共同理算，陈某

①《中华人民共和国保险法》第 25 条：“人寿保险以外的其他保险的被保险人或者受益人，向保险人请求赔偿或者给付保险金的诉讼时效期间为二年，自其知道或者应当知道保险事故发生之日起计算。人寿保险的被保险人或者受益人向保险人请求给付保险金的诉讼时效期间为五年，自其知道或者应当知道保险事故发生之日起计算。”

可获得罗某身故保险金共计110.8073万元，其中陈某已领取15.8073万元。现刘某向一审法院起诉请求判令陈某以其母亲罗某的遗产清偿罗某向刘某所借的借款本金17.3万元，并申请冻结保险公司未赔付的保险理赔金共计95万元。

本案争议焦点为：陈某系以继承人身份还是受益人身份获得保险金，该保险金应否作为遗产用于清偿本案借款。[①]

一审法院经审理认为，陈某是案涉保险合同约定的受益人。在此情形下，因罗某死亡产生的保险金不是其遗产，陈某获得该保险金是基于保险合同约定的受益人身份，而非继承人身份。陈某没有以其获得的案涉保险金清偿罗某生前所负债务的法定义务，刘某关于陈某应当以其继承的案涉保险金清偿罗某生前所负案涉债务的主张无事实及法律依据，不予支持。

二审法院认为，保险合同的受益人约定为“法定”或者“法定继承人”，只有受益权，没有继承权，合同项下的保险金不属于被保险人的遗产。根据相关司法解释[②]的规定，应以罗某的继承人作为受益人。虽然签订保险合同时没有具体明确法定继承人，但在被保险人罗某死亡后，法定继承人通过继承法的规定已可以明确锁定为陈某，故陈某即保险合同指定的受益人。同时因陈某系基于受益人的身份获取保险金，保险金不应作为罗某的遗产来处理，故刘某无权请求陈某以保险金偿还本案借款。

因此，二审法院判决驳回上诉，维持原判。

实践中，对于保险合同约定受益人为“法定”的情况还存在争议，有观点认为这种情况可以视为已经指定了受益人，另外也有观点认为这种情况是没有指定受益人，从而导致司法实践中不同法院会有不同的裁判。但自2015年12月1日，《最高人民法院关于适用〈中华人民共和国保险法〉若干问题的解释（三）》实施之后，这种争论就不复存在了。最高院已经明

---

① 案号：（2018）黔23民终1001号。

②《最高人民法院关于适用〈中华人民共和国保险法〉若干问题的解释（三）》第9条第（一）项“受益人约定为‘法定’或者‘法定继承人’的，以继承法规定的法定继承人为受益人”。

确保险合同约定受益人为法定或者法定继承人的，应视为其指定以继承法规定的法定继承人为受益人；受益人因此取得的保险理赔金不作为被保险人的遗产，不用对被保险人的债务承担偿还责任。当然，受益人取得保险理赔金之后，对于其自身的债务是无法规避的，需要作为其责任资产承担债务偿还责任。

综上，我们发现投保人可以通过合理的架构设计将原本属于自己的资金以保单的形式固定下来，在保险事故发生之后，透过指定受益人的方式将资产合法地传递。这样，就在财富传递的方式上增加了一道"保险"。

三、保险的反向杠杆功能

我们所熟悉的保险的杠杆功能是指自保险合同成立之后，投保人的出资经历一定时间之后其经济价值会相应增长，一般会放大至几倍甚至几十倍。因此，人寿保单作为长期金融投资工具，在一定程度上可以对抗通货膨胀的影响。而此处我们要谈的并非这种放大的杠杆功能，相反，是利用保险的杠杆功能将投保的资金在一定程度上予以缩小。

前面我们提到过，江苏省高级人民法院于2018年7月9日发布了《关于加强和规范被执行人所有的人身保险产品财产性权益执行的通知》，其中有这样的内容：如果投保人为被执行人，且投保人与被保险人、受益人不一致，人民法院扣划保险产品退保后可得财产利益时，应当通知被保险人、受益人。被保险人、受益人同意承受投保人的合同地位、维系保险合同的效力，并向人民法院交付了相当于退保后保单现金价值的财产替代履行的，人民法院不得再执行保单的现金价值。

结合上述规定，我们举例加以说明，金总作为投保人，以其儿子金小小为被保险人向保险公司投保100万元的人寿保险，指定受益人为金太太。当金总因个人债务被法院强制执行时，保单现金价值为10万元，这份保单作为金总的责任资产会面临被法院强制退保的风险。此时，金太太可以向法院缴纳相当于退保后保单现金价值的10万元，将投保人变更为金太太本人从而保全这份具有100万元资产价值的保单。

之所以能够实现前述所谓"反向杠杆"的功能，主要源于保险产品的一个特点，那就是保单在成立之初的一段时间内，现金价值普遍不高，需要经历较长的一段时间才能达到已缴保费的水平。而在此期间内，家庭成员可以仅付出相当于保单现金价值的代价，即可达到维系已缴保费的保险合同效力的目的，这也为家庭成员在资产保全方面提供了另外一种可能性。

四、保单在司法实践中不易被强制执行

前面章节中，我们也曾提及保单是否能对抗人民法院的强制执行的问题。最高人民法院在这个问题上尚无定论，目前的司法实践中主要存在以下三种不同的观点：

（一）第一种观点主张保单不能执行

这种观点认为人身保险具有较强的人身属性，且依据《保险法》的规定，投保人享有合同解除权，保险人不得解除合同①。任何单位和个人不得非法干预保险人履行赔偿或者给付保险金的义务，也不得限制被保险人或者受益人取得保险金的权利②。再者，不同于传统类型的存款、金融理财产品、房产以及豪车等资产，保险合同往往涉及多方主体的利益，一旦被强制解除会损害第三方的合法权益，包括可能损害第三方的期待利益。因此，人身保险不能被强制执行。

（二）第二种观点主张保单可以被强制执行

这种观点的主要依据包括：

---

①《中华人民共和国保险法》第 15 条："除本法另有规定或者保险合同另有约定外，保险合同成立后，投保人可以解除合同，保险人不得解除合同。"

②《中华人民共和国保险法》第 23 条第 3 款："任何单位和个人不得非法干预保险人履行赔偿或者给付保险金的义务，也不得限制被保险人或者受益人取得保险金的权利。"

1. 根据最高人民法院的规定，人寿保险不在不得执行的财产范围之内[①]。

2. 如保险关系的成立本身存在瑕疵，则保单不应成为当事人可借以逃避法院执行的工具。例如，投保人的投保资金系违法所得，且保险公司明知是赃款而恶意承保的；又比如，投保行为发生在债务发生之后，系债务人为转移、隐匿资产以躲避债务责任与保险公司串通订立保险合同的，这种行为属于法律规定的以合法形式掩盖非法目的的情形，应当自始无效[②]。

3. 相对于被保险人以及受益人对保险利益的期待而言，债权人的利益更加需要得到法律的支持和保护。从法律性质上看，被保险人和受益人的可期待利益来源于投保人的资金赠与行为，因为是接受赠与的性质，所以在和债权人行使权利发生冲突时，应当让步于债权人合法的追偿行为。

（三）第三种意见采取折中说，主张保单在保障被保险人、受益人权益的同时可以被执行

这种观点的支持方以江苏省高院为代表，该院于 2018 年 7 月 9 日发文[③]认为投保人为被执行人，且投保人与被保险人、受益人不一致的，人民法院

---

①《最高人民法院关于人民法院民事执行中查封、扣押、冻结财产的规定》第 5 条："人民法院对被执行人下列的财产不得查封、扣押、冻结：（一）被执行人及其所扶养家属生活所必需的衣服、家具、炊具、餐具及其他家庭生活必需的物品；（二）被执行人及其所扶养家属所必需的生活费用。当地有最低生活保障标准的，必需的生活费用依照该标准确定；（三）被执行人及其所扶养家属完成义务教育所必需的物品；（四）未公开的发明或者未发表的著作；（五）被执行人及其所扶养家属用于身体缺陷所必需的辅助工具、医疗物品；（六）被执行人所得的勋章及其他荣誉表彰的物品；（七）根据《中华人民共和国缔结条约程序法》，以中华人民共和国、中华人民共和国政府或者中华人民共和国政府部门名义同外国、国际组织缔结的条约、协定和其他具有条约、协定性质的文件中规定免于查封、扣押、冻结的财产；（八）法律或者司法解释规定的其他不得查封、扣押、冻结的财产。"

②《中华人民共和国合同法》第 52 条："有下列情形之一的，合同无效：（一）一方以欺诈、胁迫的手段订立合同，损害国家利益；（二）恶意串通，损害国家、集体或者第三人利益；（三）以合法形式掩盖非法目的；（四）损害社会公共利益；（五）违反法律、行政法规的强制性规定。"

③ 中国保险监督管理委员会江苏监管局：《江苏高院发布〈关于加强和规范被执行人所有的人身保险产品财产性权益执行的通知〉》，网址：http://jiangsu.circ.gov.cn/web/site24/tab1414/info4113303.htm，最后访问时间：2019 年 3 月 4 日。

扣划保险产品退保后可得财产利益时，应当通知被保险人、受益人。被保险人、受益人同意承受投保人的合同地位、维系保险合同的效力，并向人民法院交付了相当于退保后保单现金价值的财产替代履行的，人民法院不得再执行保单的现金价值。

笔者赞成第三种观点，保险法律关系中的投保人、被保险人以及受益人分别享有的人寿保险权益，包括但不限于属于投保人的保单分红、退保后的保单现金价值，被保险人享有的保险生存年金，保险事故发生后受益人获得的保险金理赔金等，这些财产权益作为其各自的责任财产从性质上来说是可以执行的，但是因为保险合同涉及多方权益，依据保险法的规定保险合同非经法定程序不得解除，因此在面临法院的强制执行时，更需要兼顾被保险人以及受益人等各方的合法权益，而不应武断地采取一刀切的处理方式。例如，如前所述，笔者赞同准许被保险人或受益人以支付相应代价（如保单的现金价值）的方式，以承受保险合同的权益、从而变更投保人继续持有保险合同的做法。

第四节　婚内购买的保险离婚时怎么分？

保险作为一种风险管理工具已经走进千家万户，和我们的生活越来越密不可分。保险在家庭成员的健康保障、家庭财富的保值增值方面起到的作用也日益显著。那么随着现代社会离婚率的日益攀升，一个现实而且迫切的问题就会凸显出来，那就是在离婚纠纷中，如何分割作为夫妻共同财产的保险产品？

近年来，笔者所在的婚姻家事律师团队经办的大量离婚纠纷案件中，越来越多地涉及保险财产分割的问题。下面以我们团队近期处理的一个案件为例展开。

案例 48

婚内购买的保险离婚时怎么分？

张女士和王先生因感情不和而协议离婚，双方就夫妻财产中的房产、车辆、银行存款以及公司股权的分割方案等均初步达成一致意见，但是在涉及保险产品的分割时，双方各执己见，无法达成一致。

他们购买的是一份年金保险，王先生作为投保人、张女士作为被保险人，缴费期为10年，每年缴20万元的保费。截至双方发生纠纷的时候，保费已交7年，仍有3年保费尚未缴清，目前这份保单的现金价值为120万元。在协商时，张女士主张应该按照全部应缴保费200万元的价值来进行分割，由王先生补偿给自己100万元。而王先生则认为，张女士的要求太过分，自己无法满足，于是提出将投保人变更为张女士，其余的保费由张女士自己缴纳，同时，张女士应当将已交保费的一半，也就是70万元补偿给自己。

张女士和王先生谁的主张有道理？到底婚内购买的保险怎么分？要回答这个问题，我们需要明确以下几个概念：

一、谁名下的保险可以分割

保险合同有三方当事人，即投保人、保险人和被保险人。投保人是指与保险人订立保险合同，并按照合同约定负有支付保险费义务的人。保险人是指与投保人订立保险合同，并按照合同约定承担赔偿或者给付保险金责任的保险公司。被保险人一般来讲可以是投保人本人，也可以是投保人的配偶、父母、子女、员工以及在保险合同订立时与投保人有保险利益的人。另外还有一个很重要的角色是受益人，他虽然不是保险合同的当事人，但是在整个保险框架结构里面承担非常重要的角色。受益人可以由被保险人指定，也可以由投保人指定，但是投保人指定受益人必须经被保险人同意，否则指定无效。

在了解保险合同的各方当事人的基础上，我们需要明确的是：保单的现金价值归属于投保人，只有当夫或妻一方作为投保人拥有这份保单现金价值时，这份保单在离婚时才有可能作为夫妻共同财产来进行分割。

二、哪些保险产品可以分割

前面我们提到过，人身保险分为人寿保险、健康保险、年金保险以及意外保险。其中，人寿保险、年金保险和健康保险中的重大疾病保险等产品因具有现金价值可以分割，而财产保险以及人身保险中的意外保险、医疗保险因为属于消费型保险，其价值基本上每年都消耗掉了，没有现金价值或者现金价值不高，我们就不在这里讨论了。

三、保险在什么情况下可以分割

在离婚时分割保险产品的前提条件，是要求这些保险尚未发生保险事故，未拿到保险理赔金；如果保险事故已经发生，依据健康保险、意外伤害保险合同获得的保险理赔金，或者夫妻一方作为受益人依据以死亡为给付条件的人寿保险合同获得的保险理赔金，在目前的司法实践中，会被认定为夫妻一方的个人财产，基本上不涉及分割的问题。

比如我们律师团队去年代理的一个案例，小两口在离婚诉讼过程当中，女方的母亲生病去世，这位母亲曾经购买过一份以自己的女儿为受益人的大额寿险，母亲去世之后，女方因此获得了 100 万元的保险理赔金。对此，男方在离婚诉讼当中主张对这 100 万元的理赔金进行分割，但基于以上原因，其诉求最终被法院驳回。

四、夫妻婚姻关系存续期间购买的保险产品，司法实践中究竟如何分割呢

对此，法律条文并没有明确的规定，我们总结了司法实践中法院的裁判思路分享给大家。一般而言，法院在分割保险产品时，主要依据保险架构的不同来进行处理：

（一）投、被保人同为夫妻一方的情况

视投保人意见而定，其可以选择退保也可以选择继续持有保单，但是须将保单现金价值的一半补偿给对方。

（二）投保人为夫妻一方，被保险人为其配偶的情况

这种情况下可由双方协商，或者投保人退保、双方分割保单现金价值；

如果被保险人不愿意退保的，可以由被保险人继续持有保单，按照现金价值的一半补偿对方，并申请变更投保人。

（三）投保人为夫妻一方，被保险人为双方的子女的情况

这种情况下，实践中将保险利益视为夫妻双方对子女的赠与，一般不予分割。双方离婚后，取得子女抚养权的一方如果不是投保人，则可以申请变更投保人，继续持有这份保单。

五、这样一分析，我们开篇提到的张女士和王先生的案例当中的保险产品如何分割，就非常清晰了

首先，这份保险产品是在双方婚内以共同财产购买，应当属于夫妻共同财产；

其次，两人可以分割的财产价值，应当按照目前的保单现金价值 120 万元、而不是已交保费 140 万，更加不是应缴保费 200 万元来计算；

最后，实际的分割方案依据投保人是否退保，还是继续持有该份保单来确定：

第一种情况：如果王先生退保，则双方按照从保险公司取得的退保费用即现金价值 120 万的标准平均分割，即张女士和王先生每人分得 60 万元；

第二种情况：如果王先生希望退保，而被保险人张女士希望继续持有这份保单，则可以和王先生协商将保单现金价值的一半即 60 万元补偿给王先生，并且将投保人从王先生变更为张女士，从而继续持有这份保单。

综上，我们了解了保险作为一种特殊的夫妻共同财产，在离婚的时候应当如何进行分割。

六、如果夫妻一方利用购买保险故意隐匿、转移夫妻共同财产，该怎么办

保险作为一种风险管理工具，其保障功能日益凸显，越来越多的家庭倾向于选择配置保险用以规避、转移风险。这种注重保障、规避风险的做法值得我们大力提倡。但是，我们同时留意到：实践当中也出现了大量利用保险

来达到特定目的的情形，比如处于离婚纠纷中的一方当事人利用购买保险来达到转移、隐匿夫妻共同财产的目的，给家庭财产特别是对方当事人造成了不必要的经济损失。那么，针对这种现象，我们应该如何应对和处理呢？

（一）要解决这个问题，我们首先要搞清楚：离婚纠纷中的一方当事人到底有没有权利购买保险呢？

答案是肯定的。

根据《婚姻法司法解释（一）》第 17 条的规定，夫或妻在处理夫妻共同财产上的权利是平等的。因日常生活需要而处理夫妻共同财产的，任何一方均有权决定。

因此，夫妻一方为日常生活所需而购买保险，属于行使家事代理权的范畴，可以自主决定；而对于超出日常生活需求范围购买的保险，则需要双方协商，取得一致意见后再行购买。

（二）那么实践中到底如何判断一方当事人所购买保险是不是超出日常生活需求的范围？购买的目的是否转移、隐匿夫妻共同财产呢？

首先，要看购买保险有没有合理的用途，如为本人或者子女购买健康保险包括重大疾病、医疗保障类型保险产品；或者为本人养老规划、子女教育等做提前筹划的年金产品。

其次，判断购买保险的时间阶段，是否发生在夫妻矛盾已经明显激化之后的时间阶段内。

最后，还要看保费的金额是否超出家庭日常可以负担的范畴，以及是否和投保人的经济收入相匹配。换句话讲，投保人是否能够在解除婚姻关系之后，有独自缴纳保费的能力。如果没有，另一方可以主张因为该行为不具有可持续性，从而有理由怀疑投保人的真实意图，有故意隐匿、转移夫妻共同财产的嫌疑。

相应地，如果一方被法院认定通过购买保险来转移、隐匿夫妻共同财产的话，依据我国《婚姻法》第 47 条的规定，在离婚分割夫妻共同财产时，将会付出少分或者不分夫妻共同财产的代价。

第四章
因信任，而托付

信托的英文为“trust”，这个词在英语中的解释是“信用、信赖、值得信赖的人（物）”，在本章节当中，它指的是一种有趣的法律制度。

信托制度创立于中世纪，关于信托的起源，广受认可的说法是：在十字军东征期间，将士们即将远赴沙场，为了保护家乡的妻子儿女，便将自家的土地财产托付给自己信赖的人士，请他们用土地的收益来供养自己的妻子儿女。因此可以说，信托是一种有着悠久历史的工具，同时它也随着时间的推移而发展和改变。在英美等国家，信托制度已经有多年的发展历史；相比之下，我国的信托制度可以说尚处于发展的初级阶段。

我国首部《信托法》于 2001 年 10 月 1 日正式实施，但在这之后的近 20 年里，由于各种各样的原因，信托制度的实践尤其是民事信托的实践发展较为缓慢。但同时，从另外一个角度上说，我们也坚信信托这样一种行之有效、极富想象力和创造力的法律制度，在经过了长时间的市场培育和经验积累之后，也必将在不远的将来进入一个蓬勃发展的阶段。

第一节　家族信托

一、信托的结构

（一）信托的定义

根据我国法律规定，信托是指委托人基于对受托人的信任，将其财产权委托给受托人，由受托人按委托人的意愿以自己的名义，为受益人的利益或者特定目的，进行管理或者处分的行为。[①]

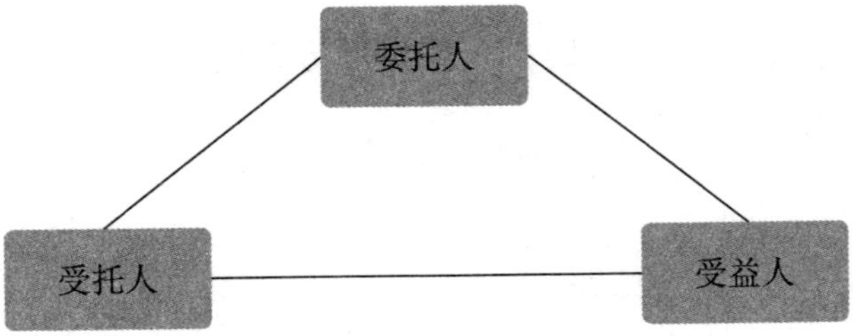

（二）信托的特征

根据全国人大法工委对于信托定义的解释，信托的特征包括以下几个方面：

1. 信托是一种由他人进行财产管理、运用或处分的财产管理制度。

2. 委托人与受托人之间具有充分的信任关系，是以信任为前提的。受托人对委托人的忠诚可靠，成为信托关系产生的基础。

3. 以受托人的名义掌管信托财产，但是信托财产具有独立性。

4. 受托人按照信托文件或者信托法律的规定，行使对信托财产的管理、运用或处分的权限，并就此承担责任。

5. 受托人因管理、运用或处分信托财产而产生与第三人之间的权利义务，仅归属于受托人，不直接归属于委托人或受益人。

6. 受托人虽然取得信托财产权的名义，但在经济上和实质上，其行使管理、运用或处分权，必须受信托目的的约束，信托财产在实质上归属于委托人和受益人。[②]

二、信托的参与主体

根据法律的规定，在实践中信托的参与主体主要包括以下几个方面：

---

①《中华人民共和国信托法》第 2 条："本法所称信托，是指委托人基于对受托人的信任，将其财产权委托给受托人，由受托人按委托人的意愿以自己的名义，为受益人的利益或者特定目的，进行管理或者处分的行为。"

② 元耀武主编：《中华人民共和国信托法释义》，法律出版社 2002 年版。

（一）委托人

信托的委托人应当是具有完全民事行为能力的自然人、法人或者依法成立的其他组织。[①]

（二）受托人

按照我国《信托法》的规定，受托人应当是具有完全民事行为能力的自然人或法人。但在目前的实践当中，由于信托财产涉及金额巨大，信托架构关乎家族甚至家族企业的稳定和发展，出于这方面的考虑，委托人更倾向于选择专业化的大型信托公司担任受托人。

笔者在与委托人的接触和沟通当中，谈论最多的话题是关于受托人的选择以及受托人权力制衡的问题。目前国内的家族信托市场上，大型的信托公司往往更倾向于向委托人提供标准化的家族信托产品。这当然是出于信托公司作为受托人对利益和效率等因素的考量，但是对于委托人而言，如何能在一定的范围内限制受托人的权利过大，或者引入适当的制衡机制，甚至保留在必要的时候重新选择受托人的权利，都是在选择受托人时迫切需要考虑的问题。

案例 49

梅艳芳信托案例

香港著名的演艺明星梅艳芳小姐于 2003 年 12 月 30 日因罹患宫颈癌去世，享年 40 岁。据报道，梅艳芳从小家境贫寒，她从 5 岁就开始登台演出，而所获得的报酬也大多用于为家人偿还债务。也许是上天眷顾，梅艳芳从 1982 年参加香港第一届新秀歌唱大赛获得冠军出道，歌唱和演艺事业一路

① 《中华人民共和国信托法》第 10 条："设立信托，对于信托财产，有关法律、行政法规规定应当办理登记手续的，应当依法办理信托登记。未依照前款规定办理信托登记的，应当补办登记手续；不补办的，该信托不产生效力。"

突飞猛进，逐渐成为在歌坛、影坛多栖的巨星，成为香港演艺界举足轻重的人物。

英年早逝的梅艳芳小姐积累了大量的财富，据媒体报道，她去世的时候留下价值达三四千万港元的资产，随着香港房价上涨，这些遗产在2011年左右价值大幅增长至港币近1.7亿元。

就在梅艳芳小姐去世不久前，她对自己的遗产继承做出了安排，一方面，她写下遗嘱，表明在自己去世后将所有的财产都转入其生前设立的家族信托；另一方面，对于梅氏家族信托，梅艳芳小姐也煞费苦心，做出了如下的安排：自己作为委托人，受托人则由汇丰国际信托有限公司担任，受益人是自己的母亲和侄子侄女。此外，在梅艳芳小姐的信托安排当中，将她位于国外的两套房产赠给了她的生前挚友、香港著名的时装设计师刘培基先生。而其余的遗产委托汇丰国际信托有限公司管理，每月支付给母亲覃美金港币5.8万元作为生活费直至母亲去世。此外，由于梅艳芳小姐生前笃信佛教，遗嘱中还特别指明，母亲覃美金去世后，所有剩余资产扣除开支后全部捐给妙境佛学会。

梅艳芳小姐去世后，遗嘱的内容以及家族信托的安排得以披露。然而，接踵而至的，却是梅艳芳小姐的母亲和信托的受托人之间展开的一系列长达10年的诉讼，争议的焦点围绕两个方面：一是梅母覃美金女士质疑遗嘱的真实性，她希望能够推翻遗嘱，将梅艳芳小姐的遗产全部归属于自己以及梅艳芳的哥哥名下；二是梅母多次入禀法院要求女儿设定的月生活费无法满足自己的需求，希望增加自己每个月的生活费用。对于梅艳芳母亲的第一个诉求，香港法院最终予以驳回；而其增加生活费的诉求，得到了法院的支持，法院曾经多次判令调整、提高其生活费的支付标准。

显而易见，长期诉讼的结果必然是两败俱伤。据称，多番折腾下来，梅艳芳家族信托中的财产已经所剩无几。如此看来，梅艳芳小姐临终之时为了长久照顾家人所花费的心思可能要落空了。

唏嘘之余，我们不禁要问：随着年龄的增大，梅艳芳小姐的母亲提出增加生活费的要求看似合理，至少是可以由各方灵活商榷的。为什么每一次，梅母都要兴师动众地入禀法院寻求解决呢？她老人家也并非不知道诉讼的成本高昂，而且每一笔钱都是在透支自己未来的生活费用。个中原因肯定是多方面的，但其中值得我们探究的一点是：梅艳芳小姐的家族信托架构当中是否存在授予给受托人的权力过大，同时又缺乏柔性的制衡机制，从而导致受益人主张权利的途径欠缺，只能“硬碰硬”地通过诉讼来解决问题。

这个思考，不但有助于讨论上面我们提出的关于受托人的权力和制衡问题，同时也启发我们接下来探讨关于信托保护人的问题。

（三）保护人

信托保护人的概念在我国《信托法》上并没有明确的规定，与其职责相类似的还有信托监察人。关于信托监察人，《信托法》仅对公益信托有设置监察人的明确要求。[①] 而对于一般的民事信托包括家族信托，则并无强制要求。

顾名思义，保护人这个角色的设定目的，在于监督受托人的行为，防止其违反信托义务、侵害信托财产、侵害受益人的行为。更进一步地，针对家族设立家族信托的不同目的和要求，还可以赋予保护人享有撤换受托人、变更受益人、决定修改家族信托的投资和分配策略等权利。

案例 50

沈殿霞家族信托案例

2017 年年初，一年一度的香港叱咤乐坛流行榜颁奖典礼上，郑欣宜凭借一首《女神》斩获三项大奖。作为获奖歌曲的词作者和欣宜的支持者，黄伟文先生上台发言时讲出的一番话，深深地打动了我，也勾起了我对昔日香港影坛巨星沈殿霞女士的回忆。

黄伟文在郑欣宜献唱之前吐露心声，称写这首歌是为了报答沈殿霞

---

①《中华人民共和国信托法》第 64 条：“公益信托应当设置信托监察人。信托监察人由信托文件规定。信托文件未规定的，由公益事业管理机构指定。”

（肥姐）20 年前的恩情。黄伟文回忆，他 20 年前去参加一个电视节目，在经过重重关卡后到达影棚，因为当时没人认识他，所以整个晚上都缩在角落里，感觉非常孤单。后来，当时已经是大明星的沈殿霞绕道走到他面前和他说话，问他身上这么有型的衣服是在哪里买的，惊喜之余，孤单的他一下子打开了话匣子。肥姐走后，黄伟文发现其实她并不是关心衣服的问题，而是留意到他坐在那里没人搭理，所以专门走过来，安慰一下自己。“在那一秒，我觉得这个人情是要还的，能还给她当然最好；给不了她，给她的家人也好；给不了她的家人，给这个世界也好。”黄伟文如是说[①]。

沈殿霞，艺名肥肥，曾经是香港影视圈最具有代表性的演艺明星，因为圆嘟嘟的形象和独树一帜的表演风格而深受大众的喜爱。此外，与当时红透半边天的影视明星郑少秋的结合和分手，也让他们的女儿郑欣宜从小就暴露在媒体的聚光灯下。

2006 年，沈殿霞因为健康原因告别了银幕；2008 年 2 月，在香港去世。沈殿霞与郑少秋离婚的时候，女儿欣宜才两岁。可以想象，在得知自己患病且不久于人世的时候，她考虑最多的一定是如何在自己逝世后令女儿得到更好的照顾。对于辛苦一生积累的大量财富，肥姐没有选择一次性都交给女儿，而是为她设立了家族信托。信托规定女儿作为受益人每月仅可领取固定金额的生活费，在女儿结婚的时候可以领取信托资金的一部分，直到女儿年满 35 周岁方可取得信托的全部财产权利。此外，为了保证信托的灵活性，肥姐还做出了一个令人称道的安排：那就是委任自己的前夫郑少秋先生和两位值得信赖的朋友共同担任信托的保护人。当面临领取信托资金或者处置信托财产等重大决策的时候，都需要经过保护人的同意。

相比起前面梅艳芳小姐家族信托的案例，肥姐家族信托架构当中，保护人角色的设立和人员的选择可谓是非常巧妙。首先，保护人都是家族的至

① 新浪娱乐：《郑欣宜女神拿大奖，黄伟文报恩沈殿霞》，网址：http://ent.sina.com.cn/y/ygangtai/2017-01-05/doc-ifxzkfuk2358554.shtml，最后访问时间：2019 年 3 月 4 日。

亲和长辈，他们理解委托人的初衷和愿望，也了解受益人的成长路径和性格特点，能够更好地在实现委托人的意愿与满足受益人的诉求之间把握好平衡点；其次，在人选的确定上，肥姐不计前嫌、从女儿利益最大化的角度出发，选择了前夫郑少秋作为保护人可谓是一举多得的明智之举。通过这种方式，肥姐在多年后终于与前夫，也与自己达成了和解；通过这种方式，肥姐也终于能够把女儿交托给全天下最值得信赖的那个人，也可以帮助女儿与自己的父亲达成和解，从而能够进一步融洽他们缺失的父女关系。

（四）受益人

受益人是在信托中享有信托受益权的人。受益人可以是自然人、法人或者依法成立的其他组织。委托人可以是受益人，也可以是同一信托的唯一受益人；受托人也可以是受益人，但不得是同一信托的唯一受益人。

三、家族信托的主要功能

家族信托之所以在全世界范围内广受高净值人士和家族的推崇，源于它有着非常强大的功能，具体包括：

（一）从财富也即“财”的角度而言，家族信托可以实现财富的保护与增值

1. 说到财富的保护，需要重点提及的是信托的风险隔离功能

设立信托，需要将财产由委托人转移至受托人名下，信托财产在法律上不再归属于委托人所有。这样的制度设计，能够将信托财产与委托人的其他财产隔离开，免受债权人的追索。当然，这样的制度设计不是绝对的，法律并不保护企图借信托的名义来规避债务的非法企图。根据我国《信托法》的规定，除因下列情形之一外，对信托财产不得强制执行：

（1）设立信托前债权人已对该信托财产享有优先受偿的权利，并依法行使该权利的；

（2）受托人处理信托事务所产生债务，债权人要求清偿该债务的；

（3）信托财产本身应担负的税款；

（4）法律规定的其他情形。[①]

2. 财富按照委托人的意愿传递给下一代，同时可以对家族成员的生活教育和医疗保障以及养老规划等作出安排

这也是目前在市场上大多数的信托公司所提供的家族信托标准化产品的主要内容。类似于上面案例当中提到的肥姐沈殿霞为女儿设立的家族信托，规定受益人在特定的时间节点之前只能从信托当中提取固定的收益作为日常生活开支；教育费用的支出一般可以进行单列，根据受益人接受教育的不同情况进行专项支出；此外，根据受益人的人生发展阶段，还可以设置不同的资金用途以及提取标准，如为受益人提供医疗保障、婚嫁基金、创业基金、养老基金等。

英国戴安娜王妃的遗嘱信托就是一个很成功的案例。

戴安娜王妃于 1997 年 8 月 31 日在巴黎死于车祸，当时威廉王子 15 岁，哈里王子仅 12 岁。因为从小就对家族信托的概念有所了解，戴安娜王妃早在 1993 年，即自己年仅 32 岁的时候就已经设立了遗嘱。在遗嘱中，王妃要求在她去世之后，将自己的遗产设立信托，并交给专业的机构经营和管理，她的两个儿子作为受益人可以平均享有信托的收益。同时她还规定，当两个儿子分别年满 25 周岁的时候，他们才可以自由支配遗产收益的一半，等他们年满 30 周岁的时候，才可以自由支配本金的一半。

此外，说到遗产的保值增值，戴安娜王妃在去世时留下了大约 2100 多万英镑的巨额遗产，尽管缴纳了高额的遗产税，遗产的净价值仍有约 1300 万英镑。据媒体报道，在 10 年后，也就是威廉王子年满 25 岁之时，信托基金的收益已达 1000 万英镑。

---

①《中华人民共和国信托法》第 17 条："除因下列情形之一外，对信托财产不得强制执行：（一）设立信托前债权人已对该信托财产享有优先受偿的权利，并依法行使该权利的；（二）受托人处理信托事务所产生债务，债权人要求清偿该债务的；（三）信托财产本身应担负的税款；（四）法律规定的其他情形。对于违反前款规定而强制执行信托财产，委托人、受托人或者受益人有权向人民法院提出异议。"

（二）从家族成员的"人"的角度而言，家族信托为他们提供全方位、多角度、长时间的支持

1. 防止挥霍。上文提到过的无论是梅艳芳小姐、肥姐沈殿霞以及英国戴安娜王妃为家人或子女设立的信托都有这方面的条款设置。

2. 税务和身份筹划。经济全球化的发展，全球范围内投资置业成为越来越多的高净值人士积累财富以及规避投资风险的一个重要手段。与之相匹配，我们不仅要对投资置业目的地国家和地区的法律法规以及税收体系有深入的了解，同时，与之密切相关的身份筹划也成为在搭建家族信托架构时必须考虑的重要因素。

3. 慈善目的。关于利用家族信托实现慈善目的，我们将在下一节"慈善信托"当中详细讲述。

（三）从家族企业的"业"的角度而言，家族信托能够帮助企业实现所有权、控制权、经营权、受益权的灵活安排与配置

上述两项家族信托的功能，分别是从"财"和"人"的角度来进行探讨。其实，说起家族信托，我们稍作深入研究就会发现，中外的许多知名企业的股权架构当中均离不开家族信托的身影。例如，多年蝉联香港首富的李嘉诚先生家族的核心资产，如长江实业、长江基建以及和记黄埔等公司均通过家族设立的信托架构持股控制；再比如以石油起家，至今仍然兴盛不衰的洛克菲勒家族等。近些年，随着国人对家族信托的了解逐步深入，也有越来越多的国内企业家成功使用家族信托来搭建企业的控制权结构，同时，也帮助企业规避有可能发生的其他风险。

案例 51

龙湖地产掌门人吴亚军夫妇所设立的家族信托

吴亚军女士出生于重庆，1993 年开始涉足房地产业，1995 年创建了重庆龙湖地产有限公司。2008 年，龙湖地产在香港上市。吴亚军的个人财富一

度超过杨惠妍，成为中国内地的女首富。

2012 年年底，龙湖地产对外发表声明称：主席吴亚军女士与蔡奎先生已经以和平、友好的方式解除婚姻关系。消息公布当日，龙湖地产的股价应声下跌 4.2%。第二天，股价继续下跌 2.92%。直到第三天，龙湖股价开始反弹。股权之争并未出现，市场担心的债务违约问题也变得可能性不大。11 月 23 日，龙湖地产股价上涨 4.3%。

实际控制人离婚，能够如此平稳过渡，的确为人称道。其中，吴亚军夫妇在龙湖地产上市之前就已经布局的家族信托架构功不可没。两人将各自持有的龙湖地产的股份分别置入各自名下的家族信托，分别命名为吴氏信托和蔡氏信托，受益人分别为自己及各自的家人。这样一来，相当于两人在设立信托之时已将股权资产分割清楚，而这也是整个家族的核心资产，因此在离婚的时候才能够做到平稳过渡。同时，在两人离婚后，双方还签署了一致行动人协议，确保了吴亚军女士在龙湖地产董事会的绝对地位。

四、目前国内家族信托的发展桎梏和未来机会

我国从 2001 年颁布实施《信托法》至今，已有近 20 年的时间。国内的家族信托经历了一个从无到有，从萌芽到发展的阶段；社会大众对待信托的态度，也从笼统地认为“信托 = 理财产品”，发展到逐渐认识信托的非凡魅力、并尝试运用信托解决家族财富的保值增值，以及改善企业的控制权结构。可以说，家族信托在国内的长足发展，未来可期。

虽然前途光明，但在笔者看来，家族信托的发展在当下确实还存在着诸多问题，以下是笔者的几点思考：

（一）政策法规不配套，使得家族信托本应当具有的优势难以落地实施

根据信托制度的原理，委托人将财产置入信托，并非法律意义上的交易转让行为，这一环节是不产生应税所得的。在我国信托法颁布实行之后，应当由产权交易主管部门协同税务部门等机构出台配套的政策法规予以完善。

而截至目前，这一领域还是空白的。因此，目前国内市场上，仅能够设立以现金资产作为信托财产的家族信托；而针对大量的将企业股权、房地产置入信托等市场需求，基本无法得到满足。这也在相当程度上抑制了我国家族信托市场的发展。

（二）家族信托与其他财富传承工具的综合运用

在本书的很多章节中，我们分别谈到了多种家族财富传承的工具，简单的如生前赠与、遗嘱，复杂一些的如家族信托等。而在实践运用中，单一的工具运用易引发纠纷，比如只设立一份遗嘱，典型案如“许某庐老先生的遗产继承案”，老先生生前写下了一份遗嘱，但是仍然出现了他的遗孀和子女为了争夺财产诉讼经年的情况，因为遗嘱的效力很容易遭到挑战，特别是当面临巨大的遗产利益的时候。再比如，曾经的亚洲首富，人称“小甜甜”的龚某心女士的遗产继承案，也是围绕着龚某心女士的丈夫王某辉先生生前设立的几份遗嘱展开的。相比之下，综合运用财富传承工具设计继承方案，不同的工具之间可以相互弥补，典型的案例莫过于梅艳芳小姐生前设立的遗嘱和信托。梅艳芳小姐患病突然，在得知自己罹患癌症之后，她还坚强地在红馆连开八场演唱会，以自己最绚烂的姿态向生命告别。但同时，由于准备得比较仓促、病情也发展得快过预期，在签署了信托协议之后，还未来得及将资产全部置入信托，梅艳芳小姐已经离开了人世。幸好，除了签署信托协议之外，她还留下了一份遗嘱，上面明确了在她去世之后将她所有的遗产都置入信托的意愿。这样梅艳芳小姐设立信托，管理自己的遗产，照顾家人生活的遗愿才最终得以落实。

（三）保险金信托

说到财富传承工具的综合运用，这里一定要提及一下保险金信托。它是近两年国内市场涌现出的一种新的产品类型，主要由保险公司进行销售，在市场上取得了不错的业绩。当然，目前国内市场的这种产品尚处于探索阶段，在保险类型的选择和信托架构的搭建上，主要还是由保险公司预先选定产品类型，留给客户的选择空间很小。

从结构上说，保险金信托是保险和信托功能的结合。当事人既是保险的投保人，同时也是信托的设立人。在订立保险合同的时候，将信托的受托人指定为保险合同的受益人。保险事由发生之后，保险金直接进入信托账户，由受托人按照信托协议进行操作。

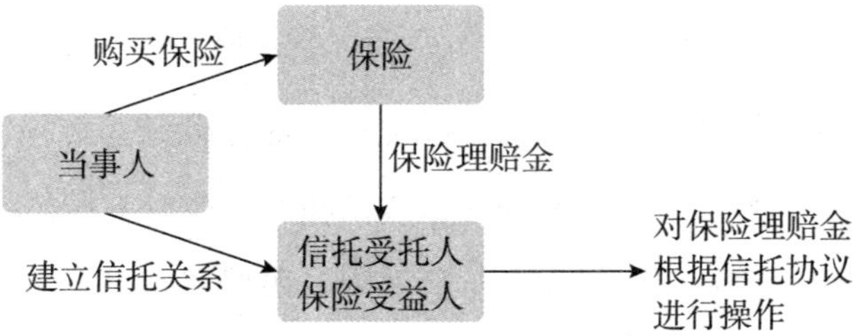

（四）遗嘱信托

最后我们来谈一谈遗嘱信托。根据我国《信托法》的规定，设立信托可以采用遗嘱的形式。[①] 这便是我们通常所说的遗嘱信托了。因为我国的继承法对遗嘱的内容和形式均有着非常明确的要求，因此，《信托法》同时也规定，设立遗嘱信托，应当遵守《继承法》关于遗嘱的规定。也就是说，遗嘱信托在很大程度上依赖遗嘱的效力，如果遗嘱的效力遭遇挑战的话，信托能否成立就真的命悬一线了。

仍然以上文提到的梅艳芳小姐的遗嘱信托为例，因为梅艳芳小姐在遗嘱当中表示在自己去世之后将所有的遗产都置入信托，而不是分配给自己的继承人所有，这份遗嘱，在梅艳芳小姐死后，遭到了她的母亲和哥哥的反对，他们多次入禀法院，要求法院推翻这份遗嘱。试想，如果这份遗嘱的效力真的被否定，加上在梅艳芳小姐去世的时候，她的大部分财产还未能置入信托，那么，梅氏信托今天恐怕就不会存在了。

---

①《中华人民共和国信托法》第 8 条："设立信托，应当采取书面形式。书面形式包括信托合同、遗嘱或者法律、行政法规规定的其他书面文件等。采取信托合同形式设立信托的，信托合同签订时，信托成立。采取其他书面形式设立信托的，受托人承诺信托时，信托成立。"

第二节　慈善信托

慈善信托最早起源于13世纪英国的慈善用益制度。1601年，英国颁布《慈善用益法》，奠定了现代慈善信托的雏形，但该法并没有对慈善信托的概念予以明确规定。20世纪英国首次以成文法的形式确立了慈善信托的定义。根据英国《2000年受托人法》第39条规定，慈善信托是为了慈善目的而持有财产的信托。美国法律学会编纂的《信托法重述（第二版）》第348条将慈善信托定义为关于财产的信义关系，产生于一种设立信托的意图，使个人持有财产并承担衡平法上的义务，为慈善目的处分财产。从国外立法实践来看，慈善信托往往是作为慈善法律制度架构中的一项重要制度而被纳入慈善法典或相应的成文法中予以规定。慈善信托通常具有设立更简便、结构更简单、运作更灵活、财产更安全等特点。在我国，2001年颁布实施的《信托法》中设有公益信托一章，对相关法律制度作了规定。但在之后十余年的实践中，由于制度和现实的原因，公益信托的优势没有得到充分发挥。随着中国公益慈善事业的发展，发展慈善（公益）信托的土壤已经具备，社会呼声也日益高涨。因此，在我国2016年9月1日实施的《慈善法》当中，将慈善信托纳入进来并单设一章，对慈善信托制度作出了进一步的规定。[①]

一、慈善信托的法律依据

2001年颁布实施的《信托法》当中提出了公益信托的概念，其规定采取的是“目的论”，即为了救济贫困、救助灾民、扶助残疾人、发展教育科技文化艺术体育事业、医药卫生事业、环境保护事业等社会公益而设立的信托，

① 全国人大常委会法制工作委员会编：《中华人民共和国慈善法释义》，法律出版社2016年出版。

属于公益信托。①

2016 年 9 月 1 日实施的《慈善法》则进一步定义了慈善信托的概念：慈善信托属于公益信托，是指委托人基于慈善目的，依法将其财产委托给受托人，由受托人按照委托人意愿以受托人名义进行管理和处分，开展慈善活动的行为。②

2017 年 7 月，银监会针对慈善信托专门发布了《慈善信托管理办法》（银监发〔2017〕37 号），对慈善信托的设立和管理进一步作出了明确的规定和指引。

二、慈善信托的主体

（一）委托人

慈善信托的委托人可以是任何具有完全民事行为能力的自然人和法人或者依法成立的其他组织，③ 这一点与一般民事信托的要求是一致的。

（二）受托人

《慈善法》规定，慈善信托的受托人，可以由委托人确定其信赖的慈善组织或者信托公司担任。相比起信托法当中规定的“受托人应当是具有完全民事行为能力的自然人、法人”而言，慈善法对受托人的要求显然严格了许多。这主要基于以下考虑：

首先，慈善信托在我国刚刚起步，实践经验还不够，受托人的范围尚不宜过宽。目前个人信用体系尚不健全，出于保障委托人财产安全和受益人权

---

①《中华人民共和国信托法》第 60 条：“为了下列公共利益目的之一而设立的信托，属于公益信托：（一）救济贫困；（二）救助灾民；（三）扶助残疾人；（四）发展教育、科技、文化、艺术、体育事业；（五）发展医疗卫生事业；（六）发展环境保护事业，维护生态环境；（七）发展其他社会公益事业。”

②《中华人民共和国慈善法》第 44 条：“本法所称慈善信托属于公益信托，是指委托人基于慈善目的，依法将其财产委托给受托人，由受托人按照委托人意愿以受托人名义进行管理和处分，开展慈善活动的行为。”

③《慈善信托管理办法》第 8 条：“慈善信托的委托人应当是具有完全民事行为能力的自然人、法人或者依法成立的其他组织。”

益的考虑，《慈善法》未把自然人列为慈善信托的受托人。

其次，从实践来看，信托公司作为专业进行信托管理的机构，具有很强的资产管理能力，能最大限度地保证慈善信托财产的安全和增值，防止不必要的资金运营亏损。因此，《慈善法》将信托公司列为慈善信托受托人。

但同时，考虑到信托公司在开展慈善活动方面相对欠缺专业性，为了使慈善信托能发挥更大的社会效益、实现良好的社会公益，将慈善组织也列为慈善信托受托人。慈善组织（尤其是基金会）在我国拥有广泛的社会基础，已经成为公众心目中进行救灾扶贫等捐助活动的首选。因此，明确由慈善组织或者信托公司为受托人，可以充分发挥二者各自的优势。[①]

（三）受益人

慈善信托的受益人是非特定的，这是慈善信托区别于其他信托的一个重要特征。通常，民事或营业信托在设立时必须确定具体的受益人。而慈善信托的受益人则是不特定的，信托文件仅载明受益人的资格条件，由受托人根据所确定的条件选择确定，而不是委托人在信托文件中具体指定的。例如，某人设立一项慈善信托，目的是资助本地区低保家庭的学生，虽然受益人的范围是确定的，但最终获得信托利益的学生却并非指定的。这样规定的目的主要是防止利益输送。当然，尽管受益人是不特定的，委托人依然可以规定或者限定受益人的人数，甚至受益人享受的信托利益的多少。

（四）监察人

在民事或营业信托中，受益人是确定的，受益人可以亲自监督受托人行为以保护自己的权益。但是，慈善信托的受益人在享受信托受益权之前，并不具有明确的受益人身份，不能以受益人身份监督慈善信托的实施。因此，出于保护受益人的需要，设置信托监察人制度，由第三人代替受益人对受托人进行监督，以维护受益人的合法权益，确保信托确定的慈善目的得以实现。

---

① 全国人大常委会法制工作委员会编：《中华人民共和国慈善法释义》，法律出版社2016年版。

（五）备案监督部门

鉴于慈善事业的特殊性，国家对于慈善信托的设立采取备案制度。我国慈善法规定，受托人应当在慈善信托文件签订之日起7日内，将相关文件向受托人所在地县级以上人民政府民政部门备案。[①]不备案的，慈善信托不发生法律效力。同时，还规定未按规定向民政部门备案的，不享受税收优惠。

三、慈善信托绕不开的话题：税收优惠

我国《慈善法》当中明确规定了慈善组织、慈善捐赠人、受益人均可以享受税收优惠，但对于慈善信托能否享受税收优惠，却没有明确的规定。这也已经成为阻碍慈善信托发展的重要因素。对此，笔者赞同应当对慈善信托实施与慈善捐赠类似的税收优惠的观点。因为，无论是在欧美国家还是在我国，税收优惠始终是很多个人和组织从事慈善事业的考虑之一。在目前的慈善信托实践中，《慈善法》对慈善信托的税收问题没有规定，而相比之下，《慈善法》《企业所得税法》《个人所得税法》等相关法律中关于慈善捐赠的税收优惠等事项有着明确的规定，笔者建议应当酌情参照该等规定对慈善信托也给予税收优惠。[②]

四、奇思妙想：慈善信托当事人角色的设定

《慈善法》实施之后，全国各地纷纷展开了设立慈善信托的积极探索，在具体的架构搭建上，也涌现出了很多奇思妙想的设计方案。例如，一些信托公司将财产捐赠给慈善组织，再由慈善组织将该捐赠财产委托给该等信托公司做慈善信托；或者是慈善信托设置了慈善组织和信托公司两类组织做共同受托人，使其发挥各自的优势；或者是慈善信托并不设信托监察人，而是由慈善组织做委托人，将慈善财产委托给信托公司做慈善信托，再由该慈善

---

①《中华人民共和国慈善法》第45条："设立慈善信托、确定受托人和监察人，应当采取书面形式。受托人应当在慈善信托文件签订之日起七日内，将相关文件向受托人所在地县级以上人民政府民政部门备案。未按照前款规定将相关文件报民政部门备案的，不享受税收优惠。"

② 李文华：《完善我国慈善信托制度若干问题的思考》，载《法学杂志》2017年第7期。

组织做该慈善信托的执行人或者在慈善信托合同中规定该慈善组织派人组成该慈善信托的决策委员会，实际上起到了慈善信托监察人的作用。[①]

此外，还可以将慈善信托与慈善基金会的作用结合起来。利用慈善基金会在税收政策上的优势，将慈善基金会作为慈善信托的受益人，打造“慈善信托+慈善基金会”的模式，充分发挥两者的优势，弥补各自的缺点。

---

① 李文华:《完善我国慈善信托制度若干问题的思考》，载《法学杂志》2017年第7期。

第五章
法律工具的实战应用

一、法律是每个家庭生活的必需品

笔者从事法律职业已经超过20年，亲身经历了这期间我国法治的蓬勃发展。其中，一个最直接的感受就是人们的法律意识越来越强。从前，许多陪伴多年的老客户普遍会考虑给企业聘请一个法律顾问，总觉得企业是个法律主体，对外难免有这样或那样的经济交往，如果不懂法，在交往中难免会存在风险、导致损失；但是对于我们自己以及我们的家庭，在传统的观念当中法律的参与程度并不高，对于家庭内部和外部关系的调整，人们更加习惯于用爱情、亲情、道德和伦理来进行约束。究其根源，我国古代就有“法不入家门”的说法。然而，这20年间，以笔者的亲身经历来看，法不入家门的说法一去不返，我们身边越来越多的人开始认同这样一个观念：法律是每个家庭生活的必需品。

人们开始习惯于在日常生活的每一个重要节点上都先咨询法律专业人士的意见，因为这些对他们的决策至关重要：

打算去国外生孩子的新手爸妈，想知道孩子的国外出生纸未来会对他的身份有什么影响；

准备结婚的年轻人，会想了解婚前自己买的房子会不会在婚后变成夫妻共同财产；

准备给子女置办嫁妆的父母，需要搞清楚这些钱款怎么给才最安心；

已经没有了购房资格的朋友，打算用亲属的名义买房投资，但又担心会不会有风险；

想要创业的年轻人聚在一起，要谋划今后事业的发展大计；

想在国外买套房，休闲、度假顺便当投资，可是不清楚除了购房款之外还有多高的成本；

家庭在外旅游，孩子玩耍时突然发生意外事故或者孩子在学校遭遇意外伤害，学校该不该承担责任；

女朋友在结婚之前，要求在我的房产证上加上她的名字，我该不该答应；

组建再婚家庭，各自的子女利益如何保护；

父母日渐衰老，想安安稳稳地把家业交给子女；

……

也许细心的读者朋友们已经注意到：上面我们列举的这些日常生活的场景，更多的是为了防患于未然，而不是待问题发生之后再寻求解决。也正是基于这个考虑，我们专门设置了“私人法律顾问”的服务产品，上述所列的这些，都是我们在提供私人法律顾问服务的过程中，客户所提出的真实问题。看得出，虽然这些问题大部分是围绕个人或者家庭的，但实际上也和我们的工作和事业息息相关、密不可分。

二、善于运用法律工具，助力实现家庭幸福和社会和谐稳定

前面的章节中，我们用了大量的篇幅详细介绍了包括协议、遗嘱、保险和信托在内的多种涉及财富传承的法律工具，接下来我们通过实战案例来看看这些工具是怎样在实践中得以应用，助力我们实现家庭幸福和社会和谐稳定的吧。

（一）用婚前（婚内）协议把财产安排妥当，其他的交给爱情

《奇葩说》是笔者很喜爱的一档电视辩论节目，曾经一期节目当中有一个辩题叫作“结婚前，我让伴侣在 TA 的房本儿上加上我的名字，有错吗？”节目中双方辩手围绕着这个话题唇枪舌剑，辩论得火花四溅、精彩纷呈。台下的观众关于这个辩题的支持程度，也基本上势均力敌，并没有呈现出一边倒的趋势。其实，作为一名家事律师，看到大热的电视节目中讨论这个话题是蛮开心的。因为在公众平台上，无论什么样的观点都有一定的代表性，都值得拿来做探讨，而且，即便不存在正确答案，相反观点的碰撞本身就是有

意义的。

笔者所在的律师团队就处理过许多婚前、婚内签署财产协议的案例。

案例 52

婚前不焦虑，你的还是我的，说清楚就好

黄先生夫妇是律所的常年私人法律顾问客户。

夫妇俩是经营企业的，从一开始的一无所有、白手起家，几十年下来企业经营的有声有色，在本地也算得上是纳税大户了。眼下，黄先生夫妇的独子小黄马上就要结婚了，两人找到李律师，说出了内心的焦虑：原来，早在小黄还在读大学的时候，夫妇俩就已经给小黄在城市的核心地段买了第一套房子，这两年，房地产市场继续看涨，去年夫妇俩又在郊区买了一套别墅，仍然登记在儿子名下。由于别墅价格高，两人只是给了首付，每月的月供款也是由公司的账户转账或者由黄太太以现金的方式存入儿子名下的供款账户。

如今儿子要结婚了，女朋友是儿子在国外留学的时候认识的，虽说对方的家庭条件也不错，但黄先生夫妇还是觉得不放心：毕竟儿子名下的这两套房屋目前的市场价值早已过千万，也算是夫妇两人一生辛苦积累的重大财产之一，如果儿子的婚姻一旦发生什么问题，将来落得个人财两空该怎么办？

提出这些疑问的时候，黄先生的神色凝重、眉头紧锁，看来确实是备受困扰。律师提出建议，可以由儿子跟女友提出双方签订一个婚前财产协议，把各自婚前的财产以及父母赠与的财产统统约定好归属，愿意的话，也可以顺带对婚后的财产归属也做一个明确的约定。这样，即便双方日后离婚，也不会对财产的问题产生争议。听了律师的话，黄先生夫妇对方案表示认同，但有点担心在儿子没结婚之前就跟未来的儿媳妇谈财产协议的问题，会不会惹得对方不高兴，影响未来小两口的感情。但除此之外，似乎也没有更好、更有效率的选择，于是便答应回去和孩子沟通试试看。

没过几天，黄先生夫妇带着儿子小黄再次来到了律所，和黄先生的老成持重截然不同，小黄的身上散发着“90后”年轻人特有的阳光和自信，由于

从中学的时候开始就在国外留学，言语中还时常夹杂着一些英文单词，很容易就给人留下热情时髦的印象。和上次来律所的情况截然不同，黄先生夫妇这次的眉头舒展了很多，一家人在一起的氛围感觉特别地轻松。还没等律师开口，黄先生就抢先说道："李律师，我之前的担心看来是多虑了，儿子和女朋友在国外开始同居的时候，就已经协商好未来采取所谓的AA制了，两人还专门写了一份协议：大致的意思是两人各自有一份自己喜欢的工作，收入也都不错，兴趣爱好既有重合的部分，也各有自己的一番小天地。所以决定各自的收入由自己来支配，各自拿出一部分收入作为共同生活的基金，用来支付共同开支。在那之后，双方一直按照这份协议的内容执行，也从来没有出现过关于财产方面的争执。两人都觉得挺好，也打算结婚之后也继续按照协议执行下去呢。"

"哈哈，那太好了！看来爸爸妈妈是在替你瞎操心呢。"李律师赞许地望向小黄，调侃地说。

"确实是瞎操心，回国前，因为学习的专业不一样，我女朋友的工资比我高不少呢，倒是也不存在谁占谁便宜的想法，只是觉得自己赚多少花多少、理所应该的呀！"小黄笑着回应。"她也是回国之后才知道我名下有两套房子，也清楚房子完全是我爸妈出钱，跟我俩没啥关系。所以我们商量着，婚后还按照以前签订的协议继续执行，毕竟以前的是爸妈创造的，之后的才是我们自己创造的嘛！"

"只是，之前的协议是在国外留学的时候我们自己写的，现在还要拜托李律师按照国内的法律帮忙完善一下。"

随后，律师团队帮忙重新起草了《婚前财产协议》安排两个年轻人签署；针对黄先生夫妇买给小黄的第一套房产，律师团队草拟了《赠与协议》，明确约定该房产是父母全额出资，在小黄婚前赠与给他一个人的；针对登记在小黄名下的别墅，由于还需要长期供款，为了避免资产混同，律师团队草拟了《房产代持协议》，明确约定了小黄是帮父母代持该房产，房产的所有款项，包括首付款和所有的银行按揭款及相关费用均由黄先生夫妇负责支付；小黄名下用于划扣银行按揭款的账户专款专用，不再做其他任何用途。这份协议由黄先生夫妇、小黄和女朋友各方共同签名。

就这样，黄先生夫妇放下了一块心头大石，再也不必为此事焦虑了。其实，回头想想，所有的这些财富本就是黄先生夫妇自己创造的，当然是想给谁就给谁，这在法律上完全不存在任何问题。而且就律师的经验来看，当下确实越来越多的年轻人能够接受婚前协议的概念，只要我们在与对方沟通的时候注意方式方法，便大可不必像黄先生夫妇一样为此焦虑犯难了。

案例 53

遭遇出轨要淡定，婚内协议先签好

周女士曾经是某大型国企的财务总监，在生育了第二个宝宝之后，便在家里全心全意地做起了一名全职太太。作为多年的好闺密，周女士经常向李律师吐槽：做全职太太，可比做职场精英操心多了，毕竟在职场打拼，生意做好做坏，都是老板的；可是为自家打工，做得不好，后果都要自己来承担，更加是一日也不敢放松啊。虽说是讲笑话，这些年李律师也确实见证了周女士把家庭打理得井井有条，一对女儿活泼可爱，先生的事业也蒸蒸日上，前两年刚刚挂牌了新三板，一家人的生活着实令人羡慕。

但去年以来，出问题了。周女士的先生经常以工作繁忙、要出差为由夜不归宿，甚至春节期间仅陪周女士母女三人匆匆过了除夕，大年初一便借口拜访客户出门去了；即便是在家的时间，先生的电话也永远都调至静音状态，接电话的时候肯定是躲开周女士远远的。一开始周女士还只是怀疑，直到某天在先生接完电话未锁机的情况下看到其与某女性的聊天记录，才确信：先生出轨了，而且时间已经有一年多。

在好朋友的面前，周女士按捺不住伤心和失望的情绪痛哭流涕："他之前说多忙多忙，回家的次数越来越少，我都体谅他，也知道做企业真的不容易。现在来看，我真的是太傻了，他把时间都用来陪那个小三！……"

等周女士略微平静一点，李律师问道：那你和对方摊牌了吗？他怎么表态？

"还没有，事情发生得太突然，我还没想好怎么说，也不知道接下来要怎么办，我和两个女儿今后怎么办？！"

了解清楚眼下发生的情况，安抚了周女士之后，李律师提出了解决问题的建议：既然事情已经发生了，一味地难过、指责是不能解决问题的，建议周女士平复自己的心情之后，开诚布公地与男方面谈，要求男方为自己以及两个孩子今后的生活提供保障。一般而言，谎言初次被戳穿，对方会陷入一定的自责和愧疚，如果我方提出的要求合理，对方通常都会应允。李律师建议周女士利用这次机会，跟男方签订一份《婚内财产协议》，约定好目前全家居住的一套大房子和另外两套拿来投资的房产归自己所有。

“不提离婚吗？不写让他净身出户吗？”周女士问道。

“现阶段我们要做的不是马上提出离婚，而是要确保如果你真的离婚了，你和孩子今后的生活要有保障。所谓净身出户的条款看起来解气，实则未必能够获得法律的支持。另外，是否离婚，你确实想好了吗？”李律师平静地解释道。

听到最后这一句，周女士的眼圈又红了。

一周后，再次来到律所的周女士告诉李律师：“上次你们帮忙起草的《婚内财产协议》对方已经签名了，因为这几套价值比较大的房产虽然是婚后购买的，但本来就只登记在我个人的名下，所以也不存在过户的问题。”

“好的，这我就放心多了。”李律师回答道，“你和先生这段时间关系怎么样？”

“表面上看起来是好多了，起码最近这几天每天都正常下班回家。不知道是你说的愧疚和自责在作怪呢，还是真的打算改过自新。”看得出来，周女士对这段感情还是非常留恋、真心希望男方能够重新回归家庭。

但愿她能如愿。

（二）监护安排：需要特殊照顾人士家庭的必要之举

这里所说的监护安排，对象特指限制民事行为能力或者无民事行为能力的成年人。前面的章节中，我们提到过意定监护制度，制度的适用场景是具有完全民事行为能力的人预先设定的，在自己年老、失能之后，由预先选定的人来担任自己的监护人。而这里讨论的是，为家庭中需要特殊照顾的家庭成员预先设置好监护人的情形。

案例 54

虽然你是不一样的孩子，但父母对你的爱都是一样的

客户申先生是某市的企业家，在一次银行举办的 VIP 客户沙龙上听了李律师分享的企业家财富传承的主题演讲，特意在活动结束后跟李律师交换了名片。

几天后，坐在李律师办公室的申先生说明了来意。原来，申先生经营着一家大型的建筑施工企业，这几年，生意虽不如以前，但总体来说还是相当不错。但申先生家庭的情况却不尽如人意：他和太太婚后只生育了一个儿子，今年已经将近 20 岁了。不幸的是，孩子出生不久即被确诊为唐氏综合征，申先生和太太多方努力，带着孩子到处寻医问药，积极配合医院给出的各种康复治疗方案，儿子的智力水平和行动能力也始终维持在七八岁的健康人的水平。平时申先生也忙，就把儿子送到市郊的残疾人学校，平日里家里也有保姆帮忙照顾。前几年，申先生的太太因罹患癌症去世了。之后不久，申先生再婚，新夫人小自己十几岁，去年才刚刚生育了一个小女儿。家庭又添新成员本来是件高兴的事儿，可是申先生总觉得儿子的问题没有彻底解决，心头老是悬着一块大石头。上次在讲座上听李律师谈到监护的问题，想来进一步了解一下，如何可以解决自己眼下的难题。

听完申先生的描述，李律师大概也猜到了他的顾虑：大儿子终生需要人照顾，而自己新婚的太太年龄小，与大儿子并无感情，且刚刚生育了小女儿，无论是从情感上、还是从现实的角度上，大儿子的照顾都不可能依赖她。那么，一旦自己照顾不来的时候，大儿子该怎么办？

“确实是这样，”申先生接着说，“打拼了这么多年，企业和老大就像是我的两个儿子，企业的事情我也慢慢想开了，这些年更多地放手让年轻人去做；但是这个老大呢，看来我这一辈子是放不开了。”说着说着，申先生的眼眶微微泛红。

“理解的。”李律师宽慰申先生道，“那您身边有可以信赖和托付的人选吗？”

"有，这个我来之前也考虑过。孩子的小姨是个不错的人选。我太太走得早，孩子的小姨和我太太年龄差五六岁，两姐妹的感情特别好。大儿子从小多病，我和太太忙不过来的时候，小姨经常帮忙照看，和孩子的感情也好。我想拜托她，但也只是有这么个想法，还没跟人家说过。另外，我也想了解一下，在法律手续上要怎么完善。"

致敬天下父母心，他们所有的心思都在孩子身上。李律师心里感慨。"是这样的，首先，您要了解监护人的职责，并把这些清晰明确地向小姨说明，如果她愿意承担这个责任，下次您可以和她一起到律所来，我协助你们签署法律文件。"

两个月后的某天下午，在律所的会客室里，申先生和叶女士在《监护协议》上郑重签上了自己的名字。叶女士承诺将在申先生丧失监护能力的时候，承担起对外甥的监护责任。同时，协议当中还对监护人的权利义务、被监护人各项费用的负担、监护人的变更和撤销等内容作出了明确的约定。

当然，与此同时需要考虑的另外一个问题，也成为申先生和李律师下一次会面的重点内容。（待续）

（三）用信托和保险实现对家人的持续照顾

案例 54（续）

虽然你是不一样的孩子，但父母对你的爱都是一样的

前面讲到，为了解决大儿子的监护问题，申先生在律师的协助下，与孩子的小姨叶女士签署了《监护协议》，约定在申先生丧失监护能力的时候，由叶女士承担起对大儿子的监护职责。申先生心头的一块大石总算落了地。

为了表示对叶女士的感谢，在《协议》当中，申先生特别要求律师设置"监护人报酬"的条款，约定按季度向叶女士支付一定的费用，作为她担任监护人的报酬；此外，由于大儿子的未来健康状况不明朗，《协议》当中也对未来生活中大儿子因为日常照料、特殊教育、疾病、养老所产生的费用如何负担进行了明确的约定。而这些，因为有可能发生于较长的时间跨度内，申

先生计划通过设立家族信托的方式进行解决。

在律师的协助下，经过多次的面谈沟通，申先生已经初步与信托公司就《信托协议》的基本条款达成了一致意见。根据信托方案，申先生将分3年累计投入现金人民币壹仟万元设立家族信托，信托受益人除了自己，还包括现任的太太、大儿子和小姨。与《监护协议》的内容相匹配，因大儿子日常生活照料所需的费用由信托来承担，同时，也由信托当中定期支付给小姨一定的钱款作为酬劳。此外，为了保障信托法律关系各方能够善尽职责，申先生提出委托律师作为信托监察人的角色，一方面起到对受托人的监督作用，另一方面由于大儿子的情况特殊，申先生担心未来在信托的履行过程中出现难以预料的情况，希望监察人能够保留对信托条款一定程度的修改权。对此，律师团队也就相关的操作和实施方案与信托公司进行反复的沟通。

在沟通中，申先生偶尔会提及自己的小女儿，而且每每提起，脸上总是不自觉地浮现出难得一见的微笑，可以想见，刚刚一岁多的小生命给这个再婚家庭带来了很多的欢乐和希望。“但是我毕竟已经50多岁啦，家业交给这个小丫头是指望不上了。我现在的太太对企业的东西也是一窍不通。”申先生边说边微微摇头。“遗憾我的企业股权没法放进信托，要不然，我也可以像马云一样早点退休算啦！”虽是玩笑话，也看得出申先生对子女不能继承父业的遗憾。

对于小女儿，因为年龄还小，在律师的建议下，申先生打算为她设立一个保险金信托。申先生年缴保费30万元，缴纳10年，就可以保有800万元的身故保障。如果一旦发生保险事故，保险理赔金直接进入信托，按照申先生的约定进行管理和运作。这一方面可以利用保险的杠杆作用，放大未来的收益；另一方面也可以有效防止子女挥霍，实现家族财富持续地保值增值。

上面的这些案例，都源自律师团队的真实办案场景。

人们常说“家是最小国，国是千万家”。只有每个家庭实现了和谐稳定，我们的国家才会更安定祥和。从前人们习惯于待问题和纠纷出现之后，再寻求法律的帮助，法律更多起到的是类似于“手术刀”的作用，也因此人们对法律虽有敬畏，但秉持的仍然是避之唯恐不及的心态；近些年，随着法律与生活越来越贴近，人们对待法律的心态也发生了转变，越来越多的人选择在矛盾纠纷爆发之前先咨询法律专业人士的意见。相应地，熟悉法律以及掌握和运用法律工具的能力也日渐成为公民个体和家庭以及企业必备的生存和发展技能。

笔者在从事法律工作年满二十年时候，选择自行创业，创办了广东五美律师事务所——一家专门从事婚姻家事和财富传承法律业务的律师事务所。在回望和梳理这二十年一路走来的心路历程和发展轨迹的时候，事务所的使命也跃然纸上：让法律成为人们家庭生活的必需品。为了践行这个使命，笔者带领团队耗时两年，在繁忙的工作之余，将我们的办案经验和思考总结成为本书的内容，以期对各位读者有所启发和帮助。

我们相信：路程虽远，坚定前行，使命必达。

图书在版编目 (CIP) 数据

私人财富保护与传承的法律智慧：思维、方法与案例 / 李小非主编 .—北京：中国法制出版社，2019.11

ISBN 978-7-5216-0649-2

Ⅰ.①私…　Ⅱ.①李…　Ⅲ.①财产权-法律保护-研究-中国　Ⅳ.① D923.24

中国版本图书馆 CIP 数据核字（2019）第 243345 号

责任编辑：韩璐玮（hanluwei666@163.com）　　封面设计：李　宁

私人财富保护与传承的法律智慧：思维、方法与案例

SIREN CAIFU BAOHU YU CHUANCHENG DE FALÜ ZHIHUI：SIWEI、FANGFA YU ANLI

主编 / 李小非

经销 / 新华书店

印刷 / 三河市紫恒印装有限公司

开本 / 710 毫米 ×1000 毫米　16 开　　印张 / 18.25　字数 / 279 千

版次 / 2019 年 11 月第 1 版　　2019 年 11 月第 1 次印刷

中国法制出版社出版

书号 ISBN 978-7-5216-0649-2　　定价：69.00 元

北京西单横二条 2 号　邮政编码 100031　　传真：010-66031119

网址：http://www.zgfzs.com　　**编辑部电话：010-66070084**

市场营销部电话：010-66033393　　**邮购部电话：010-66033288**

（如有印装质量问题，请与本社印务部联系调换。电话：010-66032926）